资助项目：哈尔滨商业大学学科项目"现代服务业支撑龙江振兴发展研究"（项目编号 hx2016001）；
国家社会科学基金一般项目"服务业消费者权益的民法保护研究"（14BFX076）

中国国际商务法律人才培养研究

Research on the Training of Chinese Lawyers in International Commercial Practice

中国商业出版社

图书在版编目（CIP）数据

中国国际商务法律人才培养研究／蒙启红，龙迎湘著.—北京：中国商业出版社，2018.7

ISBN 978-7-5208-0523-0

Ⅰ.①中… Ⅱ.①蒙… ②龙… Ⅲ.①国际商务-法律-人才培养-研究-中国 Ⅳ.①D926.174

中国版本图书馆CIP数据核字（2018）第167923号

责任编辑：黄世嘉

中国商业出版社出版发行
010-63180647　www.c-cbook.com
（100053　北京广安门内报国寺1号）
新 华 书 店 经 销
北京虎彩文化传播有限公司印刷

* * *

700×1000毫米　16开　15.875印张　300千字
2018年8月第1版　2018年8月第1次印刷
定价：49.80元

* * * *

（如有印装质量问题可更换）

目 录

序	1
第 1 章　绪论	1
一、背景、目标和研究问题	1
二、篇章结构	3
第 2 章　技术与商务法律服务市场的国际化	5
一、机器人会替代律师吗	6
二、技术进步的影响：国际化与商业化	12
三、我国法律职业的历史	14
四、国际商务法律服务将引领中国法律职业发展	16
五、法律实践与技术进步	22
六、小结	25
第 3 章　法律教育在中国	26
一、学术型和职业型法律教育的分野	26
二、大陆法律教育体系	27
三、技能训练对中国国际律师的重要性	42
四、法律技能培训的场所	43
五、法律教育的未来	46
六、可以用移植解决问题吗	52
七、小结	54
第 4 章　技能培训相关教育理论	56
一、教育环境	57
二、学习理论	58
三、结果和能力评估	76

四、小结 ································ 80
第5章　方法论 ······························ 81
　　一、本体论 ································ 82
　　二、认识论 ································ 84
　　三、价值论 ································ 88
　　四、修辞学 ································ 89
　　五、小结 ································ 90
第6章　方法与过程 ·························· 91
　　一、方法选择 ······························ 91
　　二、研究的质量 ···························· 92
　　三、律师调查问卷 ·························· 94
　　四、关于中国国际律师的访谈 ················ 103
　　五、与非中国国际律师的访谈 ················ 105
　　六、与师生访谈 ···························· 105
　　七、教学观察和背景理解 ···················· 107
　　八、分析 ································ 107
　　九、小结 ································ 113
第7章　国际商务法律实务的本质 ·············· 114
　　一、理论探究 ······························ 114
　　二、一种实用的方法：通过任务和专业知识领域界定国际商法
　　　　································ 118
　　三、国际商务律师工作的分级方法 ············ 124
　　四、综合：国际商务律师做什么 ·············· 129
　　五、成为国际商务律师 ······················ 131
　　六、小结 ································ 139
第8章　合作技能 ···························· 142
　　一、为什么合作 ···························· 142
　　二、什么是合作 ···························· 143
　　三、合作的组成部分 ························ 156
　　四、小结 ································ 157

第9章 语言和沟通技能 ·················· 158
一、学习不同团体的语言 ·················· 159
二、通用语言：英语作为国际语 ·················· 161
三、翻译 ·················· 166
四、小结 ·················· 167

第10章 创造力 ·················· 168
一、律师创造性 ·················· 168
二、"创意"律师：魔鬼还是天使 ·················· 171
三、创造力的元素 ·················· 172
四、小结 ·················· 174

第11章 中国国际商务律师的技能课程 ·················· 176
一、课程设计 ·················· 177
二、部分知识性课程内容简介 ·················· 183
三、小结 ·················· 187

第12章 结论、对政策和未来研究的建议 ·················· 188
一、对知识的贡献 ·················· 190
二、政策和未来研究的建议 ·················· 190

附 录 ·················· 194

参考文献 ·················· 214

序

  2013年刚过元旦，龙迎湘老师远赴英国诺丁汉特伦特大学攻读博士学位。半年以后，我前往哥伦比亚大学法学院开始一年的访问学习。在大西洋两岸，我们分别却共同思考着中国法学教育的未来。

  从哥伦比亚大学回国不久，2014年7月我回到母校中国政法大学，与来自全国各地的100名律师参加了由财政部支持的全国涉外律师领军人才的培训。培训结束前的最后一个项目，是全国律协组织的面试选拔，从100名学员中选择40余名律师于同年11月参加该项目在西班牙的境外培训部分。竞争很激烈，得知入选的消息后我非常兴奋，立即把这个好消息告诉了龙老师。

  龙老师说，此次赴西班牙培训的47名律师来自全国各地，经过各级律协的推荐和全国律协统一选拔，应该代表了中国当前从事国际商务法律实务律师的最高水准。我们在学校的象牙塔里，其实并不了解实务中我国到底需要怎样的国际商务律师人才。我们为什么不借此机会做一个调查和访谈呢？机会难得，如果我们在国内做的这样调查和访谈，可能需要在全国奔波于各地。何况涉外大咖律师们的业务都很繁忙，在西班牙45天的培训，正是他们放松的时间，可以和我们比较深入地交流。

  好主意！于是龙老师主导设计了针对中国涉外律师的调查问卷。因为参加西班牙项目的律师均以英语为工作语言，为了方便做国际比较研究，问卷是以英文设计的。2014年11月，我和龙老师在马德里重聚了。

  我们通过问卷和访谈来确定国际商务律师所需的技能，希望能够在教学中补充这些技能的训练。然而，如何在课程中补充、增强技能训练却不是一个简单事儿，必须要有与技能训练相关的教育理论和方法论的支持。这方面的讨论体现在本书的4、5、6章。以其为基础，结合问卷的访谈收集的数据，最终提出了一个修订的法律硕士（JM）课程计划供大家参考。

在"一带一路"倡议的背景下，我国对高端国际商务法律人才的渴求，是不言而喻的。希望本书能为我国未来法学教育的改革提供一些思考和方向。

是为序。

蒙启红
2018 年 5 月 22 日

第1章 绪 论

对我们来说，开始本书的写作就像实施一个去仙境的计划。我们不知道这个地方有多么美好，也不知道我们是否有能力能找出到达目的地的路途。我们甚至不知道真正的目的地是否存在，或者它只是虚幻地存在于我们的想象。唯一确定的一点是，一旦出发，这就是我们奔向的方向。

一、背景、目标和研究问题

2018年3月14日，司法部官方网站公布了律师、公证、基层法律服务的最新数据。

截至2017年底，全国共有律师事务所约2.8万家，增幅为8.3%。其中，合伙所1.8万家，占66.5%；国资所1200多家，占4.3%；个人所8200多家，占29.2%。共有来自23个国家和地区的242家律师事务所在中国（内地）设立了308家代表机构。

从律师事务所规模来看，律师10人以下的律师事务所约1.7万家，占61.8%；律师10人（含）至30人的律师事务所8900多家，占31.5%；律师30人（含）至50人的律师事务所1100多家，占4.1%；律师50人（含）至100人的律师事务所500多家，占1.8%；律师100人（含）以上的律师事务所200多家，占0.8%。

截至2017年底，全国共有执业律师约36.5万人，比2016年增长11.5%。从文化程度看，本科以上学历的律师33.7万人，占92%。在国境外接受过教育并获得学位的律师5100多人，占1.39%。

上述数据显示了我国律师职业的现状。执业人员虽在数量上逐年增长，但律师事务所仍然存在规模小、发展慢的问题。律师的涉外业务在此并无统计。

众所周知,中国加入WTO之后,对涉外法律服务的需求是非常旺盛的。根据国家统计局公布的数据,2016年中国企业对"一带一路"相关沿线国家直接投资145.3亿美元,其中对外承包工程新签合同额占对外总额的51.6%,完成营业额占同期总额的47.7%。2017年,全国新设立外商投资企业35652家,同比增长27.8%;实际使用外资8775.6亿元人民币,同比增长7.9%,实现平稳增长。对全球174个国家和地区的6236家境外企业新增非金融类直接投资,累计实现投资1200.8亿美元。

从投资主体上看,已经开展"一带一路"投资的企业中,民营企业占51%,且超过三成的民企投资占企业整体海外投资的10%至30%。在投资领域方面,相较于央企、国企重点专注于能源矿产、制造业、基础设施、房地产等传统行业,民营企业的步伐迈得更大,如生物技术、医疗健康和TMT行业等民营企业均有参与。

在企业"走出去"的同时,问题和争端也与日俱增。2015年4月,"平安诉比利时案"一案中,平安公司败诉,损失近300亿元。根据国际投资争端解决中心的统计,2016年,国际投资争端解决中心新受理的仲裁案件总数为48起。从被诉东道国的分布上看,"一带一路"沿线国家占比超过一半。政治不稳定、法治和商务环境不健全、信息收集困难,是企业在"一带一路"投资中遇到的三项主要困难。要解决"一带一路"投资中遇到的困难,离不开专业从事国际商务法律服务的涉外法律人才(ICP律师)。

然而,中国ICP律师的步伐远远没有跟上中国企业"走出去"的步伐。全国仅有26家律师事务所,在境外14个国家和地区,设立了39家分支机构。这些律师事务所共派驻律师78人,聘用当地律师人数275人。另一方面,涉外业务拓展较快,国内律师办理涉外仲裁案件3545件,业务收入8774万元,比上年增长14.13%。可见,外资企业引进来,中国企业走出去,我国对从事国际商务法律服务的律师(ICP律师)的人才缺口巨大。

本书旨在鉴明中对中国国际商务律师(ICP律师)而言重要的技能,并对中国大陆的法律硕士学位课程的教育改革提出建议,以提高国际商务律师培养的质量。

本书的目标是：

1. 通过参考现有的框架和对从业人员进行调查访谈来确定国际商务律师所需的技能（见第2、3、5、6、7、8、9和10章）；

2. 通过考察法学及非法学的文献和经验来确定一系列教学和评估技能的方法（见第4、5、6和11章）。

3. 将调查结果综合到一个模型中，该模型代表了中国国际商务律师所需要的技能，并提出了教学方法的建议（见第11章和第12章）。

这些目标将使项目能够回答以下的研究问题：

1. 本土商务律师的工作与国际商务律师的服务有什么不同吗？（见第7、8、9和10章）

2. 对于中国律师而言从事国际工作所需的重要技能有哪些？（见第7、8、9和10章）

3. 如何有效地掌握这些技能？（见第4和11章）

4. 机构或教师如何促进这种学习？（见第3、第4、第11和第12章）

5. 中国法律硕士（JM）① 教育对此有什么影响？为JM在读学生建立一个适用于未来进行国际商务工作所需技能的新模型可行吗？（见第3、11和12章）

6. 学习/教学的最终结果应该是什么？（见第4、11和12章）

7. 什么样的形成/总结性评估可以适用于这些结果？（见第4章和第11章）为了实现上述目标、回答上述问题，该研究项目基于实用主义的观点设计，其中设计了一些定量分析的元素，但主要是一种定性研究（见第5章和第6章）。

二、篇章结构

本书分六个部分12章。

---

① JM是中国的一个硕士级法律教育项目，仿照美国法学博士的称呼命名，旨在培养应用型法律人才，学生毕业以后大都从事律师职业。第3章提供了更多的细节。

第一部分即第1章，对整个论题进行了基本的介绍。它阐述本书写作的动因，介绍论文的结构，并解释了为何这个项目关注的是专业的法律教育，而不是学术法律教育。

第二部分包含三个章节，即第2章（商务法律服务市场的技术和国际化）、第3章（中国的法律教育）和第4章（关于技能培训的教育理论）。这一部分很大程度上是基于文献来解释中国法律教育的现状，以及为什么本书的目标群体指向国际商务律师（第2章和第3章）。此外，本部分还探讨了在法律教育背景下的技能培训的教育理论（第4章）。

第三部分讨论支撑研究项目的方法论（第5章）、方法选择和研究分析方法（第6章）。

第四部分（第7章至第11章）分析数据并报告了研究结果。第7章通过探讨律师的国际商务实践的性质展开了讨论，阐明了国际商务惯例的复杂性和可能需要的广泛知识。然而，第7章认为，下一步研究的重点是技能，因此讨论转而侧重于可转化的法律技能（第8、9和10章），而不是知识认知。第11章通过为未来的国际商务执业律师（ICP律师）设计本土化路线，强化了第7章至第10章讨论的成果。

第12章既是最后一章，也是最后一部分，提出政策和未来研究的一些建议，是本书的结论。

第 2 章　技术与商务法律服务市场的国际化

威廉·莎士比亚在《亨利六世》中借狄克之口说，我们要做的第一件事，就是要杀光所有律师。这说明至少有些人是质疑律师的价值的。现如今还有一个原因，是有些人认为技术最终会取代律师。然而，本章将论证律师是必要的和有价值的。

基于将在第 3 章中讨论原因，本书的讨论是从对执业律师的需求而出发的。当人们为未来的律师设计课程时，应从一开始就考虑法律服务的未来趋势，以避免提出可能在不久的将来就过时的建议。我们设计了一份调查问卷（附录），有 25 名中国和 12 名非中国律师按照重要性列出知识和技能领域的名单，分列如表 2-1 所示。

表 2-1　　　　国际商务律师的技能重要性排序

中国律师认为最重要的十项知识和技能	非中国律师的排序
1. 语言（尤其是英语）	2
2. 沟通技能（包括口头和书面形式，例如会面，谈判，庭辩，写作）	3
3. 团队合作技能（无论是作为团队领导者还是普通成员）	10
4. 分析及解决问题的技能	1
5. 有关国际商务的法律知识	5
6. 跨文化技能（理解文化差异，与来自不同文化背景的人打交道）	6
7. 起草法律文件	4
8. 研究	8
9. 与国际商务法律服务相关的非法律学科知识	7
10. 创造性	9

这些技能中有些会一直很重要，有些可能变得更重要，还有一些可能由于技术发展的影响而变得不那么重要。然而，很少有受访者对不在列表中的其他领域提出建议，表明该列表是对国际商务惯例中使用的知识和技能的合理描述。

中国律师补充说，其他技能还包括：建立关系，业务拓展能力；与客户沟通技能；社交能力。

非中国律师补充说，"要了解国际框架和法域，如欧盟，国际商会，贸易仲裁/纠纷解决机构，知识产权等"；国际谈判的能力；英语能力的要求取决于你执业的地方。你所执业的法域的语言知识是非常重要的"；"分析和解决问题的技能和创造力是相关的。你必须有创造性地解决问题"。我们把创造力放在了第 2 章上，因为对我们而言，在某种程度上，这是分析和解决问题的技能的翻版。

由于技术发展对人类律师的价值持续的质疑，本章首先将力求说服读者，无论可预见的未来如何，这并不意味着人类律师的终结。本章下一节将提出论据，预测由于技术的发展和供需两方面的驱动因素。全球越来越多的律师将成为国际商务律师。

一、 机器人会替代律师吗

网络化技术、社交网络、P2P 平台、物联网、大数据、区块链（Blockchain）、全自动化/机器人以及人工智能。一波接一波的创新潮已经创造了新的科技基础设施并改变了我们日常生活的方方面面。

这些改变的后果便是一个新的"数码世界"的产生。这是个快速改变的以计算机代码、算法、流动身份（Fluid Identities）以及快速进化的资本为基础的世界。关键的是，这个新的"数码世界"尚未取代旧的"模拟世界"，而是与之共存。我们生存在平行现实之间的复杂空间，其中的两个世界——"模拟与数码"——不断互相摩擦。平行现实间的张力正是定义我们时代的决定性特征。

由此，人们对未来法律服务市场的认识出现了很多不同的观点。一些学者认为，在未来法律服务行业的市场上，基础的和循规蹈矩的法律工作将会被先进的科技所取代。例如，由 IBM 开发的一种技术平台 Watson，使用自然语言处理和机器学习来处理大量非结构化数据。这种观点导致一些律师本能的恐惧，因为技术的发展，他们可能会失业（Weiss, 2015）。

另一方面，《新科学家》的编辑费舍尔（Fisher, 2013），更加强调新技术提供的转变机会，而不是完全替代律师。他认为法律和法律界将有机会回应技术进步并做出改革，因此，律师的工作可能会改变而不是完全消失。这种观点还认为，法律机器人的存在本身就会产生需要人为干预来解决的不同法律问题。例如，当侵权者是机器人时，谁应负侵权行为；再比如说机器人公开披露了某人的私人信息。因此，他警告说，人们将需要好的律师，而不是一个只充斥着"机器人、瞬移器和无人驾驶汽车"却没有律师的世界（Fisher, 2013, p40）。然而，律师所履行的角色以及为履行这些权利所需的技能可能与今天有所不同。

要考虑人造智能（AI）是否取代能人的律师，首先要考虑的是技术是否足够先进。最近，拉莫斯和利维（Remus & Levy, 2015）进行了研究，考察当前最先进的技术在支持或替代律师任务中的贡献和局限性。这些任务包括文件和案件管理，文件审查，文件准备，法律研究和推理，人际沟通和互动以及代理出庭。他们得出结论，执行这些任务涉及的大多数结构化和重复的信息过程已经自动化，或者可以在不久的将来自动化。然而，对于非结构化和不透明的信息处理，技术至少在目前的形势下，对人类律师工作的能力影响较小（Remus & Levy, 2015, p48）。

以文件准备工作为例，这一类活动可以进一步分为两个子类：法律文件起草和法律文书撰写。在此语境下，文件起草应理解为制作法律文件，例如备忘录以反映双方的合意和约定的合同，通常起草人有可以遵循的结构化模板。另一方面，法律文书写作更加非结构化，例如写作咨询文件，来解释法律适用于某一事实情况（Remus & Levy, 2015, pp18-21）。由于它可能已经在很大程度上基于结构化模板和先例，文件起草被认为可以被自动化系统所取代，如 LegalZoom。LegalZoom 不是律师事务所，但它通过自动化系统生成法律文件来提供一些法律文件起草服务，该系统可以回应客户通过在线系统提出的具体问题。

然而，LegalZoom 却排除了法律文书撰写，其中包括对可能的法律权利、救济措施、抗辩、选择、表单或策略选择提出建议、解释、意见或推荐，原因是目前的自动化系统的限制，或美国现行法律的规定限制，或两者兼而有之。同样地，法庭上的出庭，主要是在法庭上代理当事人，也与其他任务有很大的不同。法庭上的出庭目前还远没有自动化，不仅因为在法庭上代表客户的现有限制。可以说，比监管限制更重要的原因是，有效的代理需要与决策者进行情感接触，而这目前无法由自动化服务提供（Remus & Levy, 2015, p29）。因此，不仅仅是法庭代理，而且还需要与其他人类进行交流的大部分任务，如沟通、谈判和咨询客户，都远未被技术自动化（Remus & Levy, 2015, p31-32）。

争论并不止于此。一方面，如上所述，技术承担超过常规法律工作的能力受到当前技术本身的性质的限制。另一方面，也可以认为技术在法律领域目前受到限制的原因不仅在于技术本身的局限性。这也是由于传统法律推理的局限性，这可能会阻碍律师愿意并能够以新的方式审视法律，从而将技术推进到能够完成更复杂的阶段法律任务的先进程度（Aikenhead, 1996）。

这个限制包含两个要素：一个是法律推理和不同的理解方式，另一个与隐性知识有关。关于法律推理，色斯坦（Sunstain, 2001）认为，法律推理是一件复杂的事情，AI是无法做到的。然而，有人认为，终有一天，AI将发展这种能力（Bench-Capon et al., 2012）。

传统上，法律推理有两种方法：一种是形式主义，强调规范本身，即基于规则的推理；另一种是实用主义，起源于个别案例，为案例推理。每一种都有自己的人工智能平台；对于前者，是专家系统（Expert system）①；对于后者，是艾石磊（Ashley, 1991）使用的一个称为 HYPO 的系统。然而，这些都没有能够为客户问题提供有保证的准确的法律解决方案。法律

---

① 1987 年 Richard Susskind 在他的书中讨论。2014 年一个新的系统 NEOTA 问世。

推理即可辩驳（多项度①）推理的新发展，说明可以通过对话达到可信赖的结果。随之，由哲学家约翰·罗洛克（John Rollock）发明的一种称为OSCAR的新系统使用了可辩驳推理，从单项度逻辑方法演变为非单项度逻辑方法。

除了基本的法律推理外，AI还可以开展法律研究，合作决策（Karacapilidis, Apadias, 2001）和风险管理（Leidner, Schilder, 2010）等法律技能，然而，由于本书着重于AI不具备的技能，或者说至少目前尚未具备的能力，因此，AI目前正在进行的技能将不再被进一步讨论。

虽然AI的发展无疑会导致随着时间的推移而有重大改善，但软件替代人类律师仍然存在另一个挑战，即理解法律的第二个要素，隐性知识（相关概念将在第4章中进一步讨论）。人脑与人工智能系统有很大差异。其中一个是控制系统。对于人类的大脑，我们的行动的控制过程是无意识的，只有当我们学习或练习新的事物和行为或改变某事时，才能通过有意识的方式引入新的学习（Eagleman, 2016）。

这可以与AI进行对比。AI所有的活动和"学习"都是通过AI的创造者设计的过程进行"有意识的"工作，即使AI一次又一次地执行相同的任务，也不会有太大差异。因此，基本上，人脑和AI正在相反的方向移动。人脑的突触在二三岁时达到顶峰，然后开始缩小，但之后的其之间的联系会加强。因此，对于一个人类律师来说，这个发展和改进的过程，使他们掌握任务，从而实现从新手到专家的进步。然而，人工智能系统是为完成人的特定目的而被创建的，它只能在其创建之后被改进或多样化。因

---

① 单项度逻辑可以是归纳推理也可以是演绎推理，即从个案到全体或从全体到个案。关键是该逻辑是从一端到另一端的单项（向）性移动。而多项度逻辑正好相反，它对所有可能性开放。例如（Yu, 2005）：如果甲说："绝大多数的经济学家不会写诗。罗伯特是位经济学家，那么他可能无法写诗。"如果我们同意前两项事实，在单项度逻辑里结论就是真实的。

但是，在多项度逻辑中，会有更多的可能性存在。举例说明，如果乙说："不是的，罗伯特是个例外。我读过他写的诗，写得很棒！"丙却说："呃，我也读过他的诗。我没觉得没有什么特别的，一点都不押韵。"乙答道："那是你个人的看法！我是个语言教授，并且出版多本有关诗歌评论的书籍。我可以负责任地告诉你一首好诗的关键不在押韵与否。我相信大多数的诗歌评论家也会认同我对罗伯特的诗歌的评论。"尽管多项度逻辑目前非常流行，尤其在AI领域，依然有批评者认为它是"基于对论证理论和认识论问题的混淆"（Israel 1980, p. 99）。

此，可以说人类大脑的设计就是为了进步、为了产生创造力和多样性；而AI仅仅是为了完成特定目的。而且，专家律师所做的都依赖于隐性知识，因为他们"懂的比他们能说出来的更多"（Polanyi，1967，p4）。如果是这样，可能无法将专家律师转换为计算机程序。因此，20世纪80年代尝试研究的"专家启发法"起初并不成功。

然而，20世纪90年代开始，有些人认为AI能够在红外光谱解析和编程语言PROLOG的实现过程中使用专家启发法（Andreev，Argirov，1995）。因此，如果律师可以增加技术的参与水平，那么未来有可能将现在隐性的信息转化为明确的信息，这些知识不仅仅可以向初级律师传授，而且可以被转化为计算机程序。

事实上，这样的计算机程序不应该独立于人类律师工作，而是在人类律师的监督之下工作，并且经常由人类律师更新。因此，目前AI的作用是支持人类律师的工作或与他们合作。例如，文件审查，可用技术已经从简单的"关键字搜索"到更准确有效的"持续主动学习"模式（Remus，Levy，2015）。当然，这种准确性和效率来自律师的监督和合作。"持续主动学习"模式下，监督律师从关键词检索开始，选择一系列文件做种子文件集合。律师将文件注明"相关"或"不相关"，然后再使用软件，此次软件将从"相关文件"中提炼出语言特征。这些语言特征随后在统计模型中被作为独立变量，而那些统计模型是用来预测文件是否是相关的。监督律师可以通过将模型使用在其他文件上来测试统计模型并进行调整，即将错误分类的文件调整回种子文件集合，重新制定软件指令。这种程序重复进行，直到监督律师对结果满意。

"持续主动学习"方法仍然需要有经验的了解案例的律师，他可以使用软件的文件集，以及多种用于对培训样本进行分类和训练系统的各种可用预测技术。此外，虽然这在取证程序中是有效的，但在结构化和非结构化任务结合在一起的其他方面（如尽职调查）或需要创造力的任务方面，效果远远不够。因此，除了AI不能执行的法律任务外，AI显然已经执行了许多复杂的任务，因为人类律师的协助和干预，它才能做到这一点。因此，正如萨斯坎德（Susskind，2013a；2008；1998）认为的那样，因为技术会产生"新的"法律工作。例如，可能产生法律知识工程师，他们是有才华的律师，能够组织和建模大量复杂的法律材料和流程来分析，提炼，然后将法律处理为可以体现在计算机系统中的标准工作流程（Susskind，2013b，p. 111）。

因此，法律工作不一定只能由 AI 或独立的人类律师来执行；相反，他们可以一起工作：人类律师可能能够协助开发代表律师处理更复杂任务的 AI 系统，这些 AI 甚至可能与客户的直接互动。例如，沃森 Watson 是由 IBM 建立的一个计算机系统作为问答系统。沃森的创作者认为，它可以用自然人类语言与人交流，而不是强迫人们学习技术语言。它也可以在上下文中读取文档，而不仅仅是读取单独的单词，并且可以通过互联网本身来更新非结构化文档。不过，我们可能需要追问责任和道德问题。谁对机器人可能给出的不好的建议负责？AI 系统与人类律师是否适用相同的道德规则？

即使上述所有问题都可以随着时间的推移得到解决，AI 系统替代人类律师的最后一个障碍将是法律的价值。可以说，法律的核心价值在于维护和保护由人类组成的社会公民的利益（Mayson，2013，p. 2），这涵盖了人类的长期和短期利益①。无论 AI 系统如何有效，目前他们应该被认为仍然只是为人类造福的工具。因此，有人认为，人类不可能将法律的价值委托给人工智能系统。有一天 AI 系统有可能拥有自己的权利，也有能力为自己的利益而针对人类去争取权利。

到那时，将需要人类律师完成创造性的工作任务，例如创建完成合法交易的新模式，并且重要的是，处理与其他人的情绪关系。例如，当一个外国商人去另一个法域买一块土地来建立一个工厂时，就商人而言，购买土地是为了获利而进行的交易。但是，对于那些生活在土地上的人来说，出售土地也许意味着放弃他们长期居住的家园，而这个家园牵系着他们的情感。因此，具有情感智力的人类律师在参与案件的过程中会体会客户离开家园时的感受，而缺乏情感智力的 AI 系统仅仅试图通过标准法律程序去完成交易。显然前者更容易被接受。此外，即使 AI 系统被视为具有与人类平等的权利和能力，但人类仍然有责任和有权利代表自身与 AI 系统进行法

---

① 这包含了一些例外，比如说关于动物保护的法律可能被解释为主要为了动物本身的利益。

律谈判。

总而言之,目前的立场可以归结为《纽约时报》技术记者约翰·马可夫(John Markoff)的结论:"在简单而常规的任务中昂贵的律师可能被更便宜的软件所取代,但这不会发生得太快。"(Markoff,2011)随着技术的发展,尽管人类律师所做的简单和日常工作的比例不可避免地下降,但律师需要进行复杂和非结构化的任务可能会增加。因此,本书将认为这不是"律师结束"(Susskind,2008),而一种转变,向更多的情感参与转变,向更多创造性的工作转变。

二、技术进步的影响:国际化与商业化

尽管技术不可能完全取代人类律师的工作,但忽视技术发展对法律和律师,特别是国际商务工作可能带来的重大变化是不合理的。除了技术发展可能出现的全新类型的工作外,传统的法律服务任务也在规模上发生变化。

由于技术的发展,随着时间的推移,远程通信变得越来越便捷,信息可以在跨越空间距离同时共享,极大地扩展了人类活动的范围。同时,在法律服务的背景下,也增加了人们从事国际工作的频率。

虽然先进技术正在改变法律服务的提供方式,并支持将法律服务从当地市场扩展到国际市场的可能性,但这并不意味着国际化在不同国家之间的发展是连贯一致的过程,或在每个国家的不同法律部门之间是均衡发展的。

相反,国际化在不同的国家以不同的方式、不同的速度和不同的深度发生。根据祖里迪斯(Zouridis,2012)的观点,现在存在着关于法律国际化和私人治理制度的担忧。然而,这并不意味着国家颁布的法律正在萎缩,而是它代表了"国际商法"中人们可以通过选择法律条款选择的"法律体系"(Alvarez,2012)。这种趋势说明,在某种程度上,国际商法比其他法律部门(如刑法或民法)发展得更快(Zouridis et al.,2012,p.333-334),因为商法倾向于更多地关注个人利益,而不是在一个特定社会的公共利益,这符合私人治理制度支持的法律自由的需要。

另一方面，由于地方当局可以保留权力来保护自己社会的公共利益，或者为国际法律行为者提供更多的选择，以便他们从地方当局提供的选择自由中获益，同时尽量减少不确定性，国际商务律师可能需要更多地考虑风险管理技能，如政治风险和文化风险。风险管理是贯穿本书的一个讨论话题，特别是在第8章。

基于上述两种趋势，祖里迪斯（Zouridis，2012）提供了三种情景，探讨是否：一是有任一趋势逆转；二是两种趋势都在逆转转；三是两者的都在继续。如果二者都在继续，全球法律环境的格局将成为涉及大量法律行为体（法律互联网）的去中心化的跨国网络。如果两者均逆转，那么将是国家或地区主权重新获得优先权力。如果国际化继续下去，而私人治理制度扭转，那么世界将在全球层面上形成一个类似于我们在国家或地方法域的宪法秩序。最终的情况表明，世界将被分割为小社区，接触和协调相对较少，国家政府的作用较弱。

所有这三种可能性可能会在未来依次发生，或者它们中的每一种可能同时出现在不同的地区。例如，私人治理制度和国际化有可能在一个或法域继续增长，直到威胁到公共当局的权力。祖里迪斯认为，两者之间将会有"战争"，每个方都可能基于在一定时间和地区的权力平衡而赢得几场"战斗"。在这种情况下，法律格局将由全球法律架构和个别法律部落共享。

例如，2014年，51个法域签署了"多边主管机关根据共同报告准则（CRS）自动交换财务账户信息协议"。这是信息交换的第一个多边主管当局协议，到2018年1月，签署国的数量增加到101个（OECD），这可能类似于对公司和逃税的个人宣战。一旦二者达到平衡点，他们就必须在两个不同的系统中分享权力来管理不同的法律部门或领域，这与法律互联网相似。

虽然本书不能准确地预测未来，但有一件事情似乎是肯定的，未来的法律格局与现在会有不同。此外，国际化可能不会与商业化分离，因为人们有很强烈的意愿享受日常生活中的各种消费品，并因使用国际贸易中产生的高度专业化的工具而提高效益。相反，无论何时何地发生商业化，国际化也可能因为相同的激励而产生。因此很明显，在未来的一些可能的情况下，国际商务律师同法律互联网一样，会发挥更大的作用。

那么在本书的背景下，了解这些因素在我国语境中如何运作是很重要的。

三、 我国法律职业的历史

(一) 传统法律服务的匮乏

在1840之前，中国是一个农业大国。政府在社会中是强有力的，只有一些商业活动，没有现代工业。在那时儒家文化是社会的主流文化。

儒家发展了等级制度，并侧重于鼓励人们行善，而并非侧重于对做恶的惩罚。儒家原则有时优先于实在法。在这样的背景下，更关注刑事处罚的法律被认为是最后手段，它不被认为是中国传统社会中最重要的部分。因此，中国传统的法律方法并不需要明确的法律体系，法律职能与行政任务相结合，主要由地方官府执行。人们期待主管县长应该有效治理，使当地人能心满意足地生活在自己的地域。如果是这样的话，犯罪应该是罕见的；人们应该礼让地生活，没有争议。因此，一个称职的法官需要处理的案件应该很少。即使有案子，他应该给出一个明智的判决，从而进一步减少犯罪和纠纷。因此，中国传统文化的态度是鼓励非诉讼，惧怕诉讼。即使在行政与司法分立以后，这种文化的态度仍然没有变。

在很长一段时间里，法官被认为是公务人员，并且在现代中国也是如此。2001年之前，在中国没有获得法律学位但却成为法官、检察官或者律师的情况是常见的。这可能是特别有问题的，例如，司法任命被认为是政治任命。这反过来又导致了些担心，即未经法律教育的人会对司法独立和行业自治产生的一些影响。

此外，法官还承担主动调查找到证据的工作，以做出一个明智的判决。面对法官的这种主动性的作用，律师们几乎没有支持他们客户的权利。也有人认为，随着时间的推移，律师的权利没有多少改变。事实上，在本书中收集的来自非中国律师的数据中，有一些外国律师认为中国律师缺乏自信。受访的与中国律师有业务合作的外国律师反馈说，中国律师与世界上的其他律师十分类似，但有时作为代理人专业性较弱。其他反馈还包括,"他们的工作方式不同,但我想我很难说清";"他们中的一些人,跟官员打交道时更多是恭顺(例如与专利审查员),而不是追求客户最大的权利";"我在中国呆了一段时间,我认为他们会以不同的方式工作。我认为最重要的是文化上的差异"。

另一方面,在刑事法领域,中国律师自由会见被羁押的客户、查阅由检察机关保存文件的副本的权利仍然是有问题的。在关于商法领域中,也存在这种缺乏干预的现象,当客户是中国人时,有时影响国际商务律师的工作。2号受访谈者说道:

"我觉得最大的挑战其实是来自于对客户的培养。因为现在第一是市场竞争也比较激烈,第二是客户对于法律这一块不是很了解,所以我们要先给他树立观念,第一是跟我们沟通,跟我们不要有藏着掖着的这种交流习惯。其次对于国内的客户,他们按时支付律师费也是一个比较大的问题。第三就是在律师服务和律师费的平衡把握上,你怎么样要让客户觉得你的服务物有所值;同时要让他心甘情愿付律师费。我觉得这个是挺难的事情,这都需要花很大的精力去做培养的。"

随着经济和社会的发展,公众对律师的态度也正在发生改变。

(二)在中国的商业化和国际化的运动

1978年中国开始了改革开放的新政策。这意味着中国将改革内部经济结构从计划经济体制向市场经济体制的开放。这可能会允许在境内商业化并开始国际化。中华人民共和国宪法目前已经通过了五个修正案(全国人民代表大会,2018;2004;1999;1993;1988)。中国宪法的修订显示两个基本的变化:一是私有制已经被重视,个人被允许拥有一个生产商品的企业,而不是只允许他们拥有自己消费的商品。现在,民营企业一定水平上受到鼓励;国有企业拥有独立决策权的操作,而不是按照政府计划指令。另一个变化是市场主导型经济取代了垄断的计划经济。这些变化有利于在中国交易,所以有更多的盈利企业,促成了一个更需要商业法律服务的社会。原来中国法律体系的设定主要基于法律的制裁(主要是关于刑法和行政法),而现在需要开发扩大私法和商法在中国法律的范围,因此,它提供了一个独立的法律职业在中国社会存在的空间。因此，可以预见的是法律职业的需要将随着中国经济的发展而发展。

改革开放政策始于深圳的吸引外资。这个临近我国香港的很小的村落，现在已经发展成为一个现代化的城市。因此，中国的国际化运动源于需要与外界有商业联系。

在中国的商业化催生了一个法律服务市场，而在国际化的过程中需要更专业的国际商务律师。有人可能会认为，因为政策涉及到中国的商业化和国际化是同时发生的，从20世纪80年代开始，因而对本地商业律师的需求和国际商务律师的需求应以同样的速度增长。然而，现实的情况是，随着"一带一路"倡议的推进，在可预见的未来，国际商事法律服务比国内的商业服务是发展更快更迫切。要了解原因，下面的部分将首先解释为国际化和商业化的法律服务的两个主要因素，即客户的需求和行业。

四、 国际商务法律服务将引领中国法律职业发展

(一) 法律服务的国际化与商业化驱动力

当然，律师将会追随他们的客户进行业务拓展。因此，随着贸易的扩大，多样化和国际化，有律师承担更多工作，进入新的工作领域，承担国际工作。如果一个客户开始在国际层面上运作，律师事务所要么追随客户进行国际化运作，要么就会把客户流失给可以提供其他法域或全球提供法律服务的事务所。因此，满足现有客户的需求是导致律师提供国际法律服务的最初动机。客户引导型的发展解释了这一现象，即在全球金融危机之后外国投资下降，导致国际一些大律师事务所发生剧烈萎缩"（Lin，2015，p. 1）。

因此，很明显，这种客户主导的发展依赖于经济的增长。尽管如此，工作方式可以是客户端到另一个法域（出境投资）或吸引外国想要投资母国的客户（入境投资）。然而，后者的方式可能需要进一步的解释，以区别于专业引导型的发展。这后一种方式还是依赖于入境交易关系，因为律师往往不会走出自己的法域去积极吸引客户。例如，通过在东道国法域设置新办公室或代表处，或经常性地在另一个法域做广告。收集本书中的，

拓展海外业务的中国律师也有这种观点，如果现有客户没有扩展国际业务的需求，律师国际化也是不可行的，1号受访谈者说：

"……因为当初欧美律师事务所来中国发展主要是依托欧美资本来中国发展。现在的话投资中国资本，背景情况是中国资本、中国客户去到那边，那你跟着你的客户走，那么才有法律服务的市场在。不然的话你纯去开拓当地的业务，我个人感觉比较困难吧。"

实际上，目前中国公司愿意在纽约①和伦敦这两个证券市场之一或同时挂牌吸引资金。传统上，我国香港在中国被认为是最重要的国际市场。然而，这种地位受到来自上海②的挑战。但是二者仍然在规模上远远小于仍主导国际金融市场的纽约和伦敦交易所。

与希望保持他们现有的客户一样，律师还希望通过获得新客户拓展业务。他们可能积极寻求吸引外国客户到他们现有的办事处，或者为当地客户在其他国家提供法律服务（请进来）③。他们也可能试着为本国客户在其他国家境内提供法律服务（走出去）。为了达到以上目的，他们可能在其他国家建立新办公室，或与在其他国家的律师事务所进行转介安排。例如，一些曾参与与中国企业并购的英美律师事务所希望中国的合作伙伴"随着中国开始扩大到海外投资，很快就会通过企业网络转介业务"（Lin，2015，p. 1）。

在现实中，客户引导型和专业引导型并不是相互排斥的，也可能是顺序发生。例如，虽然国际律师事务所的初始动机是为了满足本国客户的需求进入国外市场服务，一旦他们进入国外，他们可能会寻求去客户发展业务的国家去扩大他们的服务。至少有证据表明这种情况发生在中国，如下一个中国律师所说：

---

① 有90家中国企业在纽约证券交易市场和美国纳斯达克联权交易市场挂牌，列单参见：http://topforeignstocks.com/foreign-adrs-list/the-full-list-of-chinese-adrs/.

② 上海将基本建成与我国经济实力以及人民币国际地位相适应的国际金融中心，详见：http://zhuanti.cebnet.com.cn/20150626/101203527.html.

③ 比如在其他法域开一个代表处。

"……因为英美法系的律师事务所（建立全球架构）很简单的，程序简洁，而你不需要一个中国的律师事务所。一家可以帮你解决，包括国内法律问题。"①

在律师事务所之内和律师事务所之间提供国际法律服务的不同方式的影响是显著的，本书将在第8章讨论律师事务所之间的合作问题。然而，虽然中国经济为中国法律职业的发展提供这样的空间，还不能说现在的法律职业已经成熟。法律职业与其他职业相区别的核心要素是其资格要求和行为准则（代表了与其余社会主体缔结的社会契约，反映了其职业道德的一个重要方面）。这至少保证了一个代表客户的最低水平的积极努力，也保证了完成有质量的工作的能力。职业道德的要求是行业中的信任的基础，但没有在这里详细讨论，因为他们不是本书的重点。能力，特别是国际商务律师应具备的法律技能，是本书的重点，将在第4章进一步讨论。

不同社会对律师能力预期的标准可能会有所不同，也可能随着时间的推进而提高。这是由于律所内部个体之间的专业或个人竞争，律师事务所外部的竞争；传统的律师事务所以及法律服务行业之外的新的参与者之间的竞争（如在英国提供服务的 ABS，会计师事务所等）。因此，律师能力标准越高，法律教育的内容就越需要重塑。

一方面，职业法律教育要有培养新的合格律师的能力②；另一方面，法律毕业生人数也会明示或暗示影响雇主的要求③。在中国，后者的元素可能是最有影响力的。在过去的三十年里，在中国法律毕业生人数增加了

---

① 这是3号受访谈者的访谈摘录。

② 准确地说，这可能只是理论上的假设，因为在很多国家，法律教育和法律职业的监管部门分属不同的部门和机构，这些部门和机构之间很难协调一致。例如，在中国大陆地区，法律教育主要由教育部管，教育部和全国律师协会没什么关系，而律师的执业资格又由司法部管理。

③ 明示的变化可能是用于限制律师数量的资格审查标准的变化。隐含的变化包括当毕业生的数量超过可提供岗位的数量时律师事务所可以在毕业生中挑选自己最心仪的申请人，整体的人才市场变得更加激烈。隐含的变化也可能存在当某个特定的律师事务所无法提供足够的岗位供心仪的职位申请人申请时，针对该律师事务所的职位竞争更加激烈。

100倍。因此，雇主有大量的毕业生可供选择，事实上，他们只选择成绩最好的毕业生。然而，由于这种快速扩张的结果，并非所有的毕业生都具有同等的素质。大学生的人数大幅增加，也可能产生不利影响：学生数量和可以提供给学生合格教育的教师数量不成比例。它也可能影响法律学校的教学目标，新设立的法学院系可能不清楚他们是否准备培养学生职业技能或学术研究的能力。而在择业方面，本书认为，机会的增长将出现在职业教育，而不是学术培养领域。因此，若使学生可以在一个竞争市场中脱颖而出，应使他在进入就业市场前就发展了职业技能。法律技能是在他们进入职业发展的关键。不幸的是，因为中国法律制度的改革尚未完成，法律职业的中国社会中的作用并不确定。在这种情况下，预测法学院在本地法律服务方面应学习何种技能，为时过早。

2011年，教育部、中央政法委员会发布了《关于实施卓越法律人才教育培养计划的若干意见》（教高［2011］10号）。《意见》提出，要分类培养卓越法律人才。培养应用型、复合型法律职业人才，是实施卓越法律人才教育培养计划的重点。适应多样化法律职业要求，坚持厚基础、宽口径，强化学生法律职业伦理教育、强化学生法律实务技能培养，提高学生运用法学与其他学科知识方法解决实际法律问题的能力，促进法学教育与法律职业的深度衔接。

《意见》把培养涉外法律人才作为培养应用型、复合型法律职业人才的突破口。适应世界多极化、经济全球化深入发展和国家对外开放的需要，培养一批具有国际视野、通晓国际规则，能够参与国际法律事务和维护国家利益的涉外法律人才。

此外，要把培养西部基层法律人才作为培养应用型、复合型法律职业人才的着力点。适应西部跨越式发展和长治久安的需要，结合政法人才培养体制改革，面向西部基层政法机关，培养一批具有奉献精神、较强实践能力，能够"下得去、用得上、留得住"的基层法律人才。

虽然该文件旨在鼓励高校解决农村律师不足的问题，但这是无法通过法律教育机构单独解决的。为了解决这个问题，要考虑更广泛的人力资源问题，目前吸引和留住农村法律人才的能力有限。不仅如此，培养当地的实践型的法律人才超出目前法律教育机构的职能，因为法律行业在中国仍处于新兴阶段，远未发展成熟。其主要障碍是传统法律服务需求不足，以及法官、检察官和律师的独立角色模糊。在中国社会律师的独立作用没有成为一种可接受的概念之前，法律教育机构不可能满足社会需求。

相反，随着经济的快速发展，对国际商务的法律支持的需求稳步增加。此外，这样的法律支持并非基于一个单一的法域而是基于一个国际的市场。因此，中国的国际商务律师，作为国际市场新的一员是很重要的。他们模仿并向领先的英美法系律师事务所和律师学习。他们这样做是因为本地缺乏榜样，在很大程度上，也是因为在中国的传统法律服务的不足。这是一个重要的因素，在下一节中详细讨论。因此，为中国国际商务律师设计实务课程，会比为中国本土律师设计实务课程更加容易。

（二）国际商事法律服务业对律师职业发展的重要性

在中国，律师希望进入国际工作、超越在国内法律服务市场的传统约束还有另外一个原因。中国法律文化是厌恶诉讼，地方法律市场仍然是小规模的。此外，由于中国经济发展的独特经验，商人们发现，他们必须用不同的方式来控制他们的风险，而不是依靠法律保护，法律服务对他们可能过于昂贵。因此，他们很少选择使用律师，地方的法律服务市场仍然很小。因此，中国的本土企业中这些特点使律师个人或事务所的拓展空间有限。虽然国家整体经济和商业基础设施在变化，但对一个进取型的律师来说，不可能仅仅等待这种变化的发生。相反，他们转向国际市场却可能会更快，更方便。

随着吸引外资和对外投资的发展，中国法律职业对进入国际商事法律服务市场的欲望增强。在吸引外资的情况下，一个外国客户或投资者进入律师母国的法域，关键交易适用的主要是国内法。对外投资相反，客户与律师离开母国，主要寻求东道国的法律支持。不同的中国律师对此看法也有一些不同。在对中国国际律师进行的访谈中，其中一个说：

"……通常来说我们做这些走出去的项目，主要还是为中国的客户服务。中国市场已经足够大了，现在其实在中国还有相当大一部分的比例，特别是大的央企在境外的收购和投资，这些项目是委托外国律师事务所来做的，特别是英美所，应该说基本上是英美所，是委托他们来做的……"①

另一个更为雄心勃勃的律师说：

"……2009年，在英国的Bristol和Birmingham，做过三场讲座，是跟当地律师事务所和商会合作，他们组织一些英国商人，对中国投资和贸易感兴趣的，来请我讲座，主要讲legal environment of finding investment in China，其实这个效果就非常好……今年……Springfield，美国密苏里州的Springfield的商会，也做了个小的presentation，那个非常小，只有半个小时不到……但我们做的是和外国律师竞争，你们这些外国客户可以直接找中国律师，我们就全部给你搞定了，如果我们的法律英语水平足够高，如果我们跨文化交流的能力非常强的话，就不需要外国律师分一杯羹了……"②

因此，我们有一个两难的选择。因为这个阶段，还不能说中国律师在当地社会扮演一个成熟的角色，但中国国际投资却有迫切的法律支持的需要。因此，我国法学教育工作者应该认真思考如何培养我国国际商事律师。

此外，虽然律师有机会扩大其海外业务，他们的方法是有选择性的。通常，律师按照客户的需求决定设立海外的办公室，而不是试图自己征服世界。国际法律业务的扩张的动力和过程塑造了这一行业。因此，下一节将讨论需求和供应双方的驱动力，以讨论在这样的背景下，律师在未来将需要的工作技能。

(三) 经济发展之益

如上所述，法律服务市场表现为走向国际化和商业化的倾向。从经济发展的角度看，这种运动是不可避免的。恩格尔法则解释说，生活标准越高，基本需求的花销越小，尽管这不意味着绝对基本需求花销的缩减。结

---

① 3号受访谈者的访谈摘录。
② 4号受访谈者的访谈摘录。

果是，消费重点从基本需求移向更高级别的需求，这反映了一个社会的财富增长。恩格尔定律经历了时间的考验，获得了各国研究者的支持（Houthakker 1957, Seale & Regmi 2006, Kaus 2013）。

恩格尔定律研究的是一个社会中家庭的集合，而不是单个家庭（Kaus, 2013）。恩格尔定律也可以用来理解和法律服务市场中，个人、企业和政府是如何决定消费法律服务的。

根据梅森德的观点（Maysond, 2013, p. 2），保护公共利益的法律可以视作为法律服务"基本需求"的一个方面。另一方面，商业上的法律服务可以看作是超越了基本的需求，是"高层次需求"的一个方面。因此，随着社会的发展和繁荣，将有更高的支出满足法律服务的高端需求，如国际商事法律服务。有人认为，在某个时间点，这样的增长速度将超过任何基本法律需求的增长，在一定程度上，国际商事法律服务市场将成为主导。这方面的一个例子是全球价值链的发展，这是通过世界银行促进新兴经济造就的（2015 世界银行）。因此，这种运动是不可避免的，从恩格尔定律的角度看，这不应被视为律师放弃了维护公共利益的角色。

五、法律实践与技术进步

首先，技术的发展已经改变了律师沟通的方式，这反过来也导致了律师对法律实践需要的技能的强调（Russell, 2014, p. 230 – 232）。例如，技术的发展使得人们可以方便地与他人共享信息，通信方法已经从面对面的交流，发展到语音呼叫和视频通话。当交流在很大程度上是面对面交流时，人们就会更明显地需要考虑礼仪，以及对方的行为方式，包括非语言交流。当这项工作是通过技术完成的，比如在电话上与客户交谈或通过电子邮件进行交流时，诸如肢体语言之类的许多细节要么完全丢失，要么以不同的方式出现。因此，某些技能，例如非语言沟通技术，可能不再必需，或者经历演变。然而，对其他技能的需求也会相应地变得更加重要，因为人们变得更加依赖于他们。例如，现代的交流方式可能会增加对口头技能的要求，以及身体语言的某些方面，比如面部表情。

在国际化的讨论中，对一些社区或部落，对于国际律师来说，有合作和沟通技能将是很重要的，这将在后面和第8章和第9章讨论。此外，由于律师不可能了解每一个社会的方方面面，合作的技能将比其他的更重要。最后，即使是在那些可能表明国家和地方政府将重新获得优势地位的情况下，这些技能可能不像其他场景那么重要，律师仍然需要与客户沟通，并在地方层面与其他职业进行合作。

此外，技术的进步也可能改变律师工作的环境。例如，技术使律师能够与其他国家的同事合作，这可能促进法律事务所结构的变化，使其成为更大的跨国组织或更小的松散的专家团体。在这两种情况下，应对跨国界的技术合作，律师可能需要不同的技能，以适应不同类型的律师事务所的独特环境和不同的需求。关于协作的问题在第8章将进一步讨论。

技能不仅与个人有关，而且对组织的发展计划也有影响。尽管技术进步为律师们在海外拓展业务提供了坚实的基础，但仍有其他因素可能限制他们的雄心。作为服务贸易的主要行业之一，法律服务与其他所有的服务贸易有一些共同点，即"双边信任、合同执行、网络、劳动力市场法规、通信技术变量对服务贸易具有比货物贸易更大的影响"（Lennon，2009，pi）。因此，尽管技术的发展可以积极地支持业务发展，使通信便利和便捷，但目前它对信任和合同执行、劳动力市场监管和网络等方面没有直接的影响，而人际交往仍然很重要。在一个跨境的情况下，一个不懂当地语言的律师很难与外国客户沟通并赢得当地客户的信任。这是因为赢得这样的双边信任是一件复杂的事情，不仅需要花费时间和精力，而且还要由许多其他的因素决定，包括律师和客户的合作网络。在本书收集的数据中，也体现了律师间交流以及与客户的沟通来建立信任的重要性。例如，一位中国的被访谈者说：

"……客户不是一下子从天上掉下来的，之前有很大的基础。有时候信任不是说我想要专门去建立信任，都是要经过一个积累才能建立信任的。包括律师个人，包括律师事务所的品牌，包括你的业务，不是说我想建立信任就能建立信任的……"①

---

① 1号受访谈者的访谈摘录。

在跨境工作中，律师面临的一个特殊挑战是，与许多其他专业服务行业不同，律师不仅需要有资格在自己的管辖范围内合法地执业（劳动力市场监管），而且要取得这些资格通常是一个艰难的过程。由于在可预见的未来，不同的法域对法律资格不可能实现普遍认可，律师们将继续在特定的司法辖区内获得资格，而不是能够获得跨国的、全球性的资格，使他们能够在任何地方执业。特别是，像中国这样的国家资格框架，可能对国际法律实务并无意义。

然而，国际商务法律服务实际上具有非常明确和不同的要求，不能通过专门针对国内实践要求的资格框架来满足。一个在国际商法领域工作的新合格的律师，也要拥有与从事纯国内事务的新合格律师一样的知识和技能。Maurizio Maiano，一名意大利律师，他在 McGeorge 法学院的一次访谈中补充了本书收集的数据：

"……首先，可能根本不存在'国际律师'一说。所以，我有个足够大胆的观点，至少与其他职业不同的是，律师确实与某个特定的地点相捆绑，司法管辖权对法律职业能力来说是最基本的。"

因此，为了克服上面提到的所有障碍，通过技术进行沟通，在国际基础上与同事合作，在国际基础上与客户建立信任关系，律师将需要额外的知识和技能，而不是他们在单一法域内所学到的知识。例如，他们需要了解在当地和国际层面的有关法律和法律冲突。此外，因为客户和同事可能来自不同的国家，可能需要一个律师合作的技能，使他们有效地与来自不同文化的人们交流，可能也需要高水平的外语技能来促进交流。然而，他们所需要的技能和他们的相对重要性可能会因任务而异。

当然，以上所有的假设都是建立在影响因素没有本质上的变化的情况。但是，随着时间的推移，不同国家的文化可能会互相融合，人们可能通过互联网建立关系网并且人才市场的规范条例可能会被修改。如果这些基础的因素发生变化，那些障碍的影响力也会逐渐减弱直至消失。因此，尽管技术进步提供了有力的支持，但仍有一些实质性的障碍可能会阻碍律师寻求国际扩张的计划。

六、小结

这一章认为，在短期内，技术不会在法律技能的关键领域取代人类律师，如协作和创造力。对人类律师来说，好消息是，他们可以在新的领域工作。这不仅仅是指通过技术和萨斯坎德的"新工作"来提供法律服务，还涉及到新的法律领域，除了已经出现的互联网交易和网络犯罪的法律。如上所述，这包括人工智能系统（"机器人律师"）活动的责任问题。此外，最先进的"持续主动学习"模式表明，人工智能将继续向人类专家学习，以提高其操作信息的准确性和能力。因此，人类律师将与人工智能合作，而不是完全离开这个领域。

在此基础上，先进的技术改变了法律实践的环境，使法律实践和法律教育的国际化或全球化成为可能。这一章还主张，提供法律服务的国际化有许多驱动力，尤其是在商业领域。从根本上说，商业驱动的国际化有两种视角，一种是客户的需求，另一种是律师发展业务的需求。这就导致了国际商务律师在技术和国际上的合作，以及在国际基础上与客户建立信任和沟通的具体挑战。具体对中国律师而言，国际法律实践将成为发展的中国法律领域之一，不仅与中国经济的快速发展有关，也与地方法律文化的发展和结构改革的局限性相关。为了研究这些新技能如何在教育背景下得到支持，首先必须考虑中国的法律教育的历史和现状。这将在后面的章节中介绍。

第3章　法律教育在中国

正如前一章所讨论的，法律实践的国际化很可能成为某些法域中未来法律实践的新趋势之一。考虑到中国最近的经济发展，国际商务律师在中国的需求越来越大。然而，就推动或支持这种即将到来的新趋势而言，我国国际法律实践的法律教育仍然不发达。

中国有四个司法辖区：大陆、香港、澳门和台湾。有一个问题是，中国内地是否能够简单地从中国境内或境外的其他法域移植法律教育体系，从而解决当前体制中的问题，并让大陆律师在国际商务法律服务市场上蓬勃发展？要回答这个问题，需要对不同司法辖区的不同法律职业教育项目进行比较。首先，重要的是读者要了解职业法律教育的性质，以及这些课程在中国大陆的运作方式。

一、学术型和职业型法律教育的分野

无论是在中国还是在全球的背景下，教育者都对法律教育的目的提出了一个持续的质疑：它的焦点应该是理论型的，应该是职业型的，还是应该尝试两者都是？一般来说，许多法律学校迫于压力，偏离法律理论研究，倾向法律实践的教育方向（职业法律教育），培养应用型（practice-ready）法律毕业生，因为"……几乎总是有在不同的时期不同强度的压力，使大学教育更加实用和职业化"（Twinning, 1997, p.65）。

川宁（Twinning）用两个例子来解释法律教育的目的的二分法：一个是古希腊政治家伯里克利，他受到的博雅教育使他成为一个"立法者、开明的决策者，明智的法官"（Twinning, 1997, p.64）；另一个是修管道的"管道工"，是"有能力技师"（Twinning, 1997, p.64），掌握特定的法律知识和某些技能。尽管用这个来描述律师是学术型的或实务型的实际上不是川宁的目的,但他还是认为大学法学院面临两难局面:试图协调相互冲突的压力,要既"有用",又"无用"(Twinning, 1997, p. 65)。但是,考虑到中国当下的情况,职业法律教育,而不是学术型教育,对于国际商务律师的培养才是最迫切的。

二、 大陆法律教育体系

当前我国法律教育体系包含从职业学校到博士教育层次。它还包括全职、兼职、继续教育和远程教育。依照《中华人民共和国律师法》第5条和《国家司法考试实施办法》第15条的规定,一个合格的律师必须至少持有学士学位(在一定区域内允许例外)。PHD是一个研究学位,主要侧重于法律的学术方法,它不是为了支持从事法律实践。因此,本研究的目的,法律教育对系统进行探讨,其中包括学士和硕士课程,但不包括博士教育。

在学士学位阶段,学生应在四年时间学习至少14门核心课程[①]。这些课程都是以知识学习为基础的。在硕士阶段,有两个方案可供选择:法律硕士(LL. M)是传统法律学术研究(在大多数机构目前为两年,但一些机构保留传统,课程持续三年)和面向实践的法律硕士(JM),是在1996年由国务院学位委员会引入培养应用型法律人才的项目。

中国的JM是一个职业教育课程,课程分为两类。一类是法律硕士(法学);另外一类是法律硕士(非法学),分别招收本科阶段为法学和非法学的毕业生。法律硕士(法学)学制为二年,除了学制较长以外,更类似于欧美的LL. M项目;法律硕士(非法学)学制三年,由于学生本科没有学习过法学也没有法学学位,它更类似于美国的J. D课程,学生接受的是类似法学本科的课程教育,但是获得硕士学位。

---

① 十四门核心课程是法理学、宪法学、民法学、商法学、知识产权法、刑法学、民事诉讼法学、刑事诉讼法学、行政法与行政诉讼法、国际法、国际私法、国际经济法、环境资源法以及劳动与社会保障法。

和英国的体系比较，JM 类似于在香港的研究生证书（PCLL）或在英国和威尔士的法律实践课程（LPC）、法律专业培训课程（BPTC）。在这样的教育体系中，学士学位的法律学生不可能从他的大学课程中发展自己的法律技能。然而，仍然有三种方法（模拟法庭，实习安排和法律诊所）让他们在学士学位期间体验技能学习。

在现实中，很少有法学院包括模拟法庭作为核心课程，甚至作为选修课程。此外，模拟法庭活动在中国的法律教育中，更多是一个展示或模拟法庭比赛，为了娱乐观众的设计，而不是作为一个学生参与的学习经验的一部分。例如，一些模拟法庭的每个角色的台词有完全的脚本，裁定或判决也已提前写下。因此，学生仅限于表演他们事先准备的角色，他们从中获得的学习是非常有限的。

更广泛使用的方法是专业实习，在学士学位毕业前这是必需的，通常实习持续一至三个月。由于毕业前学生们忙于找工作，写毕业论文，或申请硕士学位课程的入学，他们是否有足够的时间投入到实习中充分利用实习机会是值得怀疑的。此外，提供实习机会的实践部门通常不信任学生的能力，也没有时间给他们适当训练。因此，他们倾向于给学生分配无关或无足轻重的任务，从而意味着实习不是学生期待的有宝贵的学习经验的机会（杨陶，2016，p. 103）。

学生可以有机会尝试技能训练的另一个地方是法律诊所。这是美国福特基金会的支持，引进到中国来的。然而，法律诊所是有限的，所以这个机会不能提供给大多数学生。即使是在北京大学这样的法学院中，法律诊所也只能覆盖20%的学生群体（苏力，2008，p. 31）。因此，在本科阶段，技能的发展机会仍然很小。因此，JM 不仅是规定的职业法律教育项目，也是唯一的阶段，所有的学生都有机会、时间和精力集中于技能学习。

（一）JM 法律硕士课程

JM 通过技能培训来培养应用型的法律毕业生，它确实包含了一些技能要素。然而，不幸的是，它并没有很好地实现其目的。一个证据是，JM 没有如预期一样成为法律教育课程的主流，相反，JM 毕业生在就业市场还受到歧视。最近，在北京进行了一项调查，九个机构提供 JM 计划，表明 JM 计划并没有专注于职业需求。如上所述，课程分为两类。一类是法律硕士

（法学）；另外一类是法律硕士（非法学）。以下以哈尔滨商业大学法学院为例，分别描述一个中等教学水平的中国大学法学院的典型培养方案的设计。

以哈尔滨商业大学法律（法学）硕士研究生培养方案为例，其《培养方案》中明确，法律（法学）硕士研究生项目是培养具有特定法律职业背景的专业学位，为法律职业部门培养具有社会主义法治理念、德才兼备的适应社会主义市场经济和社会主义民主、法制建设需要的高层次的复合型、实务型法律职业人才。

对学生的具体要求包括：（1）掌握马克思主义的基本原理，自觉遵守宪法和法律，具有良好的政治素质和公民素质，深刻把握社会主义法治理念和法律职业伦理原则，恪守法律职业道德规范。（2）掌握法学基本原理，具备从事法律职业所要求的法律知识、法律术语、法律思维、法律方法和职业技术。（3）能综合运用法律和其他专业知识，具有独立从事法律职业实务工作的能力，达到有关部门相应的任职要求。

哈尔滨商业大学法学院法律硕士（法学）设计了民商法学、刑法学、宪法学与行政法学和经济法学四个方向。

法律（法学）专业硕士学位研究生培养年限为2年，最长学习年限不超过5年。研究生应在1学年完成课程学习，其余时间完成实习实践和硕士学位论文。研究生培养实行双导师制，由校内和校外导师合作指导。导师应为每位硕士生制定培养计划，注重专业知识基础与实践应有能力培养相结合。

培养方案设计的总学分要求不低于61学分，其中课程学分不低于39学分（20学时为1学分），综合环节17学分，学位论文5学分。

培养方案设计的培养环节包括：（1）课程考核，学位课考核采用闭卷或开卷等方式，选修课程也可辅以口试、论文等其他形式。成绩评定采用百分制或五级记分制。（2）综合环节，包括学术活动、文献综述和社会实践。文献综述应在论文开题之前完成，学术活动和社会实践应在学位论文答辩之前完成。未通过考核者不能申请论文开题或答辩。其中学术活动环节要求硕士生在学期间必须参加学校、学院组织的学术活动，每位学生至少听取5次学术报告，并提交学术卡片和总结报告，导师给出评语和分数后交学院科研秘书，由科研秘书结合研究生参加学术活动全部表现，给出总成绩。导师评分占总成绩的70%，研究生参加学术活动表现占30%。文献综述环节中，导师为研究生制定必读书目等文献阅读规划。阅读书目应不少于40篇相关领域国内外文献资料，其中近三年和外文文献均不少于三分之一。硕士生应在论文开题前完成4000字左右的文献综述报告，并报导师评定，给出成绩。

实习实践为独立环节，应结合导师具体项目进行，实践教学时间不少于1年，记相应学分。其中包括：

（1）法律职业规范与伦理（3学分）。

（2）实践必修环节（6学分）。

①法律文书（含起草合同、公司章程、起诉书、答书、仲裁申请书、公诉书、判决书、裁定书等的训练，由律师、检察官和法官讲授）（2学分）。

②模拟法庭、法律诊所训练（分立法、刑事、民事、行政、商事、知识产权、社区等任选，法官、检察官、律师三类型任选，由教师组织，法官、检察官、律师辅助指导）（2学分）③法律谈判、模拟审判（2学分）。

（3）实务实习（6学分）。

在法院、检察院、律师事务所、法律援助机构、公证处、仲裁委员会等司法实际单位或政府法制部门、企事业单位法律工作部门实习不少于6个月。

为取得硕士学位，培养方案还对学生在校期间的科研提出要求：1. 在公开出版物上以独立作者身份、以哈尔滨商业大学法学院为第一署名单位发表至少1篇与本专业相关的学术论文；2. 在学期间通过国家统一司法考试，可折抵科研要求第1项所要求的论文。

法律（非法学）专业硕士学位研究生的学位论文应以法律实务研究为主要内容，但不限于学术论文的成果形式，还可采用案例分析（针对同一主题的三个以上相关案件进行研究分析）、研究报告、专项调查等。字数以1.5万为限，一般不超过2万字。学位论文的各环节要求为：1. 开题报告，论文开题报告时间与申请论文答辩时间的间隔一般不得少于1年，原则上应在第二学期末完成。研究生论文选题不得超出攻读学位的研究领域；2. 论文中期检查，硕士专业学位研究生中期考核在入学第三学期进行。考核内容包括课程学习及学分、科研成果及水平、外语水平等。考核不合格的，不可进入下一阶段培养。3. 论文评审，硕士专业学位研究生论文评审分为匿名评审和校内外专家评阅两个环节。匿名评审工作由研究生学院组织，论文评阅由培养单位组织。评审结果不合格者，不能进行论文答辩。4. 论文答辩环节要求必须由三名本专业具有高级职称的专家评阅，其中必须有一位校外专家或学者学位论文答辩委员会成员中，应有一至两名实际部门或校外具有高级专业技术职务的专家。并按学校学院论文答辩有关规定执行。答辩合格者授予硕士学位。

法律（非法学）硕士与法律（法学）硕士研究生培养方案的主要区别主要体现在总学分和总学时的要求。法律（非法学）因为学制多一年，且学生没有法律基础，因此，要求总学分不低于79学分，其中课程学分不低于55学分（20学时为1学分），综合环节14学分，学位论文10学分。

JM课程内容设计的问题包括，人力资源和设施分配不适当，没有有效管理的实习阶段，管理上没有获得与法学本科毕业生同等的对待①。要理解现行JM教育存在的问题，有两个关键：一个是相对于传统的法学硕士LL. M，JM处于竞争地位；另一个，在入学过程、课程设计和教学方法中存在的问题。还有一点尤为重要，一些地方政府资助LLM项目，但JM是完全依靠学生自费。

(二) JM法律硕士与LLM法学硕士的竞争

如上所述，传统的法学硕士有与JM不同的目的，因此，两个项目希望吸引有着不同的职业期望学生。法学硕士毕业生可能期望从事学术路线，而JM毕业生有望进入法律实践。

现实中，通过国家司法考试（从2018年9月开始改为法律职业资格考试）是成为律师、法官和检察官的唯一途径。LLM学生毕业后也可以从事法律实务。

---

① 这些情况的根本原因是JM在2009年之前并不录取本科为法学专业的毕业生，因此，法学本科毕业生习惯性不会申请JM，除非他们认为自己申请LLM的希望不大。现在，很多学校接收没有被LLM录取的法学本科毕业生调剂进入他们的JM学习。

检索司法部网站，并没有参加司法考试中 JM 考生和 LLM 考生比例的数据。也没有其他相关网站提供这个特定的数据，如北京大学法学院网站。此外，由于 JM、LLM 甚至非法律专业毕业生都可以参加考试，所以也不能使用考生数据（2016 年 9 月参加考试 43.8 万人；2017 年报名人数 64.9 万人，参加考试 48.9 万人），推断其中 JM 和 LLM 各有多少。考试显然是提供给所有这些学生提供平等的基础，因此，它可以假定有一定比例的传统的法学硕士生与 JM 都参加考试因此存在竞争。

需要注意的是，根据司法部的统计，国家司法考试通过率每年约 10%。然而，因为不可能确定 JM 学生比其他学生考得更好或更差，因此，也可能使用及格率来衡量 JM 教育的有效性。此外，还有一些学生在开始 JM 学习之前就参加了考试。

除了 JM 六个月的实习和一些技能培训课程，对高校网站的信息表明，JM 与 LLM 没有太多的差异，二者都主要关注法律知识。此外，LLM 集中在一个狭窄的领域，进行了深入的研究，JM 的法律知识课程似乎鼓励广度而不是深度。未来雇主可能更喜欢深度超过广度。因此，对于一个在两者之间做选择的学生，JM 没有什么与众不同或有特别益处。为什么 JM 专注于法律知识可能会有问题的，其原因将在后文通过比较在其他法域的与实践为重点的课程进行讨论。

(三) JD、LPC、BPTC 课程比较

从 JM 的内容来看，问题从一开始在选拔考生阶段就出现，然后贯穿课程全部。比较 JM 与其他国家的课程是有益的。

1. 入学考试

虽然 JM 是比照美国的 JD 而命名的，但是它与 JD 是完全不同的。这种不同在申请阶段就开始显现。JD 的申请人持有非法学学士学位，但 JM 的申请人可能是法学本科毕业生也可能是非法学本科毕业生①。另外，JD 的申请人必须持有法学院入学考试成绩（LSAT）。LSAT 是一种"测试法学院可以用于评估申请人的若干要素之一，学习法律师事务所需的阅读和语言推理能力"。

---

① 在 2000-2009 年之间，JM 的申请人只能是非法学本科毕业生。

第 3 章　法律教育在中国

中国考生参加考试进入 JM 学习分两个阶段的。在第一阶段，有一个适用于所有 JM 候选人报考任何法学院一般性入学考试。考试的内容集中在实体法，外加政治和外语考试。JM 的候选人必须同时通过基本法律知识考试（刑法和民法）和一个混合知识考试（法理学，宪法和法律史）。

接下来的程序是法学院面试一部分候选人，最后一般是依次录取笔试和面试总得分排名靠前的考生[1]。因此，中国 JM 录取过程预计学生已经有了独立学习的能力，事实上，在被录取之前他们就已经以某种方式，主要是通过自学，学习了实体法[2]。但是，在考生入学之前就考察其对实体法的理解不合常理。

具有讽刺意味的是，JM 的学生可能真的需要较强的独立学习能力，因为 JM 的课程设计，无论在知识学习和实践的元素的哪一个方面，都是不完善的（林泰，黎学基，2010）。就其目的而言，美国 JD 法学博士和 JM 的目的都是培养实用人才，而不是学术的，虽然两种法律制度有区别。美国 JD 是培养将来有意执业的律师，但 JM 的培养对象不仅是执业律师，而且还包括未来的法官和检察官。

除了 JD 和 JM，还有其他项目旨在培养律师，例如 LPC、BPTC 和 PCLL 课程。因此，为了解 JM 可能出现的问题，下面的章节将比较 JM 与这些项目。

对于 LPC，申请人应该已经完成了这样的学术阶段：

"获得了大学的法学学位，或其他大学学位并完成 the Common Professional Examination（CPE）考试，也被称作法律研究生证书 the Graduate Diploma in Law（GDL）。"

（Solicitors Regulation Authority 2014，第 4 段）

---

[1] 北京大学的国际法学院（深圳）是个例外，它们对法学本科毕业生 JM 是三年，非法学本科毕业生是四年。这个 JM 项目会在后面做详细介绍。

[2] 据说非法学本科毕业生和法学本科毕业生的入学考试是有一些差别的，非法学本科毕业生的考试仅仅是对法条的记忆，而法学本科毕业生的考试更注重考查学生对法律的分析能力。但未找到正式的文件证实这一差异。

个别学校有能力规定额外的、具体的入学要求。例如，诺丁汉法学院在学术阶段要求学分绩点 2.2 分，国际学生雅思考试总分 6.5 分（诺丁汉法学院，2014）。同样，对于 BPTC，申请人：

"'必须完成学术阶段学习的要求'①，通常这意味着，对取得法学学位的，最低 2.2 分；非法学学位的，最低 2.2 分并取得 the Graduate Diploma in Law（GDL），雅思考试每项 7.5 分；或者 Pearson 英语（学术）考试每部分最低 73 分。"②

（Bar Standards Board 2016, para. 3）

在香港，法律教育和培训常设委员会在 2005 成立。它监督法学院，并规定在香港的所有的 PCLL 项目以雅思 7 作为入学的最低要求（The Standing Committee on Legal Education and Training 2006, sec. A 5（b）iv）。香港大学的 PCLL 项目③自 2002 年起已经要求雅思考试 7 分。在 2010 之前，以中文执业并没有真正吸引委员会的注意。2010 年以后，香港的法律教育才开始关注双语教学。

除了 JM 之外，其他四个课程都要求一定的英语水平，因为他们的教学语言是英语。英语也是 JM 在第一阶段的入学考试的一部分。然而，虽然必修课程之一，它不是一个实质性的要求，因为 JM 是中文教学。然而，有一个例外，北京大学的跨国法学院（STL）申请人需要参加美国 JD 的 LSAT，并在一般考试后需要参加访谈。因为课程采用双语教学，他们在第二阶段也测试英语听力。STL 声称是在大陆地区唯一结合了 JM 和美国 JD 的法学院。

因此，STL 的录取过程是寻找那些有很强的学习能力，有基本的英语语言技能，能够使用汉语和英语学习法律的候选人，因为英语是国际商务

---

① 一个认可的法学学位（QLD）；或一个非法学学位并持有 CPE 证书，（或完成）一个经过批准的 GDL 课程。

② 具体的课程提供者可能有其他或更高的入学要求。

③ 香港有三个法学院获批提供认可的法学学位和职业教育课程：香港大学法学院、香港城市大学法学院以及香港中文大学法学院。

法律服务的世界语。看来，从语言角度，除了 STL，我们大多数 JM 项目不能有效培养未来的国际商务律师。

2. 课程内容的知识元素

为期三年的美国 JD 涵盖所有的法律科目，但本质上是知识为基础的，尽管有一些法律技能教育，如法律推理、法律研究、问题解决、在法律语境下的口语和书面交际（美国律师协会 2016，p.15）。而在中国对非法律专业毕业生，JM 是三年；对法律专业毕业生，JM 为期两年。根据指导法律硕士培养和指导通知（2006 国务院学位委员会）全日制专业硕士教育（国务院学位委员会，2009），三年和两年的 JM 都包含两部分，知识学习与实践训练。

对于为期三年的 JM，第一部分是以知识为基础的教学，其目的是提供给非法学毕业生在大学本科层次的法律基本知识。在这一部分有三种课程：必修课、限选课和任选课。必修（32 学分）和限选课（13 学分）是由学位委员会列明的，任选课（8 学分）开放给各法学院决定。就知识课程而言，只有 10 门必修课；与上面讨论的 LLB 相比，LLB 在本科层次上有 14 大核心法律课程。商法、国际经济法、国际私法、知识产权法不是 JM 核心课程，而只是限选课。

对两年的 JM，只有必修（27 学分）和任选课（10 学分）①。课程与三年课程大致相同（唯一的区别是行政法适用于两年的 JM；行政法和行政诉讼法适用于三年的 JM），用于描述课程的语言仅略有不同。对于两年的 JM，所有的法律科目都被描述为法学的理论领域，但每个 LLM 通常侧重于一个法律领域，例如，民法硕士）。三年 JM 的课程名称与 LLB 几乎一样。因此，可以说，对于知识部分的课程，为期三年的 JM 的目的是作为本科阶段法律知识传授的补充或替代。然而，对于两年的 JM，因为学生们之前已经研究过这些科目，目的是进一步提高他们的知识到更高的水平。

然而，这些推论并没有在制定了课程要求的两个文件中有表述（国务院学位委员会，2009），这种不同知识的水平也没有被明确阐明。因此，

---

① 从学分的分配角度，相对于三年制 JM，法学院对两年制 JM 明显有更多的课程设置自主权。

如果考虑到学生已经经过五个法律科目考试的事实，而这五门课仍被列为两年制和三年制法律硕士的必修课程，一个很自然的问题就是 JM 课程是否与 LLB 有重叠，是否学生要重新学习他们本来应该已经学过的知识（三年制 JM 学生的五门课和两年的 JM 所有必修科目）。此外，职业道德课是两年的 JM 学生必修课（它被列在两年 JM 制的实践部分，但因为它是以知识为基础的学习，因此在本节讨论），但只被列为三年制 JM 的限选课。因此，可以说，在课程时间有限的情况下，与被列在核心课程的十个实体部门法和实践课程相比，职业道德被认为是不重要的知识。

总之，从知识和技能之间的关系的角度来看，所有五个项目都把知识学习列在首位，无论是 JM、JD 或 LPC、BPTC、PCLL 课程。对 JM 的问题是，两年制的 JM 与学生在 LLB 阶段学习的课程没有实质性区别，避免 LLB 学生重复学习他们已经学过的大量的知识是一个挑战。

3. 实践部分

在第二部分中，两年制和三年制 JM 学生都会在教室学习起草法律文件（包括合同的起草、公司章程、起诉书、答辩状、仲裁申请、裁决书和判决书等），这当然应该由法官、检察官、律师分别教授。然而，他们可能只受聘为兼职教师。实践中，设计和讲授 JM 的教师，与其他 LLM 教师有大致相同的法律学术背景，通常不是一个执业者。他们可能没有能力设计和提供实践课程，因为他们本人法律实践经验不足。

课程包括模拟法庭。这涉及三种模拟法庭：刑事、民事和行政；有三个角色可供选择：法官，检察官和律师。模拟法庭由法律老师管理，由法官、检察官和律师监督。学生还可以在法律实践部门进行实习。

对于三年制的 JM，是在工作场所接受由执业者指导的学习，一般两到三个星期；两年制 JM，它应该至少持续六个月，接受与三年制类似的指导。实习可以是带薪的，但通常是无薪的。为了成为一名合格的律师、检察官或法官，JM 毕业生也需要通过国家司法考试。2017 年以前，国家司法考试分为四卷，包括多项选择题、简答或其他书面答复如案例分析。2018 年国家司法考试将进行重大改革，改革效果还有待观察。

完成考试和所有其他课程要求后，三年制 JM 学生还必须完成一年的毕业实习。对于打算从事律师职业的学生来说，实习一般在律师事务所。

实习可能是无薪的。对实习期间学习的广度和成绩有没有要求。

因此，虽然 JM 开始作为 JD 的模仿，在某种程度上，它着重于培养实务型律师，但 JM 应该是更类似于 LPC 或者 BPTC，或香港 PCLL 课程，特别是对已经获得 LLB 的学生。JM、美国法学博士、英国和威尔士的 LPC 或者 BPTC 和香港的课程特点，如表 3-1 所示。所有的课程都是实践主导的课程。尽管 JD 以知识教育为主，而 LPC、BPTC 和 PCLL 以技能教育，这四个项目都是为培养执业律师，虽然 LPC、BPTC 和 PCLL 课程是为已经拥有法律学位的人准备的。JM 在这一点上有些复杂，因为它的毕业生可能成为法官或检察官以及执业律师。虽然 JM 被认为应该培养学生实践与实际的法律技能，但其在现有的中国体系下，这个目的不能通过设计松散的实习安排来实现。

表 3-1　JM、JD、BPTC、LPC 和 PCLL 比较

	JM 法硕（非法学）	JM 法硕（法学）	US 美国 JD 法律博士	LPC	BPTC	PCLL
目标	职业教育	职业教育	职业教育	职业教育	职业教育	职业教育（香港法律协会 2007）
培养方向	知识学习+实践教育	知识学习+实践教育	知识学习	实践教育	实践教育	实践教育
学生层次	法硕（非法学本科毕业生）	法硕（法学本科毕业生）	法硕（非法学本科毕业生）	硕士（法学和非法学本科毕业生）	硕士（法学和非法学本科毕业生）	硕士（法学和非法学本科毕业生）
是否为执业必须	否	否	是	是（但有例外）	是（但有例外）	是（但有例外）
期限	3 年（全日制）	2 年（全日制）	3 年（全日制）	1 年（全日制）	1 年（全日制）	1 年（全日制）
	广义法律教育（非专门培养律师）	广义法律教育（非专门培养律师）	广义法律教育（专门培养律师）	广义法律教育（专门培养事务律师）	广义法律教育（专门培养出庭律师）	广义法律教育（培养事务律师和出庭律师）
知识性课程（使用经验性教学时也涉及技能教育）	必修课： 1. 法理学 2. 中国法制史 3. 宪法 4. 民法 5. 刑法 6. 刑事诉讼法 7. 民事诉讼法 8. 行政法和行政诉讼法 9. 经济法	必修课： 1. 法理学 2. 中国法制史 3. 宪法 4. 民法 5. 刑法 6. 刑事诉讼法 7. 民事诉讼法 8. 行政法和行政诉讼法 9. 经济法	实体法和程序法	1. 职业行为和规范 2. 遗嘱和遗产管理 3. 税法 4. 商法和实务 5. 诉讼法 6. 财产法和实务 7. 三门职业选修课	8. 民事诉讼，证据和救济 9. 刑事诉讼，证据和量刑 10. 职业道德 11. 庭外争议解决	1. 财产法和实践 2. 遗嘱和遗产管理 3. 刑事诉讼实务（包括 advocacy） 4. 民事诉讼实务（including advocacy） 5. 商法和公司法实务 6. 职业发展 7. 信托，公司账户和财务管理 8. 客户维护

续表

JM 法硕（非法学）	JM 法硕（法学）	US 美国 JD 法律博士	LPC	BPTC	PCLL
10. 国际法限选课： 11. 外国法制史 12. 商法 13. 国际经济法 14. 国际私法 15. 知识产权法 16. 环境资源法 17. 职业道德 18. 法学方法	10. 国际法 11. 职业道德				9. 税收实务

在 LPC 课程中①，有比 JM 更多的技能课。一个访谈者说：

"会见客户、提供建议、辩护、研究、写作和起草……所有的这些技能都将被考查，虽然可能方式不同；但我们要问的是，为什么选择这些技能？给他们的技能，良好的法律技能，能使他们适应在律师事务所的每一天。所以对于他们做的任何工作，会见客户几乎是必不可少的一部分。他们必须先与自己"会见"，然后会见他人；研究工作，他们所从事的大部分工作都涉及到某种形式的研究，而写作和起草是他们所从事的任何职位的基本技能，无论其是法律工作还是其他。所以这就是为什么选择这些课程的原因。他们考查这些课程，考虑在学习这些课程以后，LPC 的学生进入律师事务所以后他们有能力做什么。所以"选择"这些技能课是用了引号的。如果我们能够自由支配课程选择，我们仍然会选择这些。那么其他法学院也会选择同样的吗？是的，他们也会。因为他们是由 SRA 指导的，他们也要教授这些技能，并证明在这些技能传授中他们具备能力。"②

在国际商务法律服务中，除了已经由 LPC 教授的技能之外，协作和创造力也是核心的技能。虽然谈判原本是 LPC 课程的一部分，但已从 LPC 去掉，这个技能的培养包括在培训合同中。这种变化有两个可能的原因，一个是谈判对高级律师更重要，而不是新手律师，因此，可以把它排到项目后期。另外，谈判可能被认为是很难在课堂上教授，经验不足的学生难以进行逼真的模拟使他们对这项技术的掌握变得有信心。本书认为，这两个解释是合理的，因此，强调更广泛的沟通技能，而不是具体的谈判。

PCLL，LPC 和 BPTC 的课程代表了专为培养法律实践学生的职业课程，虽然这些学生的潜在目标差异明显（PCLL 培养未来的出庭律师和事务律师，BPTC 培养出庭律师，LPC 培养事务律师），这必然导致课程和重点技能的变化。

---

① 这个课程在不久的将来可能存在变化。比如：SRA 的《明日培训》草案。类似的，出庭律师协会培训也在准备修改 BPTC 课程。

② 摘自 5 号受访谈者的访谈。访谈语言为英语。

虽然它也为学生的法律实践做准备，但 JM 不强调以同样的方式培养技能，这可能有历史原因。北京大学法学院的前院长苏力认为，对于那些最终聘用毕业生的中国执业律师来说，法律技能不是一个优先考虑的问题，他们更关心的是学生是否有毕业于一个备受尊敬的机构，并有良好的学术水平，而不是他们是否已经掌握了关键的法律技能。似乎有一个假设，一个学术背景好的学生，要比一个能迅速和有效地适应法律实践而成绩不好的学生的工作安排要好，因为他们可以"在工作岗位"上发展自己的技能。学生可以忽略或花费较少的时间在实践技能的发展上，这是可以理解的，因为对他们的时间和精力而言，它不是一个有效的投资；是他们的学历，才最有可能确保他们未来的就业。苏力说（2008，p37），一些细分市场的技能可能只对有限数量的公司来说是有价值的，所以，即便学生们在技能的发展上投入时间和精力，他们投入的也是在所有的律师事务所里都可能是有用的技能。此外，学生可能还没有在一个律师事务所找到一份工作，或者还可以考虑进入司法部门而不是私人执业，所以更广泛的技能包可能更有价值。这个不难理解，因为在中国执业律师的历史还很短暂。因此，对执业律师的新要求仍在不断出现。这个项目所收集的数据中一位中国参与者（曾经是一位法官），说道：

"……过去这个问题不突出，因为过去律师的业务也相对比较单一，不就是去法院打官司吗，至于什么材料怎么写，法院有现成的，按格式填就完了。你不是律师，法院也有起诉书，你往后填吧，原告叫什么，被告叫什么，事实和理由写上就可以了。所以我们的职业化教育不突出。但是现在中国的律师都做比较大的商业服务，这个问题一下就出来了。你写一个起诉书，可能一个法学院毕业的学生简单指导几句按照这个模式就可以写个起诉书，原告是谁、被告是谁、要求什么、理由是你违约了。但是现在让你说我这儿有一个国际货物买卖的东西，你给我起草一个合同，你一下就迷失了；知道这个合同头一句写什么，第二句写什么，这就是职业教育比较缺失。"[①]

[①] 摘自 6 号访谈者的访谈，访谈语言为中文。

如上所述，没有职业课程（包括 JM），以具体的国际实践技能为重点。本书认为，这可能应该是在中国法律技能培训的优先事项。

三、技能训练对中国国际律师的重要性

如前一章所述，国际商务法律服务将成为中国律师未来发展的主要动力之一。在当前的国际法律服务市场中，英美律师事务所实际上处于领先地位，导致没有英美法律教育经验的年轻律师可能难以获得就业（Flood，2013）。在美国成为合格律师的路线各异，但大多数州要求学生获得 JD①，然后通过当地的律师资格考试。在英格兰和威尔士要成为事务律师，学生应在进行 LPC 之前获得 LLB 或 GDL/CPE。然后，他们需要完成一段认可的培训，才能获得资格。要成为出庭律师，学生通常会获得 LLB 或 GDL/CPE，然后完成 BPTC 和见习职位以获得资格②。如上所述，在中国，2017 年以前，个人只需要获得任何科目的本科学位，就能有资格参加统一司法考试。

因此，与美国、英格兰和威尔士相比，在 2018 年以前，在我国并不是必须正式学习法律，才能够成为律师。从今年开始进行的中国的法律职业资格考试，将改变这一现状。因此，与通过美国或英格兰和威尔士的制度合格的律师与其职业要素相比，以往获取资格的中国律师可能更缺乏有关的法律技能培训。

学生可以试图通过在美国或英格兰和威尔士的一所法学院自己解决这个问题。然而，除了在海外留学的费用和后勤问题，这对许多学生来说可能不是一个可行的选择，似乎英美法学院的法律教育背景本身就不足以使那些原来来自非英语和普通法系外的国家的学生，成为美国法律服务市场的有竞争力的求职者（Silver，2012）。

这一点非常重要，因为在美国法律服务市场获得一份工作可能会增加其进

---

① 有些州允许美国法学硕士（LL.M）毕业生参加律师考试。
② 这些是在英格兰地区通过正规的教育体系获取律师资格的主要途径，但实际上每个阶段都存在替代途径。

入更广泛的国际法律服务市场的机会,因为美国律师事务所是国际商务法律服务市场的关键角色之一。除了西尔韦(Silver 2012, pp. 2214-2432)提到的一些监管障碍之外,非美国背景的学生在美国法律服务市场即便能够获得一份工作,仍然不能像本地学生或与本地学生相似背景的学生一样熟练地使用英美法。这可能是因为他们有不同的早期法律教育经验,特别是与技能有关的教育。与美国法律学生相比,中国的学生擅长知识记忆,但在批判性思维和建构有说服力的论证方面的知识技能薄弱(Ryan,2013, p. 307)。如上所述,中国法律教育体系的技能培训差距很大。相比之下,如上所述,英语国家合格律师在其职业教育阶段就接受了技能培训。

因此,如果中国律师想在国际商务法律市场上与英美律师竞争,那么他们不能把国外的学习作为培养竞争力的便利机制。相反,有必要改革中国的法律教育体系。具体来说,应该让学生在中国法律教育中的某一时间里接受法律技能培训。中国不能指望依靠留学对学生进行技能培训。因此,本书认为,中国法律教育体系应该加入技能培训,而 JM 是为培养实际人才而设的,所以建议在一些大学的 JM 课程中进行技能培训①。然而,有些人可能会认为,最适合的技能训练场所在于工作场所,下一节将讨论这一点。

四、 法律技能培训的场所

有两个场所可以为未来国际商务律师提供体验式学习模式,一个是工作场所,另一个是教室。

(一) 完全在工作场所学习国际商务实践技能

苏力认为(2008, p. 31),目前在中国,法学院将重点放在具体的技能上并不是一个有效的选择,因为技能培训需要更多的教学人员和设备才能有意义地促进学习。他进一步认为,这也不是法律学生的有效选择,因

---

① 本书所提倡的 JM 课程可能并不适合所有大学。JM 是一个以实践为主导的课程,因此,对于那些追求纯学术的法律人,这个课程是不合适的。更重要的,因为 JM 是务实的,而务实性要求课程提供应该是成本收益最大化的。但所有的课程提供者都提供完全相同或类似的课程是无法实现成本收益最大化的。

为不同的律师事务所可能需要不同的技能,学生自身最终可能会追求不同的职业道路,例如,成为法官或检察官。因此,目前来看,应在工作场所学习技能,无论是通过职业实习还是在就业中学习。

然而,JM 培养方案中安排的实习能在多大程度上真正支持技能发展,这是个问题。两周(三年制 JM)至六个月(两年制 JM)的学期实习,加上一年职业实习期,接近与英格兰和威尔士认可的相当于两年培训期间。然而,虽然这种学期实习是由大学组织和支持的,但是时间太短且法学院的参与度不够,在这种情况下,学习者可能需要一些时间适应国际环境。实习提供了更多的时间,但组织得松散,不能保证支持国际商务实践所需的能力发展。

学生的实习也不太可能被安排在从事国际业务的律师事务所之中。国际商务法律实务在中国是这样一个新现象,在工作场所导师非常有限。2013 年,财政部资助的全国律协"涉外律师领军人才项目"正说明了这一点。所以,一个经修订的 JM 课程将更能够利用专业知识,包括中国以外专家的专业知识培养国际商务律师。

(二) 律师事务所作为提供法律教育的竞争对手

技能最好通过"做工"而不是通过正规教育来发展的想法并不被普遍接受。

在本书酝酿期间,笔者到访西班牙或者说欧洲大陆最大的律师事务所 Garrigues。该所向律师提供法律培训、提供西班牙硕士及以上学位的课程。课程经理参加了第 6 章所述的研究访谈之一,并表示他们也提出在本科一级开设课程。他说,这是他们的一个合伙人提出的回报社会的想法。但是,如果这是律师事务进入法律教育领域的唯一理由,那么他们不可能成为法律教育机构的竞争对手。这样做的一个主要原因不是资金,而是大多数律师太忙,无法为未来律师的教育投入时间。显然,为公司员工或客户群体以外的学生建立并提供先进的法律教育体系,是一个非常耗时的项目,而律师本身也被公认是经常长时间工作的职业(Russell 2014, p. 229 - 230)。

一个大型律师事务所提供这样的课程给学员,律师事务所本身也会受益。这些课程可以根据律师事务所的需求进行调整,并用作选择最适合招聘毕业生的手段。律师事务所可以在学员课程学习期间，对其进行长期的考察，日后可以在招聘中做出最佳选择。

该律师事务所还为外部团体提供法律培训，这可以是公司的有效广告。例如，他们为外国律师提供法律培训，这意味着，如果外国律师需要西班牙法律支持但在西班牙没有其他联系人，那么在那里接受过培训的律师很可能会与他们联系。

最后，律师事务所也在经济上受益。这家事务所的特定课程每周收取学费£ 327。由于他们不需要投资额外的基础设施，如办公场所，这对他们来说是有利可图的。律师事务所也不需要承担法律教育的全部责任，它也可以外聘法律教育专家进行合作。

（三）律师事务所成为法学院的合伙人

虽然似乎大型的律师事务所本身可以从设立法律教育体系中受益，但这不可能成为主流。随着律师的流动性的增加（Elizabeth Chambliss, 2010; Galanter, Henderson, 2008），如果那些新员工离职，那么大量投资新员工的培训就不那么有吸引力了。另一个原因是，如上所述，律师执业时的压力阻碍了他们在提供正规教育方面发挥非常积极的作用。

律师和律师事务所为正式的法律教育成功合作是有成功先例的。一家律师事务所有可能支持律师教授一门课程，组织模拟法庭竞赛担任法官。对于一些从业人员来说，这是其紧张工作中的一个休息。然而，在中国，这可能是不可行的，因为律师事务所尚处于发展的早期阶段，可能更注重发展业务，而不是法律专业的可持续发展。在 JM 课程中，从业人员只能兼职工作，因此，对这一过程的贡献有限。我国政府正在计划为法学院工作人员和从业人员开展交流计划，但这仍然处于初期阶段，范围非常有限，结果尚不清楚。

一家律师事务所与法学院合作的另一种方式是共同完成的某门课程。英国一些大型城市律师事务所为自己的实习人员安排了"定制 LPC"。这些课程使用律师事务所的文件，可能部分由律师事务所的工作人员（Faulconbridge, 2011）教授或设计。迄今为止，还没有证据表明这种方法在中国正在试验或考虑。然而，当考虑高等教育的未来趋势时，这可能成为中国可以走向的一个目标。

五、 法律教育的未来

正如斯密茨（Smits 2013，p. 57-58）所讨论的那样，在任何一个国家，有三个主要的驱动因素塑造了法律课程和教学方法。这三个驱动因素包括大学的立场，法律实践的要求以及社会对律师的期望。

还有三个因素会限制现实目标的实现。一个是法学院学生的入学标准，另一个是法学院作为一个教学机构的能力，第三个是每个法学院的资金，使他们能够建立最先进的教学设施。

（一） 中国高等教育发展

这三个因素主要受到了过去的数十年来中国高等教育机构数量和规模的发展的影响。特罗认为，至少在美国有一种趋势，当高等教育机构入学率从15%提高到50%，高等教育从特权转变为义务（Trow 1973，p. 7）。

这一趋势在中国也是显而易见的，最近愈发明显。1998年，被誉为"中国高等教育扩招之父"的中国政治经济学家唐敏在给中央政府的一封信中建议通过扩大高等教育招生规模两倍以推动中国经济发展（曾志强，2003）。他实际上选择了一个很好的时间提出这个建议，但是，他的建议终于导致了过分的扩招，至今扩招持续了18年。1999年扩招时，教育部计划到2010年，用11年的时间内将高等教育学生人数翻一番，适龄生的入学率从9.1%提高到近15%。

不过事实是，到2001年，各学科的本科生比例上升了105.2%，入学率上升到了13.3%。此外，还成立了67所新的私立大学，100多所公立大学成立，包括从学院职业技术学院升级为大学（上海市教育科学研究发展研究中心2002，p. 6-8）。这种人为的繁荣掩盖了由于80年代推行的"计划生育"政策导致的出生率越来越低，学生的来源将来越来越少的潜在风险。21世纪初，农村已经有一些空置的学校。

由于人们预测对于律师需求将日益增长，且律师在21世纪被认为是一个体面的工作，因此，存在着对法律专业的需求。许多顶尖的学生想进入法学院。因此，许多大学扩大了他们入学的法律学生人数，许多以前没有法律学位的大学也设立了新的法学院。

然而，就业难的现实粉碎了一些梦想。据最新数据显示，2015年中国大学里法学院毕业生就业率最低（占总人数的87.9%）（Mycos Institute，2016，p.16），这种情况并不是一次性的；现有数据表明，法学院毕业生就业不足的问题早在2002年就开始，自2005年以来，每年出版数据都表明，法学学科毕业生就业率最低。此外，法律毕业生中有32%从事非法律工作（Mycos Institute，2016，p.50-52）。就在大学学习的学科与就业的关系而言，法学也低于其他学科。

这种情况的后果之一是，中国法律教育一直因不符合法律实践需求而遭受强烈批评。

（二）高等教育供求

特罗（Trow，1973，p.1）将高等教育贴上了从精英化转变为大众化的标签。然而，本书将避免使用这些标签，因为这些标签提供了隐含的假设，即大学的质量已经从高水平下降到低水平，或至少是他们的毕业生是这样的。毫无疑问，社会上的一些人可能会"以无用为荣"（Twining 1997，p.65），但其他人应该有平等的权利，以有用而自豪。

很明显，如果有更多、更容易获得的职位，那么可能会有更多的没有自我激励的学生。例如，一些自我激励较差的学生可能具有低水平的学术导向和努力，因为他们只将学习看作是获得体面工作的手段。经历语言障碍、文化隔离和思乡病的国际学生可能无法有效应对传统高等教育的现有教学法（Biggs and Tang 2011，pp.4-5）。ICP律师将需要挑战他们以前的假设，因此也可能会遇到类似的情绪，例如文化冲击。因此，他们可能需要比传统教学法更加具有支持性和鼓励性的教学法。

有人认为，在中国目前情况下，政府控制少数法学院的选择范围，他们有更加多元化的选择和提供不同课程的机会。这可能会让一些机构从以学术教育为重点转移到以实践教育为重点。

然而，竞争实际上可能导致法学院提供彼此非常相似的课程，因为提供过度差异化的课程会产生招聘风险。当招生数量增加时，即使传统法律工作的数量没有增加，也存在供求问题。

例如，在英国，法学院的招生数量多于学生的就业机会（Susskind，2013，p.xiv）。根据马克思1846-1847年提出的价值定律，某产品的交换价值（市价）根据供需关系在产品价值（劳动+成本）上下波动。当供应量小于需求时，市场价格将高于价格，反之亦然。同样，当市场价格远高于价值时，产品（法律毕业生）的供应商群体（即大学）将发展壮大，因为原始供应商想要获得更多的利润，更多的供应商将进入市场分享利润。当需求（传统法律工作）平稳增长时，随着产品贬值的可能性（毕业生的就业能力和就读法学院的意愿），市场价格将会下降，供应量将相应减少。

就法学院而言，这个问题更加突出。和其他学科相比，法学院增加较小资金，就可以获得较多的学生数量上的增长，至少在他们专注于提供学术型法律教育的情况下是这样的。既然有增加数量的要求，法学院只讲授法律毕业生首次执业时才需要的基本知识和技能，不寻求或没有能力超越这个范围，以给学生提供更多的训练。但是，本科一级提供的14门核心课程的限制却引来了一些可以在法学学士期间课程设置多样化的建议，说明存在着使课程多样化的意愿。有人认为，显然，中国对国际商务法律服务的需求增加，如果一个大学愿意承担风险并实现多元化，那么为满足这一需求而设计的具体课程就会有所解决现在供应过剩的问题，这比改变LLB课程更为重要。由于课程的重点是国际方面，了解法律教育中的国际趋势也很重要，下一节将介绍这一点。

（三）国际法律教育实践

本书使用"国际化"一词作为总称。实际上，在法律教育的语境下，切斯特曼（Chesterman 2008，p.60-65）将国际法律教育分为三个阶段：国际化、跨国化和全球化。

在"国际化"阶段，只有少数律师参与调解法域之间的争议或确定哪个司法管辖权适用。因此，教育机构将重点培训学生在一个法域内进行实践。

在"跨国化"阶段，律师的旅行频率高于国际化阶段，需要无缝完成跨法域任务，但法律服务的重要部分仍然是以管辖为依据。所以法学院之间应该开展跨法域交流合作，包括交换生计划。

在最后阶段，律师经历"全球化"。在一个真正全球化的法律服务市场中，制定了双学位课程，以便律师成为新法域的"居民"，而不是"游客"。

虽然这个三阶段的总结说明了全球化法律教育将使法律学生对另一个法域有更深入的了解，但并没有涉及到国际化、跨国化或全球化的性质是"多边"而不是"双边"的多元化论调。例如，想象一下中国投资者因为税务原因在英属维尔京群岛设立了一家公司，然后在越南建立了一个利用低成本的工厂，然后在几个欧洲国家以高价出售产品。在这种情况下，投资者可能需要几个不同的律师。但实际情况是，大多数时候，投资者宁愿只去一家律师事务所聘任一名律师为主要顾问。然后，主要顾问可以发现他正在处理一些超出他从学位课程获得的知识或技能的案例。因此，这样的案例超越了切斯特曼的三阶段模式，重要的是考虑法学院可以为他们的学生做些什么。

笔者认为以下两个项目可以应对这个挑战。

1. 麦克乔治法学院模式

涉及国际律师技能的项目之一是太平洋大学麦克乔治法学院的跨文化法律能力计划。这种跨文化法律能力计划旨在提高律师应对来自不同国家和文化的客户、处理涉及不同法律制度的争议和交易的能力。该项目开设两个子课程：即全球律师技能计划和美洲计划。

作为 JD 的一部分，全球律师技能（GLS）计划在四个学期内持续了两年。第一年有案例分析，客观的和有说服力的法律写作，口头报告，客户会见，咨询、沟通和专业信函等。第二年更深入地介绍了有针对性的书面和口头辩护，国内国际法律研究，客户咨询，专业沟通和调解，介绍和解谈判和合同起草。第二年还有本地法官和从业者做评委的校园范围内的模拟法庭比赛。整个课程以国际视阈为重点，学生接触到国际法和比较法，将来利用国际和国内资源提供法律服务。虽然他们的网站特别指出，McGeorge 的国际法硕士的国际研究生会被邀请向 GLS 学生介绍他们国家的法律制度，并强调这些演讲的好处是提高学生的文化意识，但不清楚 GLS 的技能活动在多大的范围内涉及与其他文化和语言的人的交往，特别是与中国律师或学生的交往。因此，不清楚课程中的国际法要素如何与技能相结合，是否包括本书中确定的合作和创造的关键技能。

2. Law without walls "法者无疆" 模式

该项目是由迈阿密大学于 2011 年推出的。它的基本理念是团队合作和文化意识，持续三个月的时间。所有队员（导师和学生）分为几组，每组有五名导师（一名学术，两名从业人员，一名公司和一名企业家），二至五名学生。每个团队通过以下步骤开展：项目启动（两天），虚拟动态团队合作（三个月）和最后展示（两天）。这些活动每年都在世界各地的不同大学进行。该模式不是一个学位课程。它不仅跨文化，而且包括法律、商业、技术和创新在内的多学科。如第二章所示，在国际商务法律实践中可能会需要这种国际合作。

与法者无疆 Law without walls 模式相比，麦克乔治 McGeorge 法学院模式是一个比较正规的教育计划。不过，它是从美国的角度设计的，这是可以理解的，因为它是美国法学院的产物，也是 JD 的一部分。虽然英美方法有很多东西可以学习，但若移植到另一个法域，其整个模式可能会过度美国化。它也侧重于国际商务法律服务的一个方面：文化意识。相反，法者无疆（Lawwithoutwall）似乎超越了切斯特曼的双边全球化理念，更为明确地致力于促进协作，文化能力和创造力技能的发展。

（四） 中国法律教育的国际要素

具体到中国方面，国际要素存在于法学教育制度的三个层次：本科一级、硕士级和继续教育阶段。切斯特曼（Chesterman）提到的所有类型的国际法律教育都可以在中国找到。例如，北京大学跨国法学院（2015）提供 JM／JD 双学位课程（全球化阶段）和香港大学的暑期班合作计划。中国政法大学（国际合作和交流处）与德国卡尔斯霍奇勒国际大学交换学生（跨国化阶段）。根据教育部高等教育司的要求，国际法、国际私法和国际经济法是学士学位课程（国际化阶段）的核心课程。此外，北大的国际法学院也是法者无疆（Lawwithoutwalls）的合作伙伴。

除了继续教育以外，国际课程可以分为以下三种类型。

1. 香港大学模式

正如本章稍后所述，中国香港具有国际文化和跨国经济背景的独特语境。因此，香港大学作为世界上最主要的法学院之一，已经建立了一套先进的制度来培养学生处理国际法律事务。香港大学已经在不同层面（包括法学学士 LL.B，法学硕士 LL.M 和法学博士 JD）与各个不同法域（美国，加拿大，瑞士，中国大陆）建立了一些联合计划。这可能被认为是培养国际律师的全球化方法的一个例子。

它分布在不同法域，但不是多学科的。

2. 北京大学国际法学院模式

这是唯一一个在中国培养跨国律师的独立法学院。它提供了连续四年的联合学位课程（JM／JD）。学生毕业时同时获得中国 JM 学士学位和美国 JD 学位。这是与香港大学类似的联合计划。法学院也是法者无疆 Law without walls 的合作伙伴之一。然而，其颁发 JD 学位的事实表明，它可能特别受到美国法律和文化的影响，而不是真正的全球化。由于学生需要在四年内掌握至少 33 项涉及中国法律和美国法律的科目，而且由于 JD 模式的影响，课程中技能教学的数量也可能更为有限。

3. 北京外国语大学法学院模式

这是中国第一所外国语大学，它提供了中国任何一所大学所教授的外语课程。其法学院成立于 2001 年，并于 2006 年获得许可提供法学硕士课程。其学生必须具有优秀的英语语言能力，学校也期望他们具有与语言专业学生同样好的外语能力。学校使用原文英文版的法律教科书，在本科一级进行英语教学课程和双语课程。然而，由于高等教育部规定的法律课程的核心课程太多，大学发现没有足够的空间培养本科生适应国际法律市场工作能力。因此，他们从 2006 年起成立了法学硕士课程。

香港大学模式可能被认为是培养国际律师的全球化方式的一个案例，而法者无疆 Law without walls 模式可能被认为是超越全球化的阶段一种新的发展方式。北京大学国际法学院目前是中国最先进的方法，尽管它也只是双边全球化的一个范例，而不是特别以技能教育为基础的。北京外国语大学仍在寻求一个合适的模式。然而，我们将在后面的章节中看到，对英语语言技能的关注可能很重要。

4. 卓越法律人才培养计划

教育部和中央政法委（2011 年）发布了"卓越法律人才培养计划"的十年框架，培养应用型跨学科的法律人才。文件提出的培养国际法人才框架是个重点突破。2012 年底，58 家大学入选为实施本计划，其中 22 所专门从事培养国际法律人才（教育部和中央政法委 2012, p.1）。

此外，短期计划方面，中华人民共和国司法部和全国律师协会开展了上述涉外律师领军人才计划，旨在四年内在全国各地培养 300 名国际知名律师。

短期和长期计划都受益于中国中央政府高质量的但非持续性的支持。短期的培训从长远来看是不可持续的，而长期计划的责任就是找出在其他地方可以复制的培养有能力的国际律师的方式。在找到任何可复制的方式之前，当前中国法律教育体系中培养有能力的国际律师的缺失问题仍然是需要回答的问题。

六、可以用移植解决问题吗

如上所述，有一些比 JM 更先进的职业课程，例如 JD、LPC、BPTC 和 PCLL。因此，问题出现了，它们是否可以简单地移植到中国大陆。最明显的可移植对象是香港，澳门或台湾的课程。但是，这是不合适的。

首先，大陆，澳门和台湾属于大陆法系，而香港则属于普通法系。出于历史和政治原因，自 1949 年以来，中国大陆和台湾法律在法律制度方面已相互切断了联系。本书不讨论台湾法律制度，不仅因为目前两个法律体系之间的相互影响不大，更重要的是，在国际商务领域中相互影响不大。

其次，澳门是一个"小经济体"，主要是建立在博彩业和旅游业之上。因此，其核心作用是娱乐服务，而不是提供金融和法律服务。与澳门相比，香港是"全球第八大贸易经济体，大陆是其最重要的贸易伙伴"。澳门的法律教育体系与中国大陆在国际商务法律服务方面的相关性更低。

最终，香港的 PCLL 可能被认为是移植最明显的候选课程。然而，香港是中国唯一的属于普通法法系的地区。由于历史原因，香港与英国有着紧密的联系，而英国是目前国际法律服务市场的主要力量。考虑到香港的独特性质，就国际商务律师而言，有必要考虑香港的 PCLL 是否解决了中国大陆正式法律技能培训缺乏的问题。

香港三所法学院提供职业法律教育的技术职业课程。与英格兰和威尔士类似，香港保留了出庭律师和事务律师这两种法律职业的划分，两类学生都会参加 PCLL。PCLL 入学学生经过本科学位（LLB）学习。如果本科是非法学专业，但想从事法律工作，法学院提供了一些 JD 课程，作为 LLB

的替代。2001年，由香港政府任命为独立海外教育专家的雷德蒙德和罗珀出版了"香港法律教育与培训：初步审查报告"（雷蒙德罗普报告）①。

这是香港法律教育发展史上的一个重要里程碑，后来导致了一系列的改革，并对PCLL产生了根本性的影响。例如，雷德蒙德罗普报告指出，以前的PCLL"特别是在HKU（香港大学），额外的一年的法律研究——明显以学术性重点"（Redmond & Roper 2001，p. 326）。在报告之后，香港大学改革了他们的PCLL，将实质性的法律科目纳入到LLB（最初的3年LLB被延长到4年），并通过邀请来自英国和澳大利亚的技能培训专家培训他们的老师，使PCLL更加强调技能的培训。因此，与内地相比，香港的法律教育在一段时间内一直强调技能。问题是，在PCLL中所教授的技能是否为国际商务律师所需要的核心技能。

正如下文第7和第9章所指出的那样，沟通是国际商务律师的一项关键技能。第9章将说明，这意味着用英语进行交流。在1974年以前，英语在香港"是在所有三个部门（行政、司法和立法）中使用的唯一语言"（Dickson & Cumming 1996，p. 41）。尽管自1974年《官方语言条例》颁布以来，英语和汉语已被宣布为官方语言，但在官方圈子中使用汉语的速度仍然缓慢，在1997年以前，它从未像英语一样被普遍使用（Dickson & Cumming 1996；2004）。因此，发现"香港的大多数商业协议都是由律师起草的"，这并不奇怪，尤其是对涉及国际元素的交易。PCLL的教学语言是英语。因此，从语言技能的角度来看，PCLL适用于国际商务律师。不过，这并不表示在香港的英文培训技能没有任何问题（详见第9章）。然而，相比之下，英语在中国大陆的使用要少得多，因此，如果仅仅把现有形式的PCLL移植起来，就会造成问题。

除了教学语言之外，PCLL所传授的技能并不是专门为国际律师创造的，而是为培养本地合格的香港出庭律师和事务律师提供的。因此，PCLL不涵盖国际律师的核心技能。例如，香港大学教授法律研究与撰写、文件起草与分析、解决问题、辩护、职业道德和公司会计（Department of Pro-

---

① 自2015年起法律教育和培训常设委员会正在香港对法律教育和培训领域做一轮新的调研（Woo Review）。参见官网：http：//www.sclet.gov.hk/eng/pdf/cone.pdf。

fessional and legal education 2016, p. 1)。香港中文大学的课程涵盖专业实务、商业惯例、民事诉讼实务、刑事诉讼实务和财产遗嘱认证。所有这些内容都是基于当地的实体法。

此外，还提供一系列选修模块，包括替代性争议解决，中国法律实务，会议技能和意见写作，企业融资，贷款和融资，审判庭辩，撰写和起草商业文件，撰写和起草商业文件（中文），起草诉讼文件，起草诉讼文件（中文）。选修名单只包含非常有限数量的以商业为重点的课程。此外，只有有足够的学生选课的时候，选修模块才会开设。随着商业实践的增长，当然需求也应该很高。然而，这些模块仍然是选择性的，而不是核心的模块，这一事实表明，国际商务实践中律师的发展目前并不是 PCLL 的主要焦点。正如在第 8 章和第 10 章中所讨论的，本书强调的法律技能是国际商务律师的合作和创造力，而这不是由 PCLL 课程所涵盖的。

因此，只是想将整个 PCLL 移植到大陆，将无法实现这个项目的目标。建议为有大陆背景的学生设计国际商务法律服务专业化课程。

七、小结

本章介绍了中国大陆法制教育的结构，确定了学术与职业法律教育的分工。选择职业法律教育作为本书的重点，因为目前职业法律建议在中国法律教育中是缺失的，或至少说还不够发达。本章还将 JM 课程与其他职业课程进行了比较。这一比较表明，实用技能在诸如 LPC、BPTC 或 PCLL 等课程中更为完善。本章认为，这个差距不能通过派中国学生出国留学，或者把另一个课程，例如 PCLL 移入大陆来解决。考虑到中国律师的背景和中国法律教育的传统，将这些技能包括在中国的课程中是很重要的。

在当前的中国背景下，识别在国际上工作所需的技能比确定在当地工作所需的技能更容易。这是因为律师在社会中所扮演的角色，不仅因其在司法管辖权方面的差异，也因社会的不同而不同。例如，在美国，法律职业相当发达，在社会中地位很高，但是在中国，他们只是一个刚刚开始发展的职业。因此，在不同社会的知识和技能可能会有很大差异。因此，处理当地法律的律师的技能应该来自中国的法律环境，而不是直接从其他社会中移植。鉴于第 2 章讨论的情况，中国法律制度仍然处于改革频繁，未来将继续改革的新兴阶段。因此，现在确定律师在中国社会中的确切作用还为时过早，更别提他们所需要的技能了。

相比之下，ICP 律师在多个法域处理全球法律，国际法或当地法律问题。因此，尽管每个律师都需要了解他们自己的当地法律，正如下文第 7 章所描述的那样，他们所需要的技能是相似的，无论他们来自哪里。英美律师在当前国际商务法律市场中占主导地位，它们是中国国际商务律师学习的适当范例。因此，中国更容易从英美的教学方式中学习到在国际商务领域的律师技能，而不是另行创造一套方法。本研究选择的一些受访者是因为他们在英美方法方面有专长。然而，这种学习必须适应中国学生的文化和背景，而不是在不考虑不同社会法律和文化背景的差异的情况下被移植。本研究中的中国受访者也认同，不同社会中与国际商务法律实务相关的技能上存在差异，包括传统的研究和起草工作，以及交流（英语）和合作。

借鉴切斯特曼的三个发展阶段和中国国内外的一些案例可以考察法律教育国际化的途径。文章认为，这些例子中没有一个能够完全地回答未来国际商务律师的技能需求，因为他们是额外的课程（law without walls）；对一个其他法域进行深入研究的双学位（也可能涉及到中国法律教育体系的美国化，如香港大学、北京大学）；从一个非常具体的美国视角（McGeorge）或专注于语言技能（北京外国语大学）。财政部支持的中国涉外律师领军人才计划，部分旨在解决中国律师在国际上工作的一些需求，但这是一个尚未评估的新项目，长期而言可能无法持续下去。

因此，本书提出了一个既有证据支持又有理论为基础的新课程体系。下一章将在教育理论的背景下讨论技能的学习。

第4章　技能培训相关教育理论

不管在何种情况下讨论教育，教和学这两个要素都是不可回避的。"教"和"学"在一些人看来可视为是同一个词语（Malik 2009, p. 76），因为它们旨在实现共同的结果。但不管怎样，这两个词是辩证存在的，因为"教"指的是老师行为，而"学"则强调的是学生行为。正如先前章节所做出的阐述，本书将着重讨论中国未来国际商务律师应具备的法律技能及发展。在本章中，首要讨论的是教育理论，特别针对的是技能学习，且主张以学生为中心，并认为此种方法才是最有效的。此外，考虑到本书的受众目标为中国学生，那么文化因素（Bruner 2009, p. 159-168）则不容忽视。正如第三章所做出的描述，中国学生习惯以老师为中心、以知识为重点的课程和教学，而将他们的此种习惯转变为以学生为中心、以技能为基础将是极具挑战性的。因此，如何对中国法学硕士课程进行修订和突出重点将同样极具探索性。

在完成对一般教育理论的讨论之后，本章还将对学习理论进行探讨，并将重点放在从工作场所切换到课堂的基本技能培训。这点至关重要，因为此类理论涉及学生开拓知识或技能的过程，其中包括法律工作环境中所使用的技能可在其他环境中得到更有效地发展。

最后，与评估标准相关的理论也需要一并考虑。通常情况下，以技能为基础的法律教育有三种评估方法：结果评估导向法、能力与才能评估法；以及整体模型法（Webb 1996, pp. 33-34）。在讨论这些方法的细节之前，考量实施教育的环境也是十分重要的。法律实务的技能培训，可以在工作场所进行也可以在课堂进行。

一、教育环境

有些人可能认为,相对课堂而言,工作场所才是学习技能的最佳地点。这可能涉及到工作中的正式课程或非正式学习。在第3章中已讨论了律师事务所可在多大程度上为员工或其他人提供以技能为基础的正式课程,且认为这可能是有限的。不过,即便雇主不提供课程,员工也会在工作场所进行非正式学习。如果没有机会去学校接受正规教育,人们可以通过不断摸索的方式进行自学。然而,这似乎并不是法律教育的可行选择。因为在现代社会,这种完全靠自学的方法是非常罕见的,主要是其不具有被正式承认的资格证书,而且不太可能发生在法律服务机构,这主要由于法律专业人士通常需要根据相关法律规定的途径取得资质。例如,如第3章所述,根据中国法律,现在的律师应至少持有本科学位[①]。不管怎样,除了自学之外,律师还可以在工作场所和法学院学习法律知识和技能。

在技能学习的环境中,学习者可以通过观察具有丰富技能的同事或向老师学习,学习的地点是十分重要的。情境学习理论更多关注的是影响学习的直接物理环境和社会环境,而不是信息选择和存储的内部过程(Ormrod 2015,p. 175-176)。情境学习理论主要是基于维果斯基(Vygotsky)的著作。维果斯基对孩子在两种水平下完成的任务进行了比较研究:一种是"最近发展区"达到的水平,即经成年人协助或与成年人合作完成任务,另一种是现实发展水平,即孩子独自完成任务(Cheikli 2003,p. 39)。这种方法常见于非正式工作场所的学习。

正如第3章所讨论的,至少就中国的国际商务律师培养而言,法律技能的教授地点最好是在法学院而非工作场所的正规教育。此种正规教育始于课堂的教与学,然后通过形成性评定进行测验。针对课堂,可以对教育的流程顺序进行规划;为实验提供安全的空间,使每个学习者得到保证。正规教育计划可以涵盖整个课程,其中包括每个人在工作场所可能不会轻

---

① 目前,在我国法律学位并非必要。基于要求未来律师必须拥有法学学位的建议,自2018年开始法律职业资格考试的报考条件已经调整。

易遇到的课题。工作场所则可能与此不同。在形成性评定过后，老师将给予学生反馈，以提高他们的知识或技能，从而满足他们的个人需求。因此，这一阶段的教和学是建立在更好地了解学生缺陷和课程要求的基础上的。那么，任课老师则更善于给予学生这样的反馈，而不是工作场所的指导，因为相对而言，他们对教育的理解较少，而且在他们的工作时间里还存在着其他压力。最后，在课堂上运用总结性评定来检查学生是否已满足专业课程所要求达到的能力。能力方法作为定义法律实务所需技能的具体方法，将在本章结尾进行讨论。

具体来说，中国境内的国际商务律师的技能教育主要是在工作场所的非正式教育。中国律师的国际法律服务市场正在不断增长，这为修订法学硕士的课程提供了动力。首先，不断增长的市场将有利于所有利益相关者。对学生而言，倘若国际商务法律服务所需的知识和技能被纳入正规教育体系，这将为他们提供一个成为国际商务律师的正规途径。其次，对客户而言，市场上提供的国际法律服务越多，他们就会获得更好的服务和价格。最后，对于律师事务所而言，有一个明显的好处，那就是他们可以从大学招聘到能够从事国际商务法律服务的律师，而不是完全由他们自己培训。

二、学习理论

德国哲学家威廉·温德尔堡（Wilhelm Windelband）于1894年提出了"普遍"（nomothetic）和"独特"（idiographic）两个术语（Lamiell, 1998, p. 23）。在这里，"普遍"和"独特"被用于对学习理论进行分类：一个是普遍学习理论，是以老师为中心的理论，倾向于普及适用于所有学习者的学习规则；另一个是独特学习理论，该理论以学生为中心，涉及不同风格的个人学习者。在本节中，将简要介绍相关的普遍学习理论：行为主义，认知主义和社会认知主义。然后继续考察独特学习理论：建构主义和经验学习。

（一）普遍学习理论

现代的学习理论是从两大流派发展而来的：行为主义和认知主义（Bigg & Shermis 2004, p. 44）。

1. 行为主义

行为主义方法出现在20世纪初，是通过衡量个人学习者的行为来进行研究，它被普遍认为是在启蒙运动之后随着科学的发展而产生的（Jarvis, 2003, p. 7）。行为主义是很难定义的，因为不同的理论家对其有不同的理解，且随着时间的推移，其意义也越来越丰富。沃森（Watson, 1925）是使用"行为主义"一词的第一人，他所认为的行为主义不包含与学习过程相关联的内心思想。然而，斯金纳（Skinner, 1953），另一个具有影响力的行为主义学家，却承认内心思想对学习的重要性，尽管他自己没有对此进行研究。不管怎样，仍有可能总结行为主义的方法是什么，因为他们都有一些共同的属性。

首先，大多数的行为主义研究均基于一个前提，即人类学习的方式与其他物种是同样的，或者至少是类似的。因此，大多数的行为主义者研究动物的行为而不是直接研究人类。例如，巴甫洛夫研究狗（Pavlov 2003）和桑代克研究猫（Thorndike 1898）。也有例外，沃森和雷纳对一个小孩子进行了研究（Watson & Rayner 1920）。

其次，行为主义方法更多着重于实证的和可衡量的外在表现：学习成果或能力，而不是内心思想。因此，其与下面描述的能力运动有关。

再次，由于着重于行为表现，行为主义者传统认为学习只在可以观察到行为改变时发生。然而，随着时间的推移，这个概念已经不再那么重要，越来越多的行为主义者已经在他们的学习概念中加入了内心思想元素。例如，班杜拉将行为主义和认知主义结合在一起，创设了社会认知理论。除了上面提到的共同属性外，行为主义方法均基于条件反射论，且是从经典条件反射向工具性条件反射/操作性条件反射发展而来的。经典条件反射是由巴甫洛夫著名的狗实验创立的（Klate 2013, p. 184）。巴甫洛夫意识到，狗在被喂食时会自然地流口水，但如果只听到节拍器的声音则不会流口水。之后，他实施了一个配对程序，就是在每次喂狗的同时按响节拍器。在反复实施这样的配对程序后，他只按响节拍器而不给狗食物，发现狗在听到节拍器的声音后也开始流口水。此后，巴甫洛夫将刺激的概念分为非条件刺激和条件刺激。

非条件刺激（在狗的例子中，即指食物）会导致自动无条件反应（在狗的例子中，即指流口水）。条件刺激（在狗的例子中，即指节拍器），从另一方面来看，在一开始是不能引发预想获得的反应。然而，如果在无条件刺激之前进行一段时间的条件刺激，并伴以无条件刺激的辅助，那么就会与预想获得的反应之间建立起新的连接，此种反应称之为条件反射（Klate 2016 p. 194-203）。在传统教育的环境中，学生会因其良好的表现而受到奖励，或因不佳的表现而受到惩罚。

经典条件反射可能难以被直接应用于法律技能的教学之中，因为经典条件反射只会在有无条件刺激的情况下发生作用。无条件刺激是不必通过学习，就可以自然引发反应的刺激。无意识反应，比如积极的情绪和态度可能会间接影响法律技能的学习。下文第 7 章中将讨论动机，本章则讨论个人学习的风格。法律技能本身并不能被看作是无意识反应，而更多的可看作是对环境刺激的自发性反应。因此，行为主义方法可用于创建信心，增强学生的学习动机。比如，李同学害怕说英语，他的老师可以在布置口语作业的时候搭配一种该生擅长的技能，比如写作。在初始阶段，教师可以布置大量的写作业和相对少的口语作业，使李同学对完成全部作业充满信心。随着李同学自信心和成就感的增强，老师可以逐渐增大英语口语作业的比重，以使李同学最后不再害怕说英语。

除了上面提到的经典条件反射理论的基本内容以外，还有一些值得仔细研究的细节。首先，在巴甫洛夫对狗实施的研究中，虽然条件反应（流口水）与非条件反应的最终反应相一致，但并不是在任何情况下都会出现这种一致的结果。例如，电击会引起无条件反应包括尖叫和跳起，但如果有人对电击已做好预期准备，他们的反应可能会明显节制，电击可能仅触发肌肉紧张和活动停止（Klate 2016, p. 185）。事实上，条件反应在某些情况下要比非条件反应更加可控，老师可利用这点来帮助学生积极地认知和应对他们的反应。在李同学的例子中，法学教师可以使用行为主义方法通过反复实施来帮助李同学克服对说英语的恐惧，进而促进和提高李同学说英语的这种技能，即便他可能仍然不像喜欢写作那样喜欢说英语。

其次，对受试者而言，对条件刺激越不熟悉，就越会更加迅速地得到结果（Klate 2016, p. 187）。所以，如果李同学不太会说英语，那么让他这样做，很有可能会使其感到不舒服，但这无法分辨他是否处于有效沟通。如果老师经常告诉他，他失败了，且他又不懂如何提高，那么说英语就会与失败联系在一起。这种联系肯定会增加他的恐惧，使他不再愿意说英语。最后值得一提的是，条件反应不是刻板和一成不变的；它可以采用条件刺激和非条件刺激之间的反复搭配来得到加强；或反复单独采用条件刺激（解除非条件刺激搭配）得以减少（卡拉特，2016，p. 186）。

基于桑代克的效果律，斯金纳（Skniiner 1938，1992）在他后期的工作中将经典条件反射加入操作性条件反射的理论之中。效果律强调的是，如果结果是令人愉快的，那么行为就很有可能被增强；反之，行为则会被减弱（Mcleod 2007）。不同于经典条件反射，操作性条件反射关注的是通过强化来塑造行为的研究，强化可分为正强化和负强化，其中包括奖励和惩罚。强化可增强想要得到的行为，反之，也可以减弱不想得到的行为（Ormrod，2013，p. 97-106）。

对于想要得到的行为，通过采用奖励的正强化方式来增强他们。负强化方式的表现通常是采用取消特权或使用其他一些不令人愉快的强化方法来加强想要得到的行为。

操作性条件反射通常适用于各类教育，尤其适用于学校。例如，老师对学生做出表扬或给予高分，是希望借此增强学生学习的欲望；反之，则进行批评或给予低分。

这种强化和惩罚的方法也可以用于法律技能的教授。以李同学为例，当他能正确地运用英语对话五分钟的时候，老师可以对其进行表扬，使他感受到鼓励，从而令其更愿意在下一次尝试时长为十分钟的英语对话。强化和惩罚的方法很容易使用，但能够正确有效地使用它们则是另外一回事。首先，老师要确保所使用的强化方法对学生有增强作用。人为的强化，像一个评判系统，并不能有效地加强每名学生的行为。因此，找出对每一个学生都有效的强化方法将是一项艰巨的任务。其次，如果作业超出了学生的能力，那么强化也就无的放矢。以李同学为例，如果他不知道英语单词如何发音或在完成口语作业时不知道要如何表述，那么，除了鼓励以外，他还需要技术上的帮助。最后，虽然惩罚对削弱或消除不良行为是有用的，但是，如果它被过度使用，那么老师或学校就将会与惩罚联系在一起，对特定学生来说，这就形成了一个条件刺激。学生不愿意见到老师，甚至害怕去上学。鉴于此，惩罚应该是被适当使用，并保持在可控的范围内。

行为主义方法，因其涉及行为表现，所以看上去与技能教授相关联。然而，纯粹的刺激方法其价值可能是很有限的。能力培养在职业法律教育中的作用越来越重要，在这一环节存在着一些行为主义元素，将在下文中做进一步讨论。

2. 认知主义

相对于行为主义，认知主义有助于通过打开学习者的内心来理解人类的学习。奥姆罗德（Ormrod 2015，p. 173-175）的认知理论主要包括：信息处理理论、建构主义理论和情境理论。信息处理理论涉及人们的感知、记忆存储和记忆检索过程。在信息处理过程中，注意力起着至关重要的作用，可帮助人们对感知的信息进行选择，并将此类信息存储到记忆中（Reed 2013，pp. 44）。来自外界的信息通过感知进入人们的内部系统，首先被处理成感觉性记忆，介于感知与记忆之间。然后，这些信息先被存储在短期记忆中，最终再转变为长期记忆（Baddeley 2014，p. 9）。检索是指人们需要使用信息时，从记忆中将信息召唤出来。因此，这与支持技能使用的知识相关。

信息处理理论可以被应用于教授国际商务律师解决问题的技能。纽厄尔和西蒙（Newell & Simon 1972）利用计算机系统模拟人类解决问题的行为，并对此展开研究。他们认为在解决问题时人类可看作是一个信息处理系统。在他们的研究中，他们坚信处理、程序、检索时间是解决记忆问题的重要因素。不管是短期记忆，还是长期记忆，均对人类信息处理的能力起着至关重要的作用。里德（Reed 2013，p. vii）认为，认知不仅涉及解决问题的技能，还涉及专业知识、创造力、决策能力和语言能力。他以猜谜为例对解决问题进行了论述。他刻意根据解决问题所需的技能选择谜题并分类。他阐述了三种问题：安排问题、结构归纳问题（其中含有一个固定的逻辑，问题解决者必须发现）和转化问题。

转化问题是具有明确目标的问题。在国际商业实务中存在的问题，往往有可能涉及转化问题，因为客户在寻求商业律师帮助时往往带有某些目标的。不过，这些目标有的可能不明确、或可能被客户表达错误或被律师误解。出现这样的问题是由于沟通技巧和语言能力造成的，体现了其在国际商业实务中所具有的巨大意义，随后将在第9章中进一步讨论。

不管怎样，对于国际商务律师来说，解决问题的能力要比简单的转化问题复杂得多。有时即使客户能够清晰表达目标，可能也会无法实现，或者达不到客户的最大利益。例如，根据研究人员自身的经历，一位客户计划在中国投资项目，并向其出示了该项目的备忘录和正式的协议，然后询问如何合法地在中国执行协议和备忘录。经过简短的审阅，该备忘录和协议根据中国法律是不合法且无效的。因此，做出的首要建议是如何进行修订，从而使备忘录和协议具有法律约束力。在这种情况下，最初的目标显然是非法的，是不可行的。因此，目标必须被重新构建，这就需要律师的创造力。

综上所述，行为主义和认知主义都是研究学习的科学方法，它们均基于这样一个前提，即人们起初的道德都是中立的，并不是与生俱来就是坏人或天生就是好人。可以假定，行为主义者相信，人们在学习的过程中是被动地接受反应；而认知主义者的假定是，人们积极地与他们所处的环境进行互动（Bigge & Shermis 2004，p.44）。不过，这种假定也有可能是不准确的，因为，即使是行为主义者，其反应也并不完全是被动的。两者之间的主要区别是，行为主义侧重于直接观察行为的表现，而认知主义强调的则是内心的过程。

如果行为主义的方法是描述来自环境的刺激、以反应作为最终结果，那么，认知主义则是描述刺激到结果之间的过程。换句话说，它能够帮助人们了解反应是如何产生的。

3. 社会认知理论

社会认知理论是行为主义与认知主义的结合，是从典型的行为主义向认知主义发展而来的。班杜拉，社会认知理论的鼻祖，认为如果传统的行为主义方法可以被总结为尝试错误，那么，人们的大部分行为是通过观察和模仿进行学习的。他主张，刺激反应理论对于简单和直观的行为有效，但不适合复杂的社会行为。例如，简单的刺激反应方法存在着两个问题，一个是延迟模仿，另一个是替代性强化（Ormrod 2011，p.115）。

延迟模仿指的是学习者学习了新的行为，但不是马上表现出来，而是直到机会到来时才展现。行为主义者可能会认为这是学习的一种失败，因为在学后没有立即展现。然而，班杜拉则认为，这一行为可以被牢记并且在日后进行展现。

对国际商务律师来说，模仿是一个有用的学习方法。例如，观察高级律师或导师，此种学习是隐性的。不过，不同的人使用"隐性"这个词可能表述的是不同的含义。例如，隐性知识可以指国际商务律师拥有的专业知识，但这些知识并不是通过明确地教授而学来的，甚至可能不被国际商务律师自身承认的知识。因此，在此类情况下，学生识别隐性知识和选择有效的模仿对象将是法学老师面临的一个具有挑战性的课题，特别是在课堂环境下。此外，法律老师还将面临另外一个艰巨的任务，即说服被模仿者展示其特殊能力。不管怎样，项目中的数据表明，在某种程度上可以从具有丰富经验的被模仿者那里学到识别国际商业实务所需的知识和技能。

此外，社会认知理论还关注自我效能和自我调节对人类学习的影响。自我效能是指依靠自身能力完成某项特殊任务的自信心。自我效能会影响学生选择他们的行为、目标、付出的努力和毅力，以及影响他们最终的学习和成绩（Ormrod 2013, pp. 146-149）。从一般角度来讲，班杜拉认为，自我效能较低的学生，他们设定的目标不是太高，与之相反，自我效能感较高的学生倾向于设定更高的目标，付出更多的努力、坚持更长的时间。法律老师可以通过提高学生自我效能的方法来帮助学生提高学习的动机或完成特殊的任务，这将与第 7 章中所要阐述的参与国际事务的动机相关联。法学老师布置特殊任务时可将各种因素考虑进来，如每个学生以往的成功和失败史、其他人在此类特殊任务方面的成功或失败经历、每个学生的情绪状态，以及其他人向学生传递的正面或负面的信息（Ormrod 2013, p. 146-149）来预测学生的自我效能，并帮助他们加以改善。

除了自我效能外，自我调节也是社会认知理论所强调的另一个元素。社会认知理论中提到五个要素：设定自身的目标和标准、自我观察、自我评价、自我反应和自我反思（Ormrod 2015, p. 150）。人们通常为自己设定标准和目标，这些标准和目标可能会受到其所观察的模仿对象的影响，之后学习者通常会根据自己的标准和目标来观察和评价自己的行为。当他们的行为符合其标准和目标时，他们就会通过积极的情绪来强化自己，反之他们可能会以否定的态度来惩罚自己。最终,自我调节的关键是要对这些标准、目标、成功、失败等做出判断性考核,然后根据需要进行调整,班杜拉称之为自我反思(Ormrod 2015,p. 151)。这与下面所要讨论的体验式学习的反思要素密切相关。

总之,学习理论可划分为普遍学习和独特学习两种理论。从普遍学习理论的角度来看,有两个主要的学习理论:行为主义(Jarvis 2003,p. 24-31)和认知主义(Jarvis 2003,p. 32-41)。虽然行为主义与行为能力的方法之间存在联系,但不足以作为国际商务律师技能学习的基础。认知主义理论解释了学习的过程,并与法律技能的学习相关,因为其可让学习者学会反思和借鉴。社会认知理论强调的是学习的人,并与法律技能的学习相关,因为在技能教育中也包含模仿对象这一元素。不管怎样,虽然这些理论的某些元素对修订法律硕士课程的设计是有用的,但他们没有提供一个完整的图景。因此,在下一节中将对独特理论、建构主义和体验式学习理论展开论述。

(二)独特学习理论

1. 建构主义

建构主义是由让·皮亚杰(Jean Piaget)在20世纪50年代至60年代创立的。建构主义理论家认为,学习者并不仅仅是被动地吸收他们所接触到的信息,此外还大量地以独特的、特殊的方式积极组织和理解信息(Ormrod 2015,p. 174)。更具体地说,建构主义者并不认为"含义可以通过符号和传播传递给学习者"(Fosnot 2005,序言),而认为学习者不能"将老师理解的精确副本纳入自己的使用"(Fosnot 2005,序言)。这种思想与国际法律实务技能的学习存在关联,因为它强调的是个体学习者,在这种情况下,每个从业者负责创造自己的学习。因此,既是建构主义的,又是以学生为中心的方法就是体验式学习。

2. 体验式学习

体验式学习包含有一连串的含义,而不是单一的具体定义(Weil & McGill,1989,p. 3)。丰富的含义使得它被称为"教育中的意识形态"(Jarvis et al,2003,p. 53),它作为"整体理论"适用于各种学科(Kolb,2014,p. xvii)。虽然体验式学习理论存在有不同的含义,可以从不同的角度来解读，但在本书的具体上下文中，"体验式学习"这一术语应该被理解为涵盖其中各种补充性教育理论的总括性术语（如上文论述的行为主义和认知主义理论），而不是独立的替代（Miettinen，2000，p.70）。体验式学习的基本原则是学生从体验中学习，我们可以认为这种体验类似于行为主义理论中所研究的刺激（Boud & Miller 1996，p.9）。这真实存在于实际生活，可作为教学方法，如在诊所，以模拟演练或角色扮演的形式出现。就教学方法而言，往往呈现的是一种以问题为导向的学习形式（PBL）。从这种教与学的方法中获得的体验，卢维尼安（Lewinians）认为是具体的体验，杜威（Dewey）则认为是冲动，皮亚杰（Piaget）却认为是具体的现象主义（Kolb，2014，p.32-38）。刺激发生之后，可以借鉴以前的体验（记忆）来评估新的体验（刺激），重新体验中学到的东西可以帮助学习者对比前一次的体验进行改善或调整来应对未来的需要。经过这样的评估和调整（根据Kolb的反思观察和抽象概念化），学生将基于先前过程的结果做出"解释和行为"（行为反应）（Kolb，2014，p.51）。因此，我们可以将库伯（Kolb）的体验式学习周期在图4-1中展示出来：

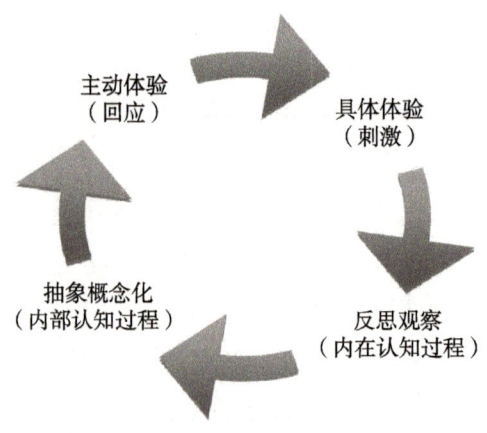

图4-1　库伯的体验式学习周期

体验式学习有两个不同的方面。第一个方面描述的是体验式学习的理论基础，即人们从周围环境的直接体验中学习，这通常是从日常生活中终身学习的角度来讨论的（Fenwick 2004，p.25-27）。在这一方面，体验式学习与强调学习环境的社会认知理论相关联。这是学生遵循的基础过程，不论是积极的，还是被动，都可展现出体验式学习的本质。第二个方面涉及体验式学习理论如何在课堂上作为"教育技术"进行应用（Kolb 2014, p. xviii）。在这一方面，体验式学习是一种教育者和老师可以用来传授知识和促进学习的技术。

体验式学习的这种二分法源于斯多葛学派的教义，该学派是古希腊哲学学派和罗马哲学学派的一个分支（Sambursky 1959）。斯多葛学派认为，智慧不在于与事物抗争，而是通过因果关系逻辑来不断尝试了解世界的方式。中国有一个类似的哲学，即老子开创的道家思想，其与儒家思想（已在第2章中论述）产生于同一个时期。道家思想从未成为政府所倡导的主流哲学，也未跻身中国社会的正统教育的一部分，但它却一直没有消失或被其他学说所取代。相反，随着时间的推移，它悄无声息地进入很多领域，诸如宗教（道教），政治（无为而治）和功夫（太极拳），在自省和形而上学的背景下受到中国人的欢迎。① 在斯多葛学派和道家思想的精神方面，我们应该首先了解学习过程的本质（第一个方面）。然后，我们应该确定各个因素，以及在学习过程中发挥影响的因素动力。最后，我们应该建立起教学技巧（第二个方面），即创建一个正确的环境，让学习过程能够自然地引导学生向获取专业能力的方向发展。正如库伯在他的书中所表达的那样，"体验式学习理论的目的是创造一个解释个人如何学习的模式"（Kolb 2014, p. 53）。因此，体验式学习周期旨在表达 Kolb 发现的一些事物（体验式学习的第一个方面），而不是由他创造的人工技巧（体验式学习的第二个方面）。此外，除了库伯理论的热情追随者之外，对他的体验式学习周期的批评也同样存在（Seaman 2008）（详细情况将在后面的章节中论述有关库伯体验式学习周期的疏漏）。因此，在基于库伯体验式学习周期对整个课程进行设计之前，我们需要重新考虑是否对影响人们学习的所有因素进行了完整描述。

我们的设问从体验式学习理论的基本原则开始：所有的学习都是以体

---

① 斯多葛学派与道家思想的主要区别是，斯多葛学派学者专注于使用因果关系来解释世界的连续统一，而道教则侧重于事物之间的相互联系。

验为基础的吗？还有一个要在第 5 章中论述的认识论问题，即我们是如何知道我们所知道的？

关于从体验中学习的这个问题，有三个相关的观点。一个是以洛克（Locke 2015，p.95-108）为代表的经验主义观点，他认为人们在出生时就像一块白板（tabula rasa），他们的知识完全是通过对外部世界的感知、以及对自己理解过程的反思中获得的。在 17 和 18 世纪，产生了对人类思想本质的三个假定说法。一个是人类天性邪恶和堕落（Ezell 1983，p.140）；另一个论点是，人们天生善良和纯洁；第三种论点是人们生来就是空白的，且具有非常可塑性（Ezell 1983，p.140）。虽然使用白板的概念作为新生婴儿思想的隐喻有时会被误导（Duschinsky 2012，p.509），但这仍然是一个鼓舞人心的假设，因为它允许人们相信，如果新生婴儿随后接受适当的教育，他们可能会成为教育者希望他们成为的样子，充满道德与智慧。

另一种看法是以笛卡尔（René Descartes）为代表的理性主义观点，他认为人类的感觉是不可靠的，因此，知识不是从体验中获得的，而是通过理性和逻辑得到的（Descartes，2014）。鉴于此，人们学习的方式至少存在呈现鲜明对比的两种方式：一种是从体验而来的，即后天的（后验性）；另一种则是先天的（先验性），它来自于我们天生的理性和逻辑的内在能力，与经验没有任何关系，除了能够使用语言以外。例如，一个学生能够懂得来自其他国家人的行为举止是有不同的，该学生懂得这一道理的原因，要么他具有与来自其他国家人交往的经验（后验性），或纯粹是从书本或讲座中得知的（先验性）。不管怎样，休谟（Hume）结合了经验主义和理性主义的方法。重要的是，在体验式学习的背景下，他认为若无体验，理性和逻辑是不能告诉我们任何有用的事情的（Hume，2007，p.28）。

另一个重要的区别对于运用认识论的方式来理解体验的发展是十分必要的。这一区别体现的是分析陈述和综合陈述之间的区别。根据定义，分析陈述是真实的和独立的，而综合陈述是原始概念的额外信息，并且以某种方式依赖于体验。例如，我们知道，中国法律是适用于居住在中国境内的中国公民的管制法（分析陈述），因为这是中国法律普遍被接受的定义。但是，当陈述是"中国法律是 A（英国公民）和 B（中国公民）之间交易的准据法"（综合陈述）时，如果不了解与该交易性质有关的细节、双方的意图和英国法律及中国法律的强制性规定，我们就不知道该陈述是否是真实的。

在康德（Kant）之前，休漠（Hume）认为只有两种知识，先验性分析陈述和后验性综合陈述。然而，康德则认为，同样也存在着先验性综合陈述，这就意味着陈述中所包含的知识根据定义本身就不是真实的，而是给定义增加了内容。同时，它显示了人们运用固有的概念了解事物的方式。重要概念如下所列。

表 4-1   Locke，Descartes 和 Kant 的比较

后 验	先 验	预先决定的概念框架
经验主义者	理性主义者	二者均非
人们从体验中获得知识	人们从理性和逻辑中获得知识	人们有一些固有的概念
洛克	笛卡尔	康德

经验主义和理性主义巩固了 Kolb 的体验式学习理论，Kolb 认为"学习最好被认为是一个过程，而不是结果"（Kolb，2014，p.37），强调学习和学习成果之间的连续性，而不是将两者最终孤立的和分离的来看。这种连续性在学习者的体验意识和学习者的体验中均有体现。詹姆斯（James）认为，人们在不同的时间不会存在相同的意识，"体验的连续性原则意味着每一次的体验都是汲取先前的事物并以某种方式加以改变"（Dewey 2008，p.35）。这个假设导致了一个根本性的问题，如果体验一直在变化，那么在本书中所提到的体验式学习理论里面的体验具体指的是什么呢？

在库伯提出的学习过程中，具体的体验是指"此时此刻"的体验（Kolb 2014，p.32），这显然是对感官体验的描述。但是，如果我们只将体验当成是感官的，排除记忆作为体验来源，那么即使是一个简单的后验辩证也是不可能做出的。例如，我们可以通过实际到访一个国家，观察和体验该国国人的行为（感官经验）。但是，如果我们不能回忆起其他国家人的行为，那么我们就不能认识到这个国家的人与另外一个国家的人有何不

同。因此，鉴于本书提出的文化意识和跨文化技能在国际商业实务中的重要性，那么在国际商务律师的课程中加入外在体验（感官体验）和内在体验（主要是记忆）可能更有用（Moon 2004，p.23）。

但是，就斯多葛学派和道教的精神而言，我们也必须要考虑每个人的本质，对于每个人而言其本质都是独有的，且可以影响他们学习的方式和学习的内容。例如，即使两个不同的学生在相同的教育机构接受相同的教学，也不可能获得完全相同的结果。这一点可以在许多情况下得到证实。举例来说，同样的老师、同样的课程，同班同学的成绩却各不相同。还例如，学生 A 在商法的学习上可能比学生 B 成绩好，但是学生 B 在刑法的学习上却可能比学生 A 成绩好。

因此，从认识论的角度来说，平衡体验式学习的这两个方面是十分重要的。

根据康德（Kant 1982，p.43-45）的观点，人们是通过体验外部的世界来进行学习，但学到的并不完全是客观的世界，而是通过自己的理解或通过自己的有色眼镜（先天固有的概念）塑造出来的世界。因此，为了充分理解体验式学习理论，除了图 4-1 中所示的体验式学习过程的固有特性外，我们还需要从个人的角度出发在课程设计中加入学习的要素（基于每个人以前的体验和信念），具体指的是个人的学习风格或偏好，这对于每个人来说都是有用的。

1. 个人学习风格或偏好

从个人角度来看，有很多因素会对学习产生影响。例如，大脑功能、个人性格、思维方式、感官知觉、社会经济状况、家庭观念和先前的受教育经历。为了简化和使这些会产生影响的因素易于控制，可将这些要素分为两类：一类较多地与生物能力相关（理性主义大于经验主义），是本书中提出的中国国际商务律师法学硕士课程。培养方案不能改变的；另一类与先前的经历密切相关（经验主义大于理性主义），这是本书提出的针对培养中国国际商务律师法学硕士课程所要修订的主要内容。

在以学生为中心的体验式学习课程中，虽然生物能力不能被改变，但必须关注每一个学习者。这在技能的学习中尤为重要，因为只有学习者才能使用这些技能。法学硕士学生可能在学术上是聪慧的，但在国际商务法律服务中，他们可能需要其他的才智。人们对智力的定义已经进行了很多尝试。例如，在19世纪末期，弗朗西斯·加尔顿（Francis Galton）检查了遗传谱系，其认为"聪明的人会表现出更多的感知敏锐度"（Gardner 2000，p.2）。有趣的是，这与中国祖先的观点相同。例如，传统意义上，中国人使用的"聪明"一词，其中的"聪"是指耳朵听力好，"明"是指眼睛视力好，两个字合在一起为聪明。然而，加尔顿并没有真正找到智力测量的正确指标，只是证明了测量智力水平的可能性。逐渐地，人们意识到，多样性不仅存在于纵向层面之间（低级和高级智力水平），而且还存在于横向层面之间（不同类型的智力）。加德纳（Gardner）指出，存在不同类型的智力：语言智力（Gardner 2000，p.41）、逻辑数学智力、音乐智力、身体动觉智力、空间智力、人际关系智能、自省智力（Gardner 2000，p.42-43）、自然主义智力（Gardner 2000，p.48-52）、精神智力（Gardner 2000，p.53-60）、存在智力（Gardner 2000，p.60-64）和道德智力（Gardner 2000，p.67-77）等。其中一些例如语言智力、人际关系智力和内在智力似乎特别适用于国际商业实务。

另外，具有不同类型智力的学生可能会有不同的学习风格。存在着很多学习风格的测量工具。例如，VARK调查（Leite 2010，p.325），试图测量生物学能力。四式学习风格调查表（LSI）（Kolb 1983，p.67-73），试图衡量学习者从体验中学习的能力。不管怎样，Kolb（2014，p.143-151）最近将他的四式学习风格调查表更新为九式学习风格调查表：启发风格（CE和AE）、体验风格（CE）、想象风格（CE和AE）、反映风格（RO）、分析风格（AC和RO）、思维风格（AC）、决定风格（AC和AE）、行为风格（AE）和平衡风格（CE、RO、AC和AE）。不过，这些风格依然符合他在图4-1中展示的体验式学习过程。这一测量学习风格新工具还包含了人们可能会在完成不同学习任务时从一种风格转变为另外一种风格的可能性，这就是所谓的学习灵活性（Kolb 2014，p.146-151）。早期的版本已被研究人员们所认同（Hawk & Shah 2007，p.11-16），但到目前为止还没有找到调查这一新模式的任何确切研究。不同的学习风格会对国际商务律师的课程产生重要的影响。

另外，一些学习风格可能不适合体验式学习。学生可能会出于各种原因对此产生不喜欢的态度,例如,学生的家庭文化或其个性使他们不愿意对自己的错误进行反思。因此,如果采用体验式学习方法,建议老师必须努力向学生解释这种学习方法,并强调开放思想的必要性。这需要老师的引导和支持,尤其是要通过遴选程序挑选接受这种教学方法的学生,将在第 11 章中对此进行阐述。

2. Kolb 的体验式学习周期的疏漏

除了上述原因外,本书之所以选择了体验式学习,还因为它更适合成人教育。一个原因是,如上所述,体验意味着外在体验(感官体验)和内在体验。成年人具有更多的内在体验(记忆、知识)来进行反思,相较于儿童而言,成年人应该能够使用体验式学习作为一种更有效的技术。由于本书涉及的是硕士课程的推荐,所以学生都是成年人。因此,体验式学习从两个方面看都是最适合的。虽然,如上所述,选择库伯的体验式学习方法有很多理由,但也应对其理论进行批判性考量,这也是十分重要的,因为库伯在体验式学习周期的阐述中仍存在着一些疏漏。

3. 具体体验阶段

在体验式学习的课程方面,具体体验就是在课堂上进行的活动。然而,Kolb 的体验式学习周期是基于一个理想的假设,即"当人类分享体验时,他们可以充分地分享它"(Kolb,2014,p. 32)。不过,实际上,这种共享可能会由于表达的困难或每个人不相同的体验感受而受到阻碍。从学生的角度来看,他们可以从课程中获得多少体验和什么样的体验取决于他们的生物学限制,以及将自己的心智应用于体验的能力(Reed,2013,p. 46-57)。例如,Broadbent 的过滤模型,Treisman 的衰减模型和 Deutsch-Norman 记忆选择模型都表明存在一个生物学瓶颈,其阻止我们同时自觉地参与所有的感官输入(Reed 2013,p. 46-52)。而且,根据瓶颈理论,"能力理论假设人们进行脑力工作的能力存在普遍的限制"(Reed 2013,p. 52),但是人们"可在相当程度上控制这种受限的能力,将其分配到不同的活动"(Reed 2013,p. 53)。因此,老师应该意识到,虽然学生只能部分地接受他们所传授的体验,但仍应尽力帮助学生将其充分利用。

此外,如上所述,体验式学习的课程所传授的体验也可能受到其他因素影响，包括：受学生以前体验①的影响；他们对课程目标②的理解程度，以及他们在反思阶段对体验的情绪反应（Moon 2004，p. 93）。例如，美国老师可以根据她在美本土谈判的经验设计国际合同谈判的模拟谈判。英国学生在该模拟谈判中所表现出来的是英国式的谈判经验，中国学生则表现的是中国式的谈判经验。其他学生可能先前没有此类经历，只是基于他们在电影或电视中所看到的情况进行模拟谈判。因此，建议在学生参加图4-1所示的具体体验之前，先对学生进行遴选。这时老师将发挥关键作用，可以掌控哪些学生已对体验式学习做好准备，且这些学生能够进行反思最终转变为具体体验。

4. 反思阶段

在体验式学习的课程中，反思阶段涉及导师给出的反馈，以及学生对自己表现的评价，以此来确定他们学到了什么，和为下一阶段制定计划。如果出现学生仅仅获得一种体验的现象，那么他们可能需要相当多的帮助来评估和确定下一阶段中应采用的不同做法。

图4-1中所示的反思观察阶段的另一个问题是，在木恩看来（Moon 2004，p. 81），反思是一种有意识的学习过程，只有当学生有意识地进行时才会发生。从这个意义上讲，重要的是要注意到"我们不能总是使我们的思维过程适应任务（意图）所要求的策略"（Reed 2013，p. 58）。著名的斯特鲁普效应就是明证。斯特鲁普效应是斯特鲁普John Ridley Stroop在1935年进行的实验中发现的现象。该实验的任务是"说出所打印单词的颜色，而忽略单词的本身含义"（MacLeod，2016，p，1）。实验结果表明，当单词的含义与墨水颜色不匹配时，人们会花费更多的时间来说出颜色。

---

① 该观点与Wittgenstein的理论相一致。例如，当讨论一件特别的事情时，该事情将被描述为一个通用术语（Wittgenstein 1978，p. 69）。当我们谈论国际合同规范时，我们倾向于将其描述为所有司法管辖区可以以相同的方式共享的相同规范。然而，在我们比较英国商人在英国与中国商人签订合同和这个英国商人在中国与同一个中国商人签订合同的情况时，会发现有很大的不同。因此，以此类推，老师的想法会与他们学生的想法大相径庭，最终要通过被动式的传授才能使学生理解。另外一个例子将在本段后面给出。

② 由Wittgenstein的后一项工作的观点支持，其侧重于语言的实用功能。相类似或相同的语言可用于表达不同目的的想法（Wittgenstein 2009, paras 5, 62, 69, 132）。因此，一个人在没有明白语言所表达的具体目的时是不能将其完全理解的。

例如，用红色墨水和蓝色墨水分别印出"红色"这个单词，人们说出"蓝色"的时间就比说出"红色"的时间要长。产生斯特鲁普效应的原因是"熟练的读者会在无意识或没有意图的情况下处理不相关的词语"（Besner 1997, p. 221）。这种无意识的学习与有意识的反思不同，是与认知主义相一致的自动学习过程。根据哈舍尔和扎克（Hasher & Zacks 1979, p. 356）以及他们追随者（Hartlage 等 1993, p. 248）的观点，自动学习过程是毫不费力的，且指令、情绪状态和其他同步任务对于这个自动过程的执行几乎没有干扰，因为其甚至在人们注意到它存在之前就已经完成了。获得这种自动学习过程有两种方法。一个是有目的地进行大量的练习（Beilock 等，2002）。技能专长就是以这种方法获得的。

另一个方法是人类的默认设置，这被称为"偶然学习"：是人们学习频率、空间和时间信息等概念的方法（Reed 2013, p. 59-61, 132）。与努力（有意识的）处理日常任务相比，自动处理的这两种形式为人们提供了更加快速和持久的完成任务的能力。然而，正如斯特鲁普效应所显示的那样，它也可能抑制更有意识的处理或反思，特别是当任务或体验与常规的情形相反的时候。

在本书中，学生在自身文化中（可以被认为是广泛的实践）通过自动处理方式学到的假设可能会分散学生的注意力，甚至阻止他们理解国际文化背景的不同。这凸显了其他技能的重要性，例如跨文化交流和协作技能的重要性。例如，凯特·巴拉戈纳（Kate Baragona）在麦乔治法学院的采访中分享了她早期法律生涯的故事：

"……我是半个美国人，被派到西伯利亚，我就这样去谈判了。这是我第一次没有和委托人在一起的谈判，所以我要承担起谈判的主导。我在那里谈了三天，我觉得——我表现得很好，每个人都在不住地点头，所有人都这样做，所以我只要继续按我的这种方式做下去，就能完成谈判。每个人都在不住地点头、点头，我在想，我一定很聪明，我要离开这里回到伦敦了，我把所有东西打包送到客户及政府，但是他们拒绝了一切，其实点头意味着他们听到了你的话，并不代表他们同意，只是表示他们在聆听。可是我却以为自己有很好的沟通技巧，每个人都认为我的建议很优秀。我就这样回去了，浪费了三天的时间，我的意思是说我三天什么也没干成……"①

在这个故事中，有一个行为主义的元素：对于巴拉戈纳来说，点头作为一种刺激，自动地与"是"联系在一起，因为这是巴拉戈纳原始文化中的传统。然而，凯特·巴拉戈纳基于无意识领会所做的这个无须询问的假设，阻止了她达到她想要的最终结果。然而，对方拒绝交易使她反思了假设的冲突，她从此经历中获得了学习。

因此，本书的目的之一就是为有意成为国际商务律师的学生设计法学硕士的修订课程，且使该课程改变这种自动处理程序，让学生反思精心设计的课堂活动，并使学生避免受到在原始文化中学到的假设的误导。勒温（Burnes 2004，p.985-986）认为，有三个改变步骤，即解固（第一步），改变（第二步）和再固化（第三步）。虽然在组织层面上有更复杂的变革理论（例如，约翰·科特的八步改变（Kotter 1996，p.33-145）），但勒温的观点更适合于本书，因为无论在组织层面或个人层面，它都代表了改变所需的关键步骤。

此外，还必须牢记，通过自动处理获得的学习其本身并不是错误的。以这种方式学到的知识，对该文化和处境来说可能是正确的。因此，本着开放思想的精神，国际商务律师课程的设计目的并不是消除所学到的东西（如行为主义所言），而是补充它。因此，我们需要使学生意识到自己以前的自动学习系统所产生的问题，例如他们对其他人的行为的假设；通过在这种方法解固其原始的自动学习过程。老师应该通过展示更多的案例来鼓励他们做出改变，鼓励学生不要自动做出假设，而是放慢速度，进行反思。那么，体验式学习环境可以用于允许学生通过练习来强化这种改变（比如，让学生使用其他语言来接听电话作为模拟交易的一部分）。此外，为了嵌入改变的行为，重点要做的是重复主动实验阶段，这在例如开发语言等技能的专业知识方面是十分有用的。这将需要考虑学习的目的和体验式学习周期的方向。

---

① 摘自由麦乔治法学院进行的采访，访谈语言为英语。

5. 后主动实验阶段

整个学习过程是个人发展的过程，即通过学习过程，学生将继续发展知识和技能管理，拥有越来越复杂的经验。因此，体验式学习周期不能是封闭循环，而应该被看作是一个运动的循环（Cowan 2006，p. 54）。此外，在本书的背景下，学习的目的是为了成为国际商务律师（学习周期的方向）。这涉及到两个要素，一个是学习的内容应该集中在国际商业法律上。然而，正如罗杰斯和霍罗克斯（Rogers & Horrocks）指出的那样：

"并不清楚这些元素（学习目标、目的、意图、选择和决策）是如何适合学习周期的"（2010，p. 122）。

另一个要素是学生可以达到的技能水平。修订的法学硕士课程旨在允许学生达到一定水平的能力，而不是一定程度的专业知识水平。有能力的律师和专家之间是有很大区别的：

"……具有四年经验的商务律师与具有十五年以上经验的商务律师之间的区别在于，更专家的律师不仅在问题出现时能够迅速认识到模式，而且还能够形成适当的解决办法。更有经验的律师还会对问题本身有着根本性的不同看法，以及对律师和客户之间的关系更加敏感。"（Blasi 1995，p. 395）

对于专家而言，正如 Eraut 指出的那样，"大多数专家的表现是持续不变、非反思性的"（Eraut 1994，p. 126），因此是上述自动过程的表现。不管怎样，拟议课程的学生将被要求表现出"识别实际情况的特征，在压力下区分不同情形并进行提前规划"的能力（Eraut 1994，p. 125）。法律硕士课程还需要对学生的表现进行评估。

三、结果和能力评估

从上面的论述可以看出，对于基于技能的用于培养国际商务律师的课程来说，似乎最适合的模式就是体验式学习了，让学生体验、挑战其通过自动化过程所学到的知识，使他们进行练习，再次反思自己的表现，再次重复练习。它在这方面类似于 ABA 纳入法学博士课程的新的体验式学习方案：

"为了满足这一要求,课程必须从本质上首要体现实践,且做到:(1)融学说、理论、技能和法律伦理于一体,并让学生实践标准302中确定的一项或多项专业技能;(2)发展所教授的专业技能的概念;(3)为实践提供多重机会;(4)提供自我评价的机会。"

(ABA法律教育和法律准入章节,2015b, p. 1)

下文将针对所涉及到的法律技能教育、成果导向/能力、才能和整体教育模式(Webb 1996, p. 33-39)进行论述。

(一) 结果和能力

结果导向法是美国在20世纪60年代和70年代期间发展出来的一种方法。1975年,罗伯特·马格(Robert Mager)使用"教学目标"作为可观察结果特定命题的名称(Kennedy 2007)。然而,教学目标后来被认为是与学习成果相似但不同的概念。根据哈登(Harden 2002, p. 151),与教学目标相比,学习成果则更容易使用和广泛定义,将知识、技能和态度融合在一起,更重要的是阐明了与开始的目标相比在课程结束时什么是可被评估的。此外,学习成果对于不同的人也可能有不同的含义。它们可以简单地表示为因果关系:

"学习成果是指学习者通过学习活动获取的知识或能够做的事情。成果通常表达为知识、技能或态度。"(美国法律图书馆协会,p. 1)

或者更复杂的关系:

"不是价值观、信仰、态度或心理状态。相反,实际上成果是学习者运用他们所知道的并且已经了解的东西能够做到的事情,他们是所学的有形应用。这意味着成果是体现和反映学习者在成功使用内容、信息、想法和工具方面的能力行为和表现。让学生运用知道的东西做重要的事情,而且也是超越自己的一大步"。(Spady 1995, p. 2)

虽然对学习成果有着不同的定义,但仍然有一些共同的观点:教育的重点应该是学生在课程结束时所能达到的最终结果,而不是教学内容

(Biggs & Tang 2011, p. 9)。因此，结果必须是可表达和可评估的。因此，本项目的问题是确定国际商务律师课程的学习成果是什么？一些司法管辖区已经制定了最新获得资质律师的结果或能力清单（2012 加拿大法律协会联合会，2015 法律招生咨询委员会，2015SRA，2016 BSB）。这些旨在表达在国内背景下"第1天"所必须具备的知识、技能和态度。除了专业机构的这些规定之外，一些律师事务所也使用素质模型来鉴定公司中最有效和最成功的律师的特征，然后在招聘新律师时使用这些模型（Hamilton 2013, p. 6）。

国际商务律师课程的总体结果显然是毕业生应该是称职的国际商务律师，有能力在国际商业环境中解决法律问题。为了确定总体结果的这些知识、技能和态度，更为详尽地考虑能力和才能模型是有用的。

（二）能力和才能

"能力"（competency）是一个令人困惑的词，因为它的定义随时间和文章的不同而有所变化（Kennedy et al. 2006, p. 2）。在最广泛的意义上，这可能意味着是一个称职的人员，其在职业方面属于非粗心大意的人员，但也不意味着是一名专家。能力导向法的一些例证与学习成果非常相似，包括上述提到的专业机构创建的方法，但都在基于职业、工作的环境中使用。

从批判的角度来看，能力导向法可能过分集中在低端程序和特征上，缺乏高端技能的培养和评估，如判断和评估，批判性思维（Atkins et al. 1993, p. 46-50）。

此外，这些方法也因其忽视反思的基本过程（Maughan et al. 1995, p. 265-275）而受到批评。批评者说，该方法仅追求通过观察学生的行为来评估学生，而不是要求学生去理解他们在做什么（Barnett 1994, p. 55-83）。

考虑到律师的国际商业实务的多样性和广度，那么能力导向法最严重的缺陷是什么呢？可能会以非人性化的方式塑造国际商务律师，对于课程设计者或专业监管者来说，能力导向法要求学生适应标准化的结果，而不会认识到学生之间的差异。不过，其他人认为可以通过能力训练来避免这种缺陷（Hager et al. 1994, p. 4）例如，可以开发思考和解决问题流程的能力，从事基于能力的简单工作，逐渐形成才能（capability）。

艾劳特（Eraut）这样定义才能：

"职业教育的才能建设，其有益性在于，要把握……["才能"的两个含义]的平衡。才能的第一个意义是现有的执行专业工作的能力：才能是当前绩效所必需的，并且能够实现这一目标。在第二个意义上，才能可以说是提供发展未来能力的基础，包括拥有未来专业工作所必需的知识和技能。"（Eraut 1994, p. 208）

总而言之，才能使学生能够利用他们所学到的东西来解决新问题和新情况。根据韦布（Webb 1996, p. 36-38），才能方法寻求将知识、技能和态度融入整体解决问题的方法。能力与才能不是完全相反或并行的方法（Cheetham & Chivers 1996, 1998）。

（三）整体方法

此外，能力方法与整体方法共享许多共同特征。韦布（Web 1996, p. 38-43）提出，整体论是描述结构化学习方式的术语。整体方法引导学生体验问题，并通过专注于与知识部分相关的整体来组织学生，而不是单独地专注于一个部分。韦布（Web 1996, p. 38）描述了作为"社会实践"模式的方法，并强调了理论与实践之间的关系是具有反思能力的。那么，通过以提倡体验和反思学习的方式将重点放在实践上，可减少基于能力的工作、个人的压裂效应。然而，即使整体模式的方法是先进的教育理论，也不能被认为是完美的。例如，麦基（Mackie 1989, p. 15-22）批评整体方法是非结构化的，与能力方法相比，其目标缺乏准确性。

有争议的是，国际商务律师需要能够处理非结构化问题，并且可以在体验式学习的课堂上学习。所以在某种程度上，体验式学习理论是一种整体的方法，也就是说，这对于技能教学尤其有用。根据体验式学习理论，学习被认为是一个过程，而不是结果。此外，"学习是以经历为基础的连续过程"（Kolb 2014, p. 38）。体验式学习理论被认为是一种学习的理论（Maughan 1996, p. 67）；因此，它可以作为国际商务律师技能教学的伞式理论。

四、小结

本章概述了有关教育的几种重要学派,侧重于每个学派能够为想从事国际商业实务的学生传授技能的教学方法。行为主义,因其侧重于活动和表现,最初似乎与技能学习相关,并且"刺激反应"理论有很多方面可用于个体学生的个人技能教学。

然而,鉴于参与国际商业实务活动的复杂性和成熟度,老师自己不足以为学生准备这样的体验。由此得出,因其是侧重于应对变革和发展能力的一种能力方法,以及其强调从实践中学习,建构主义的体验式学习设计可能是为该领域学生提供有效课程的关键。

由于技能不能简单地从提供信息的一方学到,所以技能还必须一再练习方能达到所需的能力水平。因此,虽然技能学习中存在行为主义的因素,但重要的是给予学生足够实践技能的机会,论证得出仅在国际商业实务的复杂环境中进行简单的学习是不够的。建构主义方法是关注学习过程,并允许学生将个人思维和实践相结合。因此,纯粹的行为主义不足以实现本项研究的目标。

此外,本章已经注意到,能力的广泛使用定义了国内实践所需的知识、技能和态度,以及这些行为本质上可能是行为主义的范围,或受到认知和能力模型的影响。

由于本项研究针对的是专业课程,并专注于技能培养,所以课程应在职业能力框架下引领国际商务律师的初学者。因此,课程结果应该以能力和才能导向理论进行检验。当然,这也将会涉及到能力理论,因为学生需要在实践中具有灵活性。

整体理论以学生为中心,适合在学习/教学过程中和教学评测阶段使用。然而,无论每个学生有多么的不同,他们必须能够解决法律问题,并能够帮助他们的未来客户实现其目标。因此,最终结果应以客观能力标准衡量。

第 5 章 方法论

本章和后续章节将从理论（方法论）和实践（方法）两个方面阐述本项目背后的基础论证。

方法论是一个深奥的课题，因为方法论不仅可以用来支持和解释不同研究的工具，而且也是研究性学习本身的独立课题。就本项目而言，方法论是作为支持工具用来阐述研究论证和哲学基础的。鉴于此，本章节不罗列阐述方法论中的所有概念，仅通过六个常用概念（本体论、认识论、修辞学、轴心学、实证主义和解释主义）来介绍研究人员的观，以及数据收集挑选、处理和分析方法的原因。本章旨在阐明研究的基本逻辑，便于读者理解本研究的优点和局限性。有了这些，研究人员或其他读者将会更清楚地了解研究发现的可适用条件，了解本项目如何引导未来研究，以及判断研究成果是否值得信赖。

一般来说，方法论可被看作是哲学世界观，被描述为范式（Johannesson & Perjons 2014, Lincoln et al. 2011）、变革范式（Mertens 2008, p.13）或本体论和认识论的组合（Crotty 1998, Gialdino 2009）。无论被描述为哪一种哲学世界观，其作用都是"指导（研究）行动的基本信念"（Guba 1990, p.17）。我们通过四个角度来描述该哲学世界观：本体论、认识论、价值论和修辞学。本体论关乎现实，认识论侧重于知识；价值论关乎道德；而修辞学是关于思想的表达方式。这四者之间相互联系，并体现出整个研究的基本哲学世界观。研究方法是研究人员用来收集数据和信息的具体工具，如访谈，问卷调查，人种学和观察（Denscombe 2014, p.4）。对于任何研究，以下三种方法都能（Creswell 2013, p.3-21）将基础理论的哲学世界观（Slife and Williams 1995）和实践手段的研究方法相结合：定性、定量和混合方法。

表 5-1　　　　　　　　　　　研究的组成

哲学世界观	本体论
	认识论
	价值论
	修辞学
研究方法	定性研究法
	定量研究法
	混合研究法
方法	访谈
	问卷调查
	观察
	其他

现在将依次对该表的关键概念进行论述。

一、本体论

本体论是探究"存在"和"现实"的哲学理论，可以从客观和主观两个角度对其进行阐述（O'Gorman & MacIntosh 2015，p. 55）。一方面，从客观角度来讲，本体实在论"看待现实是由可测量和测试的固有物体组成，即使我们不直接感知或体验它们，它们也是存在的。"（O'Gorman & MacIntosh 2015，p. 56）。现实主义者认为"存在"和"现实"独立于人类的感知和行为而存在（Clark 1998，Crossan 2003）。他们也认为"现实"是静态的，可以泛化但是是静止不动且没有变化的（Flaming 2004，p. 225）。因此，本体实在论支持研究实证主义范式（Bilgrami 2002，p. 2），并且通常采取定量研究方法。

另一方面，从主观角度来讲，本体相对论"看待现实是由鲜活主体的认知以及相互作用组成的"（O'Gorman & MacIntosh 2015，p. 56）。相对主义者的研究针对的是主观意义，不是客观存在，他们认为主体没有环境，"存在"和"现实"就是不存在的（Crossan 2003，p. 52）。"现实"可能会

第 5 章 方法论

从文化和经验中演变而来，相对主义者认为它是动态和演变的，不是静态的，尽管像现实主义者一样，相对主义者也认为"现实"是可以被泛化的（Crossan 2003，p.52）。本体相对论支持解释主义研究范式，通常采用定性研究方法（Bailey 1997，Clark 1998）。

关于中国国际商务律师，本项目对其提出了新的法律课程，其中包括目前课程中没有解决的关键法律技能培训，然而，对于中国未来国际商务律师而言，本项研究结果将鉴定该新的法律课程是否是必不可少的。基于中国法律服务的动态和不断变化的格局，这些法律技能也的确是中国未来国际商务律师所需要的（第 2 章）。

为了确定这些新技能是什么，研究人员需要通过实证调查获得必要的数据。如果只采用历史和文献的研究方法，是不会产生回答研究问题的有效数据的，因为目前只有很少的相关数据供研究者跟踪或测试，而且国际商业律师越来越多的需求已成为新的趋势，并且这些需求仍在增长。

此外，在目前和将来的环境中，研究人员还需要鉴别和了解未来关键利益相关者的需求和认知。众所周知，研究人员的个人角度看法一定是主观的，因此获得的数据，有必要对重要司法管辖区的独特背景进行探讨和考量。例如，在第 2 章中所提及的英美法系律师事务所目前正在领导国际法律服务市场。

因此，在法律服务市场方面，国际商务律师需要了解并能够适应普通法制度的方法。这反映了研究者对现实多样性和现实版本的理解。虽然可以分享一些共同的因素，但法律服务和法律教育制度的性质因司法管辖权而异。因此，值得注意的是在法律教育体系方面，英语律师从职业生涯一开始就可能比中国同行有优势，因为他们通常都接受作为正规教育一部分的法律技能培训。

总而言之，从本体论的角度来看，本项目在法律实践和法律教育两个领域，研究了集体主观观念。以本体相对论为基础，而不是本体实在论，使用定性研究方法中的建构主义研究范式是本研究最合适的方法。

二、认识论

认识论是获取有效知识方式的哲学理论（O'Gorman & MacIntosh 2015, p.58）。从哲学角度来看，认识论侧重于知识和信念的正当性（Audi 2002）。因此，认识论可以用于了解普通的学习过程，也可以用来确定和辨析研究应该如何进行。本书曾在第 4 章中讨论了学习理论的认识论，而在本章节中来探讨研究理论的认识论。在研究背景下，认识论是"在发现的过程中探索知识与研究者之间的关系"（Killam 2013, p.111）。有时，很难将方法论和认识论区分开来，因为他们都注重"如何"，但两者之间最大的区别是"认识论"是一种哲学概念，可以应用于研究和其他各种学习活动，而"方法论"则仅是关于研究的实践性概念（Killam 2013, p.105-110）。

根据林肯等人（Lincoln et al 2017, p.109-131）的观点，认识论与本体论是相互关联的，在这个意义上，研究者的认识论是由其自身本体论的"现实"观点发展而来。因此，现实主义者认为"现实"是与其环境无关的，而且可以客观地衡量，他们还认为有可能存在一种认识论和方法论使他们在研究的过程中能够与被研究的主题保持距离，以避免或至少最小化研究人员对研究产生任何影响或干预。在这种情况下，研究人员将寻求以局外人的身份进行研究，以客观的方式研究问题。与之相反则是相对论者，如本项目的研究人员更有可能以内部人员的主观方式参与到研究中，以便与参与者进行互动。在这种情况下，研究人员与参与者一同成为研究结果的共同创作者（Killam 2013, p.255-263）。

判断研究者是内部人员还是外部人员是有标准的。例如，如果他或她是被研究的社会团体或社会成员（Napples 1996），或者他或她对被研究的团体非常了解，那么研究者就是内部人员（Hellawell 2006）。另一方面，如果研究者既不是团体成员，也对研究团体没有任何了解，那么她很可能是局外人。然而，应该承认的是，研究人员对相关专业的了解将有意识地或潜意识地帮助到研究工具的设计和对数据的后续分析。

对于本项目，研究人员采用了与参与者进行对话和互动来表达明确意图的访谈方式。研究人员对被研究团体中的中国律师和法律教师有一些先前的了解。因此,研究人员是相对的内部人员。

一般而言,本项目的研究主要以主观的方式进行,研究人员将自己的知识和经验都带入到项目中,从初步的研究设计到最终的数据分析,以了解未来国际商务律师需要学习的技能是什么,以及如何有效地学习这些技能。然而,正如格林(Greene 2014,p.3-4)认为的,内部研究人员应该利用他或她所拥有的经验和知识,但同时要注意这些以往知识的缺点以避免偏见。

设计不同的研究工具可以将偏见最小化,这样就允许参与者保持对对话内容的控制。在访谈中,采用开放式的问题让参与者确定他们认为的相关感受,并用他们自己的语言自由地回答问题。例如,在本项目中,与中国律师的访谈时,研究人员几乎开始都采用的是一个开放式的或一般性的问题,比如"你认为在国际商业实务中遇到的最重大挑战是什么?"这样做的目的是尽量减少研究人员对项目的影响,并且仅仅只是收集参与者的看法。此外,研究者不仅通过个人访谈获得单一参与者的观点,而且还进行了一些团体访谈。

采用个人和团体访谈的方法可以降低在分析结果时过度受到单一内部人员观点的不当影响。它还生成了可供分析的丰富数据,以确定另一个访谈中采集的参照数据是否支持一次访谈中所收集的数据。如果数据不一致,访谈对话的丰富性可能会为这种不一致提供可能的解释。此外,研究人员还分析了自麦乔治法学院收集的数据。这样的比较为研究者提供了免受偏见影响的数据(虽然这可能会受到最初收集数据研究人员偏见的影响),并且通过探索两组数据是否具有可比性还提供了检查其数据有效性和可靠性的机会。

(一) 实证主义与解释主义

如上所述,在研究实践中,特定研究性学习可能并不能完美地适合于特定的哲学分支。例如,在现实中,并不是所有的现实主义者都可以将自己作为绝对的局外人进行研究。因此,为了能够更充分地了解研究,讨论其他研究范式就显得是十分有益的了。在本章中,为了清晰简单,研究范式被分为两个流派:实证主义和解释主义。这种划分是基于惯例做出的,这两者分别与定量和定性研究方法有着密切的关系，因此很容易地随附于现实主义和相对论。

实证主义流派采用自然科学观点，包括后实证主义、实证主义或经验科学（Creswell 2013，p.7-8）。社会科学背景下的实证主义通常涉及基于传统科学观点的统计方法，以此来解释客观事实（Hasan 2014，p.323）。实证主义方法即包括客体物，也包括主观认知，可被认为是一种"事物"或"事实"。如果"事物"或"事实"在所获得的数据中频繁地出现或大量出现，则认为"事物"或"事实"可以被视为摆脱了主观判断的客观原则（Turner 2001，p.30-42）。因此，实证主义是基于量化方法的，争取免受道德判断、文化偏见和政治评估偏见的影响，并提供可靠性和客观性强的研究结果（Hasan，2014，p.323）。

对于本项目而言，鉴于国际商务律师的法律教育还处于起步阶段，检测国际商务教育在不同模式下的实证主义和定量实验的变量显然为时尚早。此外，由于国际商务律师队伍的人数不断增加，在某些情况下难以采用单一的团体（Russell 2014，p.237）来进行确定，所以不可能获得一个代表性的样本。

此外，可能是因为涵盖多个学科，以及在不同的背景下具有不同的含义，实证主义和量化方法在理解变化中的社会现象的复杂性和变异性方面还很薄弱（Hasan 2014，p.321）。考虑到国际商务律师不断发展和变化的法律教育状况，那么提供一个在未来能指导预测和假设的详细脉络是有帮助的，而不仅仅是针对现有"事物"或"事实"的测试，因为通过这些测试获得的变量在不久的将来可能会变得微不足道。

相比之下，解释主义流派包括建构主义和解释主义的研究方法，涉及以综合的方式来解释和理解主体之间的关系（Saunders et al. 2015，p.140-141）。解释主义不是避免主观认知对研究项目带来的不确定性，而是强调这些差异，以便了解研究主题的相互作用和唯一性（Saunders et al. 2015，p.140-141）。

对于本项目，可由现有国际商务律师以其工作知识和经验来描述未来国际商务律师所需要学习的技能。因此，侧重于主观构成要件的解释主义比实证主义更适合本项目。此外，本项目的目的超出了解释科学事实的因果关系，而是在正式的教育阶段提出建议以支持未来的国际商务律师。特别是，本项目的目的是鉴定国际商务律师本身所需要学习的是什么（特别是应该学到什么技能），而不是阐述泛指个人的需要。因此，在数据收集过程和分析过程中，研究人员花时间了解每位受访者的背景（如第 6 章所述），并在本书的脚注中显示了引用内容的相关背景。这使得相对主义研究成为一种经验主义现象学研究方法，"为描述经验本质的反射结构分析提供全面的说明"（Moustakas 1994，p. 13）。

(二) 现象学

现象学可以被称为定性研究方法或哲学（Creswell 2013，p. 14）。作为哲学，现象学侧重于意识经验的内容和感知，如感知和判断（Balls 2008，Connelly 2010）。现象学不仅关注于经验本身，也关注于对经验的反应。（Connelly 2010，Munhall 2012）。作为研究方法，现象学被用于"心理学、教育学和医疗保健学"领域（Connelly 2010，p. 127）。本项目总体方法论的核心是现象学，因为它基于参与者的观念和判断力，使研究能够在国际商业法律实践经验方面进行相对主义探索，利用研究者的看法和判断来分析这些主题，并将其整理为第 11 章和第 12 章的建议。

例如，研究问题 Q1 和 Q2（研究问题详见第 1 章）涉及国际商务律师实务中使用技能的经验，Q3 和 Q4 涉及技能学习中学生和老师的经验。因此，现象学适合本项目去了解这些国际商务律师和师生的经验。

"现象学"可以与"解释学"互换使用（Koch 1995，Dowling 2004）；但是"解释学"有时被认为是"现象学"的子类别，也被称为"解释现象学"（Wojnar & Swanson 2007，p. 174）。有时，这两个概念被认为是定性研究方法的子类别，且相互平行，（Moustakas 1994）。本章将现象学认为是一种研究方法，其中包含三种替代方法（Cohen & Omery 1994）：描述现象学，解释现象学（解释学）和荷兰"乌特勒支学派"的现象学（前两个的结合）。

描述现象学源自胡塞尔哲学流派，旨在尽可能保持客观性。因此，描述现象学的一个关键特征是加括弧概念。它认为，研究者很难将其主观认知排除在客观描述之外；因此要求研究人员去"括弧之外"即尽可能将挑出的任何成见、偏见、先入之见和信念放在一边（Dowling 2007，p. 136），否则可能会影响研究，并妨碍研究人员鉴定所研究现象的本质（Cohen &

Omery1994, p. 138)。

另一方面，解释现象学基于海德格尔（Martin Heidegger）哲学而发展。海德格尔专注于理解经验的过程，并拒绝加括弧概念（McConnell-Henry et al. 2009, p. 8），认为研究者不能完全将客观描述与他或她自己的看法分开。因此，研究者自己的经验和看法将不可避免地影响研究的设计和实施，以及对数据的分析和解释。

如上所述，本项目的研究人员都是内部人员。在进行本项目时，她们已经有一些通常很重要的先入为主的技能，首先这些技能是本项目的驱动力（解释性要素）。然而，研究人员试图抛开特殊技能带来的一些重要的先入之见（描述性要素）。例如，在设计研究工具（如第6章论述），如问卷时，研究人员列出了尽可能全面的合理技能（解释性要素）清单，以便参与者能够借助清单选择，该清单并没有限制他们能够做出的选择（描述性要素）。因此，原始数据尽可能免于偏见的影响，这导致了对所得数据分析的一些惊喜，例如关于第10章论述的创造力的确切作用。一般来说，在设计项目和收集数据的阶段，这种方法在很大程度上是描述性的，允许参与者描述他们的生活经验。然而，数据分析是以解释性方式为主导的。分析方法详见第6章。

总而言之，本项目采用现象学研究，在相对主义本体论的基础上进行解释性研究项目。这样可以促进定性数据的价值，例如上下文背景的深度，这样可以使研究人员不仅可以看到现有事实，还可以看到背后的原因。这对本项目是至关重要的，因为如果研究人员不能理解国际商务律师所需要某些技能的根本原因，那么对国际商务法律教育技能培训提出的任何建议将不过是投机性的。

三、价值论

这是关于价值的理论。当涉及人类行为时，它被标注为"伦理"；当涉及物体的物理属性时，它被标注为"美学"（Edwards 1995, p. 13, 16）。除了本体论和认识论之外，海伦和润森（Heron & Renson 1997, p. 277）认为，在讨论研究方法时，价值论应该是一个需要考虑的深层因素。在这一性质的研究项目中,"道德"意义上的价值观可能是相关的,此时价值论可能被认为是"研究者认为什么是有价值的和有道德的"(Killam 2013, p. loc 87)。根据基拉姆(Killam),解释主义者的学说包含"平衡、观点、提高意识、发展社区关系"(Killam 2013, p. 159)。将这一定义应用到本项目中,研究人员希望提高中国法律教育体系和法律界的意识,即将来的国际商务律师需要接受某些技能的培训。此外,研究者自己的价值观和伦理立场表明,与在其他司法管辖区和其他法律界工作的律师相比,国际商务律师需要更有效的教育支持,以平衡律师事业发展需要和社会的法律服务需求。

四、 修辞学

修辞学是关于写作的语气和语言的使用。"原话语被用来……标记文本的方向和目的"(O'Gorman & MacIntosh 2015, p. 67)。良好的修辞被称为"委婉语",不好的修辞称之为"粗直语"。在本章中,修辞学的探讨促进了实证主义和解释主义之间差异的讨论,并作为国际商务律师跨文化交流相关培训的哲学基础。如上所述,实证主义基于现实主义本体论,研究者认为"现实"是客观和独立于研究人员的。因此,研究者寻求研究作为一个局外人而不与"现实"相互作用。

然而,解释主义的追随者有不同的意见。据韦伯(2004),这些传统上表达的差异可能不存在于现实中,因为

"实证主义者和解释主义者都涉及努力提高他们对世界的了解……他们也认识到他们对他们所进行的研究带来偏见和成见,他们使用的研究方法具有优缺点",尽管他们"使用不同文体报告他们的研究"。(Weber 2004, p. vi)

此外,对于韦伯来说,实证主义者和解释主义者之间最大的区别在于他们描述研究的不同方式。例如,前者尽可能少发表自己的个人看法和假设,但后者通常会花费大量的精力来详细的解释它们。

韦伯的观点是很难被完全赞成的，因为持韦伯观点的人们，他们的本体论信仰和认识论研究方法是不同的，所以在"修辞"方面两者运用不同的方式描述他们的工作。例如，实证主义者认为应该与研究者和"现实"分开。所以他们会尽力避免他们的"现实"受到他们的看法和假设的影响。因此，有人认为没有必要详细解释这一点，除非他们没有避免个人的偏见，并认为这种失败可能会影响研究成果。

与此相反，解释主义者详细表达他们的看法和假设，并且可能具有修辞特征的方式，那是因为他们的受众可能永远不会完全理解他们的研究，除非这些受众也了解他们的看法和假设。因此，修辞本身可以为受众提供证据来判断研究的性质。

根据亚里士多德（Alexander 2012，p. 273）的观点，好的修辞应该考虑三个要素：作者、受众和信息。在本书中，研究人员对中国法律教育和国际商业法律实务有以往经验。然而，在受众方面，本书不假设读者在中国法律教育或国际商业法律实务知识方面具有特殊背景。因此，本书旨在针对任何对这些科目感兴趣的人，对于他们来说都是有用的，无论他们是否有任何预先存在的知识。因此，本书在背景部分有三章，以解释作者为什么选择这个主题，并帮助受众了解作者的看法和假设。第 9 章将重新讨论修辞主题，如数据分析、语言使用对于国际商务律师而言都是需要掌握的重要技能。研究人员需要解释她的数据分析、调查结果和结论，当然修辞学也是重要的。

五、小结

本项目是关于国际商务律师需要什么法律技能，以及在中国法律教育背景下如何有效地学习到这些法律技能的定性研究。研究采用现象学为方法论，并结合现象学方法的描述性和解释性两个方面进行了研究。

从哲学的角度来看，本项目是建立在一个相对主义本体论的基础之上，而本项目的价值论与研究人员希望支持未来国际商务律师将来的事业有关。在修辞学上，本书以解释的方式分析了数据。本项目的详细设计和数据收集，以及分析的实际过程将在下一章中进行说明。

第6章　方法与过程

存在即合理
　　　　　　　　　　　　　　——黑格尔

在之前的章节中，我们解释了研究的背景，并讨论了理论观点，本章重点研究设计过程的实际方面。它描述了每个研究工具的设计，即问卷调查和访谈调查，包括抽样、问题设计以及用于对数据的解释、定性分析的过程。

本项目所使用的方法主要是对中国和非中国的国际商务律师进行的问卷调查，与中国律师和其他人进行访谈，并进行教学观察。本章详细介绍了该方法的设计、管理、流程和分析步骤。

如奥本海姆（Oppenheim 1992, p.6）所言，当研究者选择特定的研究工具时，应考虑适当性，有效性和可靠性等因素。因此，本章将根据这三个要素来解释从工具选择到分析过程的方法。

一、方法选择

在讨论方法的合适性时，可行性和道德适用性都是关键词（Sapsford, 2006, p.24, 34）。在我们进行研究之前，要选择合适方法，以探索国际商务律师工作所必要的和重要的技能。我们可以利用许多不同的方法收集这些信息。例如，问卷，访谈，观察或案例研究等。从可行性的角度看，选择适当的调查方法的主要考虑是，调查任务要在几个月的时间内完成，所以我们最后选择的是在较短的时间内效率最高的方法。因此，研究者在工作场所进行观察不是一个合适的选择，因为它不仅需要比其他方法更多的时间，而且获得的信息范围也是相同的。

此外，从不同的律师和工作场所收集到的意见越多，回答研究问题的数据就越有用。由此看来，案例研究方法不适合是因为它仅涵盖一个或少数案例，并且在更加侧重于深度语境分析。考虑到具有国际商务法律工作经验的目标参与者可能生活在任何国家（虽然参与者的范围受到研究者联系能力的限制，他们主要是工作或居住在英国和中国的律师，但这仍然覆盖一个大的地理区域），这在可行性方面提出了挑战。因此，电子问卷就成了在有限期间尽可能多地联系参与者的最佳方式。

因此，调查问卷的方法似乎是一个更可行的选择。然而，调查问卷也是有局限性的。例如，从道德的角度考虑，如果参与者在填写问卷中在某种程度上感觉到了敏感性或威胁性问题，那他所填写的答案可能失去真实性。另外，如果在非结构化访谈中，问卷调查需要大量的精心策划，这些策划可能会出现错误或遗漏，参与者很有可能对问题产生误解，或者研究者对回答有误读。这些误解可能是由参与者的文化和背景知识的差异导致的。此外，问卷本身并非确定性的，问卷提出的问题往往是直接的，缺乏必要的语境，因此得到的答案必须根据研究者的经验、常识和其他信息进行评价（Alreck & Settle, 2003, p. 8-9）。在这种情况下，研究者相对而言是内部人士和相对主义者。

我们可以采取相关措施来减少调查问卷中出现的可能限制。例如，在这个具体的研究项目中，研究者知道的威胁性或敏感性的问题不会被问及。与飞往世界各地进行面对面访谈相比，调查问卷方法即使在设计和执行调查问卷时会花费时间，但整体而言效率是更高的。

初步分析问卷调查结果时数据中出现差距这个问题是通过提供后续访谈来解决的。因此，调查问卷需要得到参与者的联系方式以便进行后续访谈。所有参与者都在文中匿名引用，问卷的副本在附录A。

二、研究的质量

（一）定性研究的信度和效度

社会会随着时间的推移发展和变化，在每个时代，社会侧重的价值论也是不同的。例如，工业革命以来，科学方法（实证研究）急速发展并统领了学术界（Small，2009，p.7），这种统领不仅增加了进行定量研究的数量，而且影响了评价定性研究价值时所使用的标准。因此，定性研究者还需要证明其研究的可靠性和有效性，以便说服他们的读者（Lincoln & Guba 1985，p.290-291）。随着时间的推移，信度已经以不同的方式重新定义或分类，以支持定量和定性研究。例如，罗宾森（Robson 2016，p.104-105）和殷（Yin 2014，p.40）主张，对于定性研究，分析泛化能力优于统计泛化能力[①]。然而，仍然有学者坚持认为每个研究都应该通过适合其特定范例的标准进行评估（Healy & Perry，2000）。例如，定性研究者讨论研究的质量，可以考察可信度、中立性、可靠性、一致性、适用性或可转移性。这取决于研究者所重视的主要价值观（Golafshani 2003，p.601）。本项目的研究者信度和效度方法如下。

（二）本研究的信度和效度

本项目中信度的基本定义是"概念度量的一致性"（Bryman & Bell 2011，p,158），效度的基本定义是"一个指标（或旨在衡量概念的一套指标）是否真正衡量这一概念"（Bryman & Bell 2011，p.159）。

一般来说，定量研究可能被认为比定性研究更精确，因为它是基于数值测量，其信度更容易证明和复制。有些人认为，定量研究比大多数时候的定性研究更可靠。

应该提到的是，对一致性和信度的重要性的关注主要来自定量研究（Golafshani 2003，p.599）。因此，定性研究对之的关注也值得我们去考虑。正如周普（Joppe 2000，p.1）所言，信度：

"……随着时间的推移，结果一致的程度和正在研究的总样本的准确表述被称为信度，如果研究结果可以以类似的方法进行复制，那么研究工具被认为是可靠的"。

[①] 泛化能力类似于信度。在统计泛化能力中，研究者寻求的是从代表性样本泛化到群体。但是，对于分析泛化能力，关注点是致力于泛化和延伸理论的能力，这可以帮助研究者理解其他类似的案例，现象或者情况（Cohen et al. 2011，p.294-295）。

研究者认为，使用这一标准衡量定性研究的可靠性和整体质量是不恰当的。由于定性研究更侧重于背景，条件和感觉，可能被认为比定量研究更为有效。在量化背景下，信度是关于测量和有效性的可重复性，关系到研究者是否实际测量他或她想要测量的内容。然而，这些含义可以在定性研究背景下可能是不适当的。这是因为定性调查能够比定量调研更深入，因为定性（在这种情况下，解释主义）研究的质量是基于研究者的观念和假设。即使方法论和方法相同，不同的研究者也会有不同的发现。因此，定性研究的价值不是发现世界性的真相，而是发现其他事情，如人性，多样性和提高对少数意见的认识。如第 5 章所述，本研究的价值是为了提高中国法律教育体系和法律界的意识，未来 ICP 律师需要接受某些方面技能的培训。

三、 律师调查问卷

（一） 问卷设计

从问卷设计到数据分析结论，我们对各阶段的信度和效度都进行了仔细的考虑。问卷的设计涵盖了表 6-1 所列的一系列主题。它们的目的是解决研究问题 1 和 2。非中国律师的调查表还额外有一个问题，在第 2 章中已有交代。这是为了获得他们对与他们合作过的中国律师工作的看法。这是个开放性的问题："你曾经和中国律师一起工作吗？如果是，你认为他们以不同的方式工作吗？"提出这个问题是为了确保本书不会受到中国思维方式的约束，因为作者是中国人；这个话题是关于中国律师，参加后面访谈的律师是中国人。这个额外的问题被放在调查表的中间，这是它的合理的地方。因此，后来的问题的序号与中国律师使用的版本有不同，例如 Q10 在另一个问卷上将是 Q11。为方便起见，在本书中引用的问题编号，是向中国律师提供的调查问卷中的编号，除了具体提到对非中国律师的补充问题外。然而，附录 A 中显示的版本是在线版本，只显示了有限的问题。在此，本章为方便讨论，给问题分配了编号。表格右侧列出了有关这些问题的文献。

表 6-1　　　　　　　　　　问卷设计

序号	Q8	Q9、11、13、15 and 17	参考文献
1	国际商务活动的法律知识	十四项法律知识和法律程序（Q9）	Ho，2012
2	与国际商务法律服务相关的非法学科目知识	N/A	"从法律之外的学科掌握知识和理解的能力" Twining，1989, p. vi
3	起草法律文件	N/A	传统的 DRAIN（起草，研究，庭辩，会见和谈判）（Webb & Maughan 1996）（加拿大法律协会联合会，2012 年）
4	研究能力	N/A	
5	沟通技能（口头和书面，如访谈，谈判，庭辩，写作信函）	十二项口头和书面沟通能力（Q13）	
6	语言（特别是英文）	Q13 中四项口头和书面沟通能力	英语是国际商务语言的基础 Evans 2013
7	跨文化技能（理解文化差异，适应与不同文化背景的人打交道）	Q13 口语和书面沟通能力的一项；Q17 中协作技能的一项	Gevurtz 2013, pp. 65, 68
8	团队协作能力（作为团队领导和团队成员）	十三项合作（合作）技能（Q17）	Rand 2012；Weinstein 2013
9	分析和解决问题的能力	七项分析技能（Q11）	Twining 1989；加拿大法律协会联合会，2012
10	创造力	Q11 中的一项分析技能；Q13 两项口头和书面沟通技能；Q17 三项协作技能	Menkel-Meadow 2001
11	N/A	个人管理技能（Q15）	加拿大法律协会联合会，2012 年

有三种测试信度的方法（Jupp，2006）。一个是重复测试，这是在不同的场合向相同的受访者提供相同的测试，看看他们的回答是否保持一致。另一种方法是使用不同的措辞来测试相同的变量，即在不同时间测试同一个主题或两组受试者同时测试。最后一个方法是使用不同项目衡量同一概念的不同方面。

第一种方法在这项研究中是不可行的，因为不可能要求相同的答复者（繁忙的专业人士）两次回答相同的问卷，因为每次至少要花半个小时。第二种方法用于问卷设计，作为 Q8 和 Q9、Q11、Q13、Q15 和 17 的内部检查（见附录 A）。

Q8 要求知识和技能排名，Q9、Q11、Q13、Q15 和 17 更详细地提问 Q8 中提到的大多数知识和技能的重要性。第三种方法用于 Q9、Q11、Q13、Q15 和 Q17。这在第 10 章的有关创造性数据的检查中特别有用。

我们考虑了"测量，解释和概括"三个方面的效度（Jannis 2006, p. 311）。如表 6-1 所示，文献用于解释问题内容的来源。此外，加拿大法律学会联合会（2012）进行的一项调查为发展这些问题提供了灵感，他们询问有关每个知识或技能的使用频率和不使用风险。

解释的效度（内部效度）问题关乎适用于特定的主题或背景研究的解释和结论的精度（见12章）。这一方面的效度是通过提出针对研究目的的问题（如上所述）而完成的，内部效度也可以针对调查问卷参与者进行深度访谈的结果进行测试。另一方面，概括的效度（外部效度）关注结论对其他人（样本有效性）和其他环境（生态有效性）的可转移性（Jupp 2006, p. 311-315）。在这方面，更重要的是有目的地选择具有相关知识的参与者样本，而不是尝试去获得代表性样本。例如，对于向中国律师提交的调查问卷，在数量上这个样本没有代表性，但样本经过了认真选择，以涵盖尽可能多的中国国际律师。

问卷设计花了几个月，并进行了四轮试点。试点被用来识别和消除主要错误，尽可能减少疏漏。第一轮对两名具有国际法律工作经验的律师进行了测试，并对该问卷的内容进行了调查。试点反馈表明，某些问题的措辞是含糊不清的，覆盖范围要比一个专注于技能研究项目所需要的更广泛。

因此，在第一次测试之后，调查问卷被重新起草，以解决歧义问题，并专注于技能而不是覆盖太多领域。第二轮到第四轮测试通过在线调查工具，研究者的主管和朋友进行了问卷设计经验测试，以选择最有效的在线问卷工具，并进一步润色措辞。合适的工具的标准包括软件是否免费提供，跨设备和平台的兼容问题，是否允许多种问题格式（包括频率和风险问题是否可以并排显示），是否可以支持数字数据分析，以及是否允许交叉列表，例如高级和初级律师交叉列出数据。没有单独一项工具可以达到所有提出的标准。最后，选中 SurveyMoz 是因为它是允许并排显示关键问题的。

根据参加试验人员的反馈，问卷做了进一步的改良。最后的一轮的测试还涉及一位没有法律背景和几乎没有问卷调查经验的朋友，目的是确保调查问卷简单直观，以保证即便是外行人也能够理解。

两份调查问卷都有同样的问题序列，尽管如前所述，非中国律师的版本还有一个额外的问题。这个序列将参照中国律师的最终版本（见附录A）给予解释。问卷由两个主要部分组成：A 部分（Q1）解释了研究的目的和背景，并告知了参与者的权利，B 部分是主体（Q2-Q18）。B 部分主要分为两节：寻求有关参加者个人信息的问题（Q2-Q7），就国际商务律师所需的知识和技能提出意见（Q8-Q18）。第一节提出六个问题。Q2 询问参与者他们是否准备参加后续访谈。Q3-Q7 意图获得有关参与者专业资格和经验的更详细信息。例如，Q3 问了执业资格的地点。在这个问题要求参与者在空白方格中填写，而不是预先设计选项，以免无法涵盖意想不到的可能性，因为一些参与者在多个法域有执业资格。由于类似的原因，Q5 和 Q6 也为参与者提供了空白方格，而不是预先设定的选择。

Q4 主要包括工作经验的四个选择：五年（含五年），六至十年，十一至二十年，二十一年以上。选择五年来作为独立实践的基准是有两个事实作为支撑的。首先，路维斯（Lewis &Jiang, 2003），一位在中国工作了很长时间的有经验的美国从业人员，将五年作为自己准备独立实践的个人基准。其次，在英格兰和威尔士，根据"2011 年 SRA 执业条例"第 4 条和"SRA 实务框架规则"第 12 条规定，在经过两年的培训合同后，律师在合格三年之前通常不能成为独立的从业人员。因此，五年似乎是一个定义独立执业的合理的工作时间。"十年"代表"专业知识"，此标准参照了专业发展文献（Kellogg 2006, p. 398），也是中国的一个惯例。特别是中国调查问卷的受访者会意识到这一点。中国 1986 年以来才建立国家律师考试制度，所以最早有资格的参与者在设计问卷时已经执业超过 27 年了。因此，超过 21 年就代表了对最有经验的在执业者的一个合理的估计。剩下的时间段就是11~20年。

从个人经验来看，研究者知道女性和男性的行为模式不同。因此，添加了Q7，以便发现调查问卷数据中是否有明显差异。事实上，数据中没有出现任何重大的性别问题。

B部分的第二节有两个小节。在第一小节中，Q8要求参与者对十个知识和技能进行小组排名。Q9、Q11、Q13、Q15和17关于法律知识和法律技能的详细项目。这两个小节相互支持（两者和相关参考文献之间的关系如表6所示）。

第二小节（Q9、11、13、15和17）有两个来源：(1)加拿大国家调查（2012年加拿大法律协会联合会），它被用于制定加拿大律师进入法律实践的能力标准；(2)设计调查问卷时，拥有律师资格的外国律师可以通过英格兰和威尔士QLTS（合格律师转换计划）成为事务律师。问卷包括了专门为在国际商务环境中工作的律师而设计的一些其他项目。加拿大全国调查提出了三个类型的问题：知识，技能和任务。然而，由于本书的研究重点是技能和技能的一些知识要素，所以加拿大调查中基于任务的问题未被用于本研究的问卷调查。加拿大调查中的一些问题涉及到加拿大当地法律的知识，这些问题被本研究中使用的问卷知识类别的国际商法科目（Q9）所取代。加拿大调查中出现的大多数道德和专业性项目都没有被使用，除了与分析技能有关的两个项目：一个涉及个人管理技能，另一个与协作技能相关。这是因为本项目中使用的调查问卷集中在国际商务领域，参与者预计至少在一个法域内已经有执业资格，因此已经被要求达到一定的道德标准。加拿大调查中有关研究技能调查的问题没有被使用，因为在这方面，国际法律工作与当地的法律工作被认为没有实质性差异。因此，仅在Q8排名中列出了研究技能，但没有提出进一步的细节。客户关系管理技能和实践管理技能合并为一类新的个人管理技能，这是借用了英格兰和威尔士的律师入职标准（Day one outcomes）的规定。国际商务法律任务有一些独有的特征，涉及到一些新的技能要素。例如，国际商务法律服务通常发生在几个国家，由于这些国家的文化背景差异很大，国际商务律师应该能够处理文化差异（Gevurtz 2013，p.65，68）。因此，关于跨文化技能的问题也被添加到问卷中。

国际商务法律工作的另一个特点是其复杂性,不仅因为跨国界,而且也因为它们涵盖了不同行业或专业领域。例如,客户可能希望进行一项收购,这可能是一个常规的法律业务。但是,如果是跨境收购,他们将需要考虑其他问题,包括目标国家是否需要对该行业进行任何安全审查,以及税务问题。在这种情况下,律师通常与其他同事,其他国家的律师或其他地区的专业人士(Rand,2012),如 IT 人员或会计师进行合作。在美国,有人主张要教授所有法律学生进行团队合作(Weinstein et al.,2013)。因此,协调技能被纳入调查问卷的范围。

最后,如第 7 章所述,由于国际商务律师很可能在金字塔的中间层工作,律师可能需要创造性地寻找新的途径和解决方案。已经提出了在法律教育中教授创造力的可能性(Menkel-Meadow 2001,pp. 112-144)。因此,创造力是国际商务环境中值得考虑的一项技能,问卷中也包含了此项。

此外,为了确定国际商务律师问卷调查中所包含的知识和技能的重要性,在 Q9,Q11,Q13,Q15 和 Q17 的每个问题中都提出了两个子问题,按照加拿大调查中使用的模式调查频率和风险:平均来说,你使用此类知识/技能的频率是?

1=从不

2=一个月以上

3=大约每周一次

4=大约每天一次

5=每天不止一次

如果您的执业环境中的律师没有这种知识/或/技能,后果将会如何?

1=无影响(不对客户或律师实践造成伤害)

2=轻微影响(对客户造成不便或律师的做法)

3=中度影响(对客户的利益或律师的做法产生负面影响)

4=严重影响(危害客户或律师利益)

提出这两个问题的原因是他们探讨了两个方面的重要性。如果一个技能经常被律师使用,说明它是重要的。另外,当不当的使用导致客户严重损失时,这项技能也可能很重要。

此外,五个问题(Q10,Q12,Q14,Q16,Q18)包括公开的评论框,以捕捉参与者认为项目中错过的任何要素，允许参与者解释他们担心可能被误解的任何内容。

(二) 采样

为了回答研究问题，调查问卷的参与者样本需要具有国际法律工作的具体经验。该研究的定性性质（如第5章所述）意味着样本的规模不需要大。项目开始时我们确定了35名目标国际律师（包括中国和非中国律师）。这个数字基于研究目的和可行性的两方面的考虑。正如马歇尔（Marshall，1996，p.53）所解释的那样，定性样本选择有三种策略：方便样品选择，判断性样品选择（也称为有目的的样品选择）和理论样品选择（主要用于基础理论研究以产生新理论）。他进一步建议，研究可能受益于广泛的参与者（最大变异样本），异常值（偏差样本），具有特定经验的参与者（关键案例样本）或具有特殊专长的参与者（关键信息素样本）和可能是潜在介绍人的参与者（雪球样本）。

本研究中的样本是一个关键案例样本。最大变化样本肯定会有益于问卷的最终结果，以便将其结果转移或将其结果推广到未来的国际律师群组。然而，律师通常很忙，按小时计费工作，因此项目在确保调查问卷的高质量参与方面面临挑战。因此，这项调查主要依靠现有的联系人（gatekeeper）填写问卷，并请求他们提供其他新的参与人。因此，样本也是一个方便的样本。

使用联系人来获得新参与人，这可能会引发数据中的权力和偏见问题。在下面讨论每个研究方法时，将会描述使用联系人，以及解决权力和偏见问题的方式。

除现有的联系人之外，研究者利用了中国国际商务律师的一项正式活动，接触到了大部分的回答中国律师的问卷参与者。该项活动是中国涉外律师领军人才项目的培训活动。研究者的一个参加此项活动的同事成为介绍人。通过此项活动来确定参与者样本有弊有利。明确的好处是参加活动的律师来自中国各地，因此样本比通过在中国一两个大城市接触律师所获得的样本更加多样化。这是特别有用的，因为该项目的范围是中国国际律师，没有专注于特定地区。如第7章所示，在中国，不同地区存在着法律实践的差异。此外，这项活动的性质意味着与会者都参与国际法律服务，尽管他们的参与的层次和参与程度不同。这实际上有益于研究者，他们不需要逐一询问他们的背景，以便核实参与者是否是国际律师。最后，在参与此项活动之前，他们都参加了活动的组织者组织的测试，证明他们都熟练掌握英语。因此，已经确定，他们都可以说流利的英语，并且能够理解问卷中的英文问题。这既节省了时间，因为没有必要提供任何形式的问卷调查，也避免了任何翻译中可能会出现的任何误解。但这个项目的介绍是用中文提供的，尽管他们英语流利，但以确保不会有误会。此外，研究者与他们在一起两个星期，所以他们有很多机会提出问题。

然而，这种情况也导致了一些缺点。一个是为了被选中参加这个活动，这些律师需要有潜力成为领军的律师，也必须愿意和可以出席的培训。因此，调查表中的数据最终得到证实，其中大部分是高级律师（11－20年的经验，其中一个是有21年以上经验的人）或接近高级职位。这限制了研究，因为它没有包括初级国际律师或可能太忙而不能参加或不愿意参加的律师，例如那些接近退休的人。然而，也可以说高级律师可能比初级律师更好地了解技能对国际商务律师的重要性。另外，由于研究者与资深律师或潜在的联系人之间几乎没有直接的个人接触，所以难以通过另一条途径来确保这些高级律师回答问卷。因此，这个样本比研究者通过联系人招募参与者并逐个联系他们的初始计划更为有效。最终，只有一名该活动以外的中国律师完成了这份调查问卷，这个人是研究者的个人联系人。

另一个潜在的缺点是使用了联系人，如上所述，这涉及了关于权力和偏见的问题，以及关于这个人是否会以某种方式选择参与人的问题。然而，由于联系人在参加活动的律师方面没有任何权力或其他影响力，所以认为这是相对较低的风险。他们比通常的联系人更资深，如上所述，都是高级律师或接近高级身份，这使得他们不太可能容易受到权力和偏见问题的影响。关于联系人是否有选择性，研究者试图通过事先约定来减轻这种风险，联系人会在培训活动上向全体与会者介绍研究者，而不是对其进行有限的选择。培训活动中有一个非正式的会议，与会者互相介绍自己，此时研究者提出希望他们完成调查问卷。为了使当事人没有要必须完成问卷调查的压力，研究者明确表示，个人可以自由选择是否愿意参加。

33名律师至少回答了这份问卷的一部分。就非中国律师的问卷调查而言，重要的是要接触到国际商务法律服务从业人员。为此，研究者使用了更多的方法。

首先，研究者向六家国际律师事务所或与中国开展工作的英国律师事务所的联系人发送了调查问卷的链接。之所以选择他们是因为与之有在先联系，或该所因做中国业务而知名。与国际律师事务所有联系的法学院的同事也被邀请发送问卷链接。

一个专门针对英国和中国法律活动的关联团体未能回应传播问卷链接的请求。另有一个拥有至少3万名成员的关联团体（截至2015年2月5日）将所有成员的链接传达给了所有成员。

该链接也被发送到一家以色列律师事务所，一家葡萄牙律师事务所和一家波兰律师协会的介绍人。它还被放置在一群QLTS学生的Facebook页面上。意想不到的是，在中英商务会议上研究者遇到与会代表，其中一位完成了问卷调查。

由于回应是匿名的，所以不能判断12名非中国律师中有多少是通过这些途径参与的。

（三）数据收集过程

研究员在第四次试点后不久，出席了上述中国涉外律师领军人才的培训活动。在个人被要求完成问卷调查之前，研究者用中文简要介绍了这些研究，以便参与者了解背景并有机会提出问题。调查问卷的设计为在线完成的，但Wi-Fi在调查进行时并不稳定。因此，研究者印刷了问卷，供参加者以硬拷贝的形式回答。其中一些人当场完成了问卷调查。研究者和介绍人后来又收集到一些问卷。两个月后，在线问卷工具收到了两个答复。还有一个是由没有参加活动的联系人完成的。

所有的非中国律师在线完成问卷调查。12名非中国律师是：巴西（一人）；以色列（一人）；巴基斯坦（一人）；波兰（三人）；葡萄牙（一人）；斯里兰卡（一人）；英国（四人）。

四、关于中国国际律师的访谈

(一) 访谈的设计和过程

访谈可以设计成结构化或自由风格非结构化的方式。结构化访谈旨在收集事实和测试假设;因此,为了确保数据是一致的,每个受访者都被要求回答完全相同的问题并以相同的方式理解问题。这在定量研究中很有用,如前所述,一致性很重要。

另一方面,非结构化访谈被用来探索新的想法,增进理解和研究新的假设。

因此,非结构化询问的目的是避免对受访者提出特定问题,并避免限制受访者以某种方式自由应答的能力。自由风格的访谈适合于定性研究,研究者有兴趣发现一系列的反应,并且不需要将数据作为严格数字分析或检验假设的形式。

本章讨论的访谈旨在补充上述国际律师完成的问卷调查。主要功能是探索国际律师的想法,收集调查问卷中遗漏的参与者的意见,了解现有意见的背景。访问是非结构化的,尽管它们有共同的目的,因此也涉及到研究问题1和2。此外,一些访谈,有时间的话,或受访者对此有特殊看法的访谈,也涉及到问题3和4。

虽然非结构化访谈是自由式的,但这并不意味着对访谈者没有要求。访谈者应熟悉访谈的话题,善于通过对话掌握知识生产的概念问题(Kvale 1996, p. 13)。

与中国国际律师的访谈是自由的风格,非结构化访谈,但访谈的主要目的是找出哪些技能对受访者来说很重要。即使在这种情况下,研究者依然需要注意,可能还会有一些问题需要向每个参与者提问。例如,几乎所有受访者都被询问了两个矩阵问题[①]:"您在职业生涯中遇到的最困难的挑战"和"进入国际商务法律服务领域所需的最大量的知识或技能"。

[①] 矩阵问题可能会以不同方式出现,不同的参与者对同样的矩阵问题可能会有不同或者类似的理解。

除了每次访谈的共同目的之外，每次访谈还旨在探索每位参与者的独特背景和观点。因此，其他问题取决于他们独特的个人经验。例如，对于在国内外具有教育背景的参与者，研究者询问了两个法律教育制度之间的区别。为了能够提出适当的问题并对答复进行有效的跟踪，在开始访谈之前，研究者已经阅读了有关国际法律职业、国际法律教育和方法论方面的文献（上文第2章、第3章、第4章和第5章）。此外，研究者花了一个星期与潜在的受访者了解他们的优势和专长。

研究者还通过如在律师事务所网站上查看他们的个人资料来研究每个受访者的个人资料，以帮助确定向每个受访者询问的相关问题。例如，其中一名参与者是公司内部律师，因此，研究者问他是否希望鼓励年轻的律师在职业生涯的开始就从事公司内部法务。对于研究者不熟悉的一些具体课题，例如WTO法，研究者还对该课题进行了背景调查，提前列出了一些潜在的问题。最后，研究者与她的一名导师进行了模拟访谈，以避免重大错误。

虽然原来的设计是在受访者被选中之前完成和分析调查问卷，实际上由于中国律师培训活动的时间压力，访谈实际上是与调查问卷并行进行的。因此，受访者是从完成了硬拷贝问卷调查的参与者中选出的，在返回问卷时他们表示同意接受访谈；或者他们在培训活动期间的另一个时间点自愿接受访谈。

因此，访谈不是按计划进行的跟踪访谈，而是进行深入的非结构化访谈。

（二）采样

因此，15名律师同意参加访谈。其中九人为个人分别访谈，六人分别接受了两人一组的访谈和四人一组的访谈。

这些律师（包括团体访谈和个人访谈）来自中国11个不同省份；两个来自北京，两个来自上海，两个来自四川，两个来自浙江，其余来自不同的省份。其中一人被选中因为他是中国在世贸组织法律事务中的先驱。其中一人因为来自少数民族而被选中，她在国际法律服务领域也具有丰富的培训经验。其中两人被选中，因为他们是活动中最年轻的成员，都有国外的教育背景。一人被选中，因为他来自中国最有影响力的律师事务所之一。一人被选中，因为他是公司内部律师。其他选择是为了方便起见，他们都是其律师事务所的资深合伙人或所有者。因为受访者来自中国的多个省份，所表达的观点并不局限于单一的商业中心。正如第7章所述，这是有用的，因为中国的法律和实践方法可能因省而异。

五、与非中国国际律师的访谈

这个项目中使用的这部分原始数据不是一手获得的。研究者经许可使用了第三章所述的美国麦克乔治法学院 McGeorge 法学院进行的访谈，该学院已为国际律师制定了律师技能课程。他们的网站上有七位访问者的视频。

McGeorge 法学院允许使用这些访谈作为本项目数据的一部分。七名受访者都是参加麦格理法学院"跨文化法律实践"的经验丰富的律师或前法官。他们"有与来自不同国家和文化的各方打交道、处理涉及不同法律制度的交易和争议的能力"。因此，McGeorge 数据侧重于围绕文化意识的问题。这些半结构化访谈的目的也是找出律师在从事跨文化法律工作方面需要什么样的技能。在本书的背景下，不知道这些受访者是如何被选中和联系的，或者给他们做出了什么指示。然而，为了本书的目的，这些数据对于专门为此项目收集的数据提供了有用的补充，因为它包括国际律师的文化差异和技能，从而有助于研究问题1，关于文化意识的问题6。它也有助于解决研究问题2，因为虽然受访者不是中国人，但它有助于提供一个比较点。

六、与师生访谈

除了对执业律师进行调查问卷和访谈外，初步的项目设计还包括与法律教师和法律学生以及非法律教师和非法律学生的访谈。这是为了帮助回答研究问题4，6和7。与法律教师和法律学生进行访谈的目的是更多地了解：（1）目前使用的技能教学和评估方法的优缺点；（2）是否有改进这些教学和评估方法的建议。

与非法律教师和非法学生面谈的目的是提供一个比较研究，以确定是否有其他科目的替代教学和评估方法可用于帮助未来的国际商务律师。

（一）访谈结构

该计划的访谈对象是：法律教师、非法律教师、法学学生和非法学学生各五人次。这些访谈计划是半结构化的（Cohen 2011, p. 298），但是与律师访谈相比，整体结构比较整齐。这是因为访谈需要非常清晰地关注技能教学和评估；与律师相比，由于他们更多的经验和角色的多样性，预定的问题列表将不太适合。

教师访谈时间表见附录 D 和附录 E。

对于法律教师来说，访谈问题 2 和 3 集中在法学院经常使用的法律技能的教学方法上。此外，问题 4 试图发现，从教师角度来看，学习是否达到了学习效果。问题 5 涉及到现有教学方法有哪些改善。另一个重要的问题是给予学生帮助他们改进技能发展的反馈（Q6）。

对于法律学生，访谈被视为对现有教学方法的反馈：（1）现有的教学和评估方法是否有效（Q3 和 Q4），以及（2）技能学习最有效的地方是教室还工作场所（Q3 及 Q4）？如第 3 章所述，这是技能学习背景的一个重要方面。

对于非法律教师，访谈更加非结构化，旨在了解是否有技能教学和评估方法可用于教授律师技能。对于非法学生来说，与法律学生相似，访谈期望得到他们对现行教学方法的反馈。

（二）采样和数据收集

戏剧、教育、时尚、国际关系和护理学科被确定为合适的非法学科。时尚和护理被确定为是特别基于技能的；而时尚专业涉及到创造力。教育学科教师在学习、教学和评估方面应该是专家。选择戏剧也是因为它是基于技能的，也是因为演员在沟通和理解不同角色时所使用专业知识与国际商务实践有一定关联。最后，国际关系专家与国际商务律师类似，具有跨文化和国家合作的专长。

他们还具有理解国际工作的政治和多法域的视角，这可能影响图 7-1 中金字塔的顶层和底层的法律工作。

研究者接触了联系人。但是，在有限的时间内可能只能进行以下访谈：

表 6-2　　　　　　　　　法律和非法教育参与者

学科	教师	学生	备注
戏剧	0	0	无法确定联系人
教育	1	0	一个受访者，负责国际交流，因此能够很好地了解那些接受国际教育机会的学生，以及如何劝说学生接受国际教育机会。
时尚	0	0	联系人没有回应。
国际关系	1	0	
法律	6	2	受访者在英国，西班牙和美国有丰富的职业课程经验。
护理	1	0	

七、 教学观察和背景理解

此外，研究者还进行了一系列非参与式教学观察。这涉及到护理学的一节课，法律 PBL 一节课，LPC 的研究，写作和起草。这些观察旨在提供背景，并帮助研究者解决研究问题 3、4、5 和 6。除了正式的教学观察之外，研究者还参加了其他学术活动，以增强背景理解（见附录 I）。

八、 分析

（一）问卷调查

由于中国律师完成的大多数调查问卷都是硬拷贝，分析的初步阶段是将其纳入 SurveyMoz 软件，以便与在线输入的数据一起进行分析。数据存储在两个数据库中，一个记录来自中国律师的数据，另一个记录来自非中国律师的数据（都是在线完成问卷）。

下一步是检查是否有不正常的条目，如问卷调查不完整，重复回复，没有（硬拷贝）按预期的方式回答排名问题。研究者观察到一名参与者抄袭另一名受访者填写的调查问卷，该问卷被单独仔细检查。很明显，某些问题的答案是抄袭的，但其他答案却没有。因此，抄袭的数据被放弃，但剩余部分被包含在数据集中。数据集中包含部分回应，并在论文中报告了数据的每个问题的受访者人数。

进行了一些初步的比较，发现男性和女性受访者之间的反应没有显著差异。

受访者按资历水平排列，确实产生了一些差异，这些差异将在下面的章节中讨论。

第 7、8、9 和 10 章报告了调查问卷的数据，包括在适当的情况下，以表格和图表表现。数据没有加权，因为上述原因，不可能确定"国际商务律师"的样本集。

重要的是要注意，向中国律师提供的调查问卷的在线版本出现一个问题：在与 Q9、Q11、Q13、Q15 和 Q17 的第二个子问题提供了四个选项。但是，调查软件自动生成五个框，用于记录他们的选择，而不是四个框，并且不可能通过改变在线问卷设置来避免此问题。因此，一些参与者选择了第五个框，不可能确定他们是认为这个问题是"非常严重"，或者是试图表达他们认为比这更严重。向中国律师提交的纸质问卷调查问卷没有这个问题，因为这些参与者没有第五个选择。

当调查问卷后来分发给非中国律师时，调整成了五个选项，而不是四个，因为研究者急于避免混淆，但通过调整软件不可能实现这一点。软件自动提供了五个。第五选项被设置为（"极端严重"）。这导致了数据呈现略有不同，具体取决于个人完成的调查问卷的版本。为了便于数据分析，研究者将纸质问卷调查数据转移到在线系统中，这样就有必要对如何处理这些四个选项的调查表做出决定。然而，由于四个选择与修订的在线问卷中提供的五个选项中的前四个选项相同，因此决定将这些问题的数据转移到在线调查的相应框中。

在分析和报告数据时，研究者通过组合选择 3 和 4（纸张格式）或 3－5（在线格式）的数据来解决不同尺度的问题，以呈现一个汇总数字。

（二）访谈

访谈是在受访者允许的情况下录制的音频，除了两个使用 Skype 录制的视频外。研究者和保密条件下的专业转录服务机构将音频转成了文字。转录的目的是产生可用和准确的记录。不需要完整的逐字记录，因为分析方法不是基于话语的。做援引时，研究者的音频或视频记录进行了核实。

作为一种现象解释学研究，分析转录文字的目的是了解访谈参与者的生活经历。但是，如第 5 章所述，我们不预先判断从数据会出现的技能。因此，分析方法是主体性的。数据由研究者编码。一些编码手动进行，在稍后阶段 NVivo 也用于帮助分析。初始代码来自于参考文献和调查问卷的结果。一些代码是从受访者提出新的想法中"活体"提炼出来的，例如 ICP 律师需要处理政治风险。

代码与章节之间的关系如表 6-3：

表 6-3　数据分析代码

代码类型	代码来源	代 码	说明，与章节的关系
初始代码	教育理论文献	•行为主义　•认知主义 •建构主义　•体验式学习 •PBL　•社会建构主义	这些代码主要出现在教师访谈中。体验式学习、PBL 和社会建构主义"模仿"最常见，它们在第 11 章中是最重要的，尽管这些概念在一定程度上贯穿全文，它们与课程设计相关
	法律技能的文献	•庭辩 •文件起草／写作 •访谈 •谈判 •研究 •问题解决	这些术语在与法律教师的访谈的访谈中最为明显，被称为课程组成部分。不过，律师不太可能把这些技能作为独立的主题，而是作为 ICP 律师所执行任务的一部分。这可能是因为中国律师知道这些技能不包括在课程中。更广泛地，这些技能取自于访谈，以获取使用技能的背景
	关于国际化的文献和调查问卷的结果	•国际化 •英语语言能力 •跨文化技能 •创造力 •协作 •风险管理 •商业实务	广泛地讨论了国际化和跨文化技能。第 7 章旨在界定什么是国际商务实务，讨论了"商业实务"。"创造力"在第 8 章对第 10 章中很重要。风险管理是数据的一个普遍方面，因目于访谈的代码"政治风险"（下面列出）代表了 ICP 律师角色的新视角。它在第 7 章中讨论，也是第 8 章中所讨论的合作的一个要素

续表

代码类型	代码来源	代 码	说明、与章节的关系
取自访谈，在分析过程中产生		• 美国的做事方式 • 英美律师 • 艺术 • 语境理解 • 文化意识 • 决策 • 教育机构结构 • 考试 • 模仿 • 独立知识 • 课堂互动 • 知识和技术决窍 • 从知识到实践 • 语言 • 法律能力 • 行为方式	一些来自访谈的代码因在数据集里只出现一次而被放弃："美国做事方式""情境理解""决策""教育机构结构""汉普尔方法"和"独立知识"。其他代码表示一些更广泛的起始码的子类别。"艺术"属于"创造力"的子类别。 几个代码属于在语言和文化意识类。所以，"语言""相似性"是文化表示知识和意识方面，"英美律师""行为方式""思维开放"可能在于文化意识和技能活动。文化意识和跨文化技能之间的区别可能在于文化意识表示知识和技能活动。 其他代码在不同类别中都较为普遍。因此，例如，"多学科性"被用于定受访者除法律以外学习到的专题。因此，它影响了有关英语的讨论，在本数据集以及第11章课程中出现的会计和商业相关要素的ICP律师。 "法律能力"是成为国际律师背景下，"成为国际律师的理由"。

续表

代码类型	代码来源	代 码	说明、与章节的关系
		• 动机 • 多学科 • 思维开放性 • 政治风险 • 成为国际律师的原因 • 反思 • 相似性 • 模拟 • 技能培训定位 • 课程更新	第11章探讨了法学院教师提出"考试""激励"以鼓励学生和"更新课程"的要求。类似地,"模仿""反思"和"模拟"也属于更广泛的PBL和体验式学习。

思维开放性在随后的章节中没有被单独讨论，因为在分析过程中发现该概念与许多主题有关。它既不是知识也不是技能，而是态度，包容、鼓励或者甚而积极地寻找不同的信息、想法或者行为。

科尔斯（Kohls 2001，p. 61）表明，做到思维开放的方式是有意识地拒绝消极的意见。这可能是因为消极的观点阻碍了个人学习和冒险的能力。他进一步认为：

"每个人的反应都非常的独特。你的也会。因此，重要的是不要让你对东道国的看法被太多其他美国人（你的同胞或朋友）的眼睛和经验所过滤。"（Kohls 2001, p. 61）

随后的章节中讨论了在数据中体现出的"思维开放性"，这为 11 章中的课程设计提供了信息。

九、小结

本章涵盖了数据采集的采样、设计和处理以及对不同数据组的分析方法。

然而，在开始讨论数据之前，有必要讨论"国际商务法律服务"的界定。这是下一章的内容。

第7章 国际商务法律实务的本质

第2章预测，对中国律师来讲，最重要的趋势将是国际商务法律服务的需求的增长，而不是任何其他法律部门。第3章描述了当前 ICP 律师的需求与目前正在支持这种需求的法律教育制度之间的冲突。特别是第3章认为，技能发展的需求很大，这在现在的中国大陆法律教育体系中也没有得到解决。因此，本章将解释中国 ICP 律师需要承担哪些核心任务，并强调需要一套不同的技能来成功地做到这一点。接下来以下章节就会讨论中国 ICP 律师所需的具体技能，如合作和创造力。

在讨论中国 ICP 律师事务所需要开展的工作之前，首先要了解与本书相关的国际商务法律的性质。确定"国际商务法"究竟是什么的起点是文献考察。然而，如下所述，这产生了一些不同的概念方法，对于本书的目的，这些方法最终都不令人满意。

一、理论研究

（一）法哲学：实证主义与自然法学

为了定义"国际商事法"，首先必须反思法律本身的性质。关于法律的性质有两个不同的思想流派，即实在法学和自然法学。实在法学派认为法律的存在取决于社会事实而不是道德。换句话说，"法是社会建构"（Green 2012, p. XV），即使是不人道的、不公正的、不民主的，只要它是按照相关社会规则进行的立法，它就是法律。社会随着时间的推移而发展和演进，不同的历史，文化和社会期望，将影响社会制定什么法律以及法律师事务所采取的形式。因此，不难得出结论，法律在不同的法域不同，且随着社会的变化而变化。

"相反,自然法源自于这样的信念:不会在罗马有一种法律,在雅典有另一种,或者现在有一种,将来有另一种,有的只是一种永恒不变的法律,它涵盖了所有的国家和任何的时候。"(西塞罗,2013,p.99)

这表明,自然法不是人为的,也没有人可以改变它(Green,2012)。实证主义法和自然法两者之间有很明显的区别。这在纯粹的国内或地方情况下可能是正确的,但是在讨论法律存在以及在国际舞台上如何运作时,出现了一个困境。想象一下跨多个法域的国际法律交易,会遭遇到多少个法律制度。在这一点上,似乎实证主义的"社会建构"概念是占优的,因为没有一个自然主义者所称的一贯的、或持续的、唯一的法律制度存在。但是,如果最终实现了一项国际协议,毫无疑问,至少双方已经达成共识,各法域有了一些共同的做法或原则。例如,他们可能同意使用英国法作为准据法。这样的协议可能会达成,并且有效,因为:

(1) 没有任何相关法域有强制性的规定禁止他们达成这样一个协议,即这些法域有一个共同的法律原则,允许当事人自由选择准据法。

(2) 各方可能来自不同的文化背景和法域,但他们都认识到,英国法律是值得信赖的,并且乐于做此选择或至少接受这个选择,即至少对法律的价值有共同的认可,认可程度至少达到了可以进行交易的水平。从这个角度来看,很难说法律是导致不同法域有独立法律制度的一个"社会建构"。如果每个法域都是所有人类更大的"社会建构"的一小部分,那么自然主义者所主张的法律性质的一致性的理解,就是占优的。因此,"社会建构"论证在国内法方面有用,但在国际商务舞台上并非如此。

(3) 虽然许多法域可能有类似的法律,例如合同法、公司法,但细节上仍然存在一些差异,因此双方需要为交易选择适当的法律。这表明在各法域中也有类似的需求(自然主义),而且在这种相似之中也有不同的方面和细节(实证主义)。

因此,在全球商业领域没有一个单一的、一贯的法律体系涵盖商业交易的各个方面,至少各国家法域依然存在。然而,可以理解的是,随着时间的推移,由于法域之间的频繁互动,相似性的程度可能会增加。因此,在国际商务舞台上形成的任何法律，都不能被描述为纯粹的自然法，因为它随着时间的推移而变化。然而，它不能被描述为实在法，因为，如果这个法律被破坏，没有一个单一的权力或力量作为威慑，或施加制裁。然而，鉴于自然法和实在法是关于法律性质的主要学说，以下部分将考察这两个学说的代表性理论，以了解构成国际商务法的要素。

简单地说，如上所述，实在法学认为法律是由一个权威机构创造的法律，通常是在一个法域所创立的，而且如哈特所指出的那样，与道德无关："道德上邪恶的规则可能仍然是法律"（Hart 2012, p. 212）。

因此，法律不止包括刑法："通过惩罚禁止某一行为，最类似于一个人对他人的命令，而该命令背后是威胁。这样的法规（刑事法规），然而，它与其他命令不同：它不仅仅适用于其他人，还适用于立法者本身，这是一个最重要的方面。另外，还有其他各种法律，特别是授予法定权力来裁判或立法（公共权力）或创造或改变法律关系（私人权力）的法律权力，这些法律关系不能被荒谬地理解为受威胁支持的命令。"（Hart 2012, p. 79）

相比之下，自然法涉及到普遍原则，被芬尼斯描述为"规制人类生活和人类社区中实际理性的一套原则"（Finnis 2011, p. 280）。自然法是实在法的基础，因为人们有共同认同的价值观。然而，国际法可能会通过在国际层面建立等同于国内的同类组织，如国际法院、组织和军队，来走向实在法。此外，各国政府正在采取步骤，将现行规范编入国际公约，双边或多边协定，或由非国家组织如国际商会形成商人法。但是，这些国际法院，组织和军队的权力可能比国内对应的组织要弱。因此，实在法的水平可能会比国内的水平低。在国际商事活动中，因为私人需要开放性的思维在多法域中寻求最佳做法，并将它们融合到新的原则里去，私人行为者的创造力也有很大的空间。因此，国际商务律师在国际上的作用比国内同行更重要。这是因为他们既是立法者也是法律的解释者。这使得很难准确地确定"国际商法"。

（二）国际法和国内法

应对定义"国际商法"的挑战的一个方法是将重点放在这个实践领域的"国际"性质上。例如，迪克森在国际法教科书（Dixon 2007）中将国际法视为几乎完全与国内法相反的概念。迪克森认为，"国内法律主要关注法人（个人）在政治-国家或类似实体中的合法权利和义务"（Dixon 2007, p.2）。另一方面，"国际法关心国家自身的权利和义务"（Dixon 2007, p.2）。

可以说，国际法的这一定义只针对国际公法，表明国际法和国内法之间存在着根本的差异。对法律进行分类时，这两个概念之间存在根本性的区别。但是，两者之间的关系更加复杂，实际上可能不是迪克森的定义所说的"迥然不同"，尤其在国际商务法律实务领域。

从本章后面的讨论可以看出，国际商事法律实践并不完全符合国际法的定义，而是更为复杂和多样化。

（三）商人法

商人法是许多世纪以前出现的，至今仍然在国际商务领域上运作的一系列原则和做法，随着时间的推移，它被所有人，或至少几乎所有从事国际商务交易的人接受和使用。例如，国际商会（ICC）制定的国际贸易术语解释通则（Incoterms），其旨在预先确定可能并入国际货物销售合同中的重要合同条款。国际商会网站表明，"国际商会组织专家和从业人员制定和维护的规则，已成为国际商务规则制定的标准"（国际商会 2010, p.1）。因此，即使国际商会并不认为国际贸易术语解释通则已经成为法律，但也可以认为，它与其他共同原则和惯例一样可能在法律实践中得到广泛使用、并根植于国际商务实践，有类似于法律的力量。

然而，即使是普遍使用的国际贸易术语或其他原则和做法，仍不能构成一个完整和独立的法律体系，因为国际商务交易仍然不可避免地受到国家法律的影响，例如显然不能忽视的、适用于交易的特定法域的税。当然可以说，从事纯粹国内交易的律师也不能忽视有关法律。这是对的，但国际商务惯例是独特的，部分原因在于，执业者要寻求建立共同的原则和做法的方式（例如通过国际贸易术语），也是因为任何一个交易都可能需要有多个不同法域的参与，每个法域都有自己不同的法律制度，因此，很难确定哪些法律对交易产生哪些方面的和怎样的影响，在必要时，这些法律是如何相互调和的。本书认为，国际商务律师将需要具体的技能，以便在这个独特的法律环境中取得成功。第8章，第9章和第10章将详细探讨所涉及的技能。

二、一种实用的方法：通过任务和专业知识领域界定国际商法

《古德商业法》（指英国法）对商法提供了一个定义。它说，"商法的特征主要在于维护和保护商人的可接受的习俗和做法的原则，规则和法定条款"（McKendrick & Goode 2010, p.1348）。

虽然这样的描述对于了解整个国际商法的概念是有用的，但是在这里存在误解的风险。也就是说，"商法"的原则在不同的法域可能有不同的含义，这可能反过来影响涉外交易如何实施。以不动产为例，这不是古德书籍的单独的一个内容，但是这是建立公司或公司破产程序的一个常见因素（这是古德的书中的一个内容）。英国土地的最终所有者，在技术上说仍然是君主，但在中国，是国家和农民集体。英国公民有权无限期地持有一片土地的永久业权，而根据中国法律制度不是这个情况，土地权利随使用而变化。例如，城市地区的住宅用地只能持续一段时间，通常为70年，而不是无限期。

因此，不可避免的是，商人们的习惯和做法将被其本国以及其他法域的法律塑造和丰富。尽管有人认为有一个与商人和商业交易有特定关系的法律概念，法律的具体要求和实际应用在各国之间有很大差异。没有一套普遍接受和一贯适用的实证主义法律。然而，要成为成功的国际商务律师，个人必须具备对多个法域的法律作出积极和适当回应的技能。如果通过检索地方当局颁布的当地法律找不到答案，那么必须在地方当局的权力范围之外寻求答案，例如国际条约或诸如商人法的原则。

国际贸易领域最受欢迎的教科书之一，施米托夫的《出口贸易》（Murray 2012, pp.ix-xxviii）指出，国际商法涵盖商品出口、运输、融资和支付。虽然它是一部优秀的教科书，但其范围受到了限制。特别是，它不包括专门用于商品交易所需的法律，例如提供服务（而不是货物）和外国直接投资，这两者都被认为属于中国ICP律师执业范围。

这可能与另一本《国际经济法：贸易、投资和金融单据》形成对照。该书更明确地侧重于国际经济法（Tams & Tietje 2012, pp.ix-xi）。它认为，国际经济法由贸易、投资和金融三大支柱组成。然而，虽然它最初似

乎包括国际商务领域的各个方面，但在阅读它的时候就会发现，它显然没有充分地描述各个领域，因为它局限于实证主义的国际公约，条约和多边协议，而这些主要是公共或政府关注的领域。但是，虽然国际商务律师在这些领域可能发挥一定作用，但并不构成国际商务法律实践的整体，他们也不一定是其核心。实际上，从执业律师的角度来看，律师的作用还包括在不同管辖区设立公司，合同起草和类似的私法活动，而且这些领域很可能是大多数 ICP 律师的主要执业领域。

可能有人会认为，任何意图确定该领域范围的书都必然是有缺陷的，因为写书的假设是，该书所涉及的法律知识领域对所有律师同样重要。实际上，本书认为，在法律知识方面，个别律师根据其具体的专业化及其所从事的法律工作的性质而有所不同。研究者预先从文献中选定确定的领域，通过问卷调查不具备相应法律知识对律师执业和对客户的影响。

表 7-1　　　　　　　　　　知识影响的程度

知识缺失影响程度＼知识领域	国际能源法	国际货物销售	国际诉讼	跨国破产	联合国跨国破产示范法	移民法	国际税法	证券交易所规则	提单规则	航空铁路公路运输	国际保险	国际组织法	知识产权	跨国服务
非常严重	1	11	12	0	1	0	10	2	6	4	3	1	5	4
比较严重	2	4	4	2	1	5	6	10	8	5	7	8	12	4
产生不便	14	10	12	17	15	14	11	11	10	15	11	8	10	17
没有影响	14	6	3	11	13	11	4	8	7	7	10	8	3	5

31 位受访者回答了这个问题，其中 30 人提供了完整的回答。国际货物销售（11），国际争端诉讼制度（12）和多国税法（10）的确定为高风险知识领域，如果律师不了解法律，则具有重大影响。多国能源法（14），跨国界破产示范法（13），多国破产法（11），移民法（11）和跨国保险（10）被确定为风险最低。这可以与参与者对使用这些领域的知识的频率

进行比较。例如，国际货物销售和国际争端诉讼制度是参与者最常使用的两个法律知识领域，缺乏相关知识的影响程度也被认为是非常严重的（11和12）。

表 7-2　　　　　　　　　　知识使用的频率

知识使用频率 \ 知识领域	国际能源法	国际货物销售	国际诉讼	跨国破产	联合国跨国破产示范法	移民法	国际税法	证券交易所规则	提单规则	航空铁路公路运输	国际保险	国际组织法	知识产权	跨国服务
每日多次	0	2	1	0	0	0	0	0	1	1	0	1	0	0
日均一次	1	2	5	0	0	0	0	1	2	0	2	2	1	1
每周一次	0	11	3	3	1	2	1	3	8	2	2	2	2	8
每月一次	5	11	21	6	8	16	17	15	10	20	16	13	20	17
从不	25	5	1	21	21	12	13	12	10	8	11	13	7	4

对于多国的能源法等一些具体领域，中国和非中国律师的意见包括：

"这主要取决于律师的主要客户和执业领域"（中国律师）。

"不知道一个部门法内容的严重程度根据服务的问题而有所不同。显然，在不了解能源法律的情况下，不能提供有关能源部门的服务，但对于其他律师而言，这种法律可能不那么重要"（以色列律师）。

"确定这些领域的重要性非常困难，因为一切都取决于具体情况"（波兰律师）。

然而，这种不确定性有一个例外。参与者常常使用多国税法。大多数人认为在税法中出现错误是一个非常严重的风险，大概是因为这会对客户产生直接的财务后果。事实上，税收可能是交易中最重要的元素。这也是在访谈中得到的结论，例如，其中一位受访者说：

"…在法律基础之上还要了解相应的一些财务上的知识，因为投资过来之后都需要在这里获得收益。获得收益就涉及到税收问题，就涉及到财务上的问题，所以在这个交易过程当中很多交易结构都是为了税务上的安排，做的一些特殊的交易结构……"

从本项目调查问卷收集的数据看，不同专业要求的知识不同。从表7-3可以看出，虽然所有的中国问卷调查答卷者都认定自己是国际商务律师，但在被问及哪个专业领域时，中国问卷调查的答卷者回答的执业范围十分广泛。只有两个（4号和17号）给出了精确的答案。此外，答案还表明了他们在完成具体任务的范围不同。例如，答卷人1认为他/她广泛参与国际投资，而被答卷人6、7和16则更加侧重于外国直接投资（FDI），这可能仅指入境投资。虽然有些人概括性地回答国际交易，如受访者2、4、11、14和17，但还有一些可能会更多地关注特定类型的交易，例如答卷人10和27。

表7-3　　　　　　　　　　中国律师的专业领域

你的专业领域是什么？（32个答卷人）	
1	国际投资并购
2	贸易和投资
3	海运，航空和保险
4	商法
5	金融法与外商投资法
6	外国直接投资
7	外商直接投资商业诉讼和仲裁跨境破产
8	诉讼、公司法律顾问
9	房地产、公司合同
10	国际贸易，国际投资，涉外酒店管理，合同谈判
11	银行，国际贸易
12	金融；房地产等

续表

你的专业领域是什么？（32个答卷人）	
13	公司法，国际投资，知识产权，贸易法等
14	涉外法律服务
15	一般商务事宜（主要是外国相关）
16	外商直接投资，知识产权，公司法，证券法
17	商法
18	公司法，贸易救济国际争议解决
19	诉讼和仲裁
20	跨境交易 IP
21	投资，争议解决，商业
22	国际贸易救济，MA，反垄断
23	跨境交易，MA
24	国际贸易与投资
25	公司法
26	民商法
27	航运法和国际贸易投资
28	国际投资仲裁，复杂诉讼
29	特许经营权，IP
30	ADCVD［反倾销和反补贴税—美国海关和边境保护］
31	法律诉讼
32	民事，刑事，保险

在非中国律师完成的调查问卷中也提出了同样的问题。虽然本调查问卷的答复总数较低，但对这一问题的答复显示了类似的实践领域的多样性，如表7-4所示：

表 7-4　　　　　　　　　　非中国律师专业领域

你的专业领域是什么？（12 个答卷人）
国际交易
民事诉讼，低价值诉讼和合同起草
国际：企业，商业和就业
劳动法和贸易法
国际数据隐私，国际合同
商法，企业法，金融服务法，投资基金法，数据保护，知识产权，商事
民事，刑事和公司
知识产权
金融、税法、上市企业
金融法
商法，行政法
商业与公司法

从表 7-4 可以看出，中国和非中国律师虽然都拥有广泛的实践领域，但在实践中对自己的执业范围有不同的观念。这可能与从事国际商务法律的准入障碍及复杂性有关。事实上，中国访谈参与者之一谈到，"任何法律领域都可能与外国有关"。因此，同样可以说，如果有一些外来因素，任何商业法律领域都可能成为国际商务法领域。例如，当几方决定成立一家合资企业，其中一个来自不同国家，那么这个案例可能被描述为"国际"的。如果某些事物因为它具有一些国际因素就可以用"国际"描述，那么仍然有必要考虑如何界定"商业"，以最终确定什么是"国际商法"。

总而言之，根据问卷调查结果，所有国际商务律师在样本中普遍使用了一些法律领域。其他知识领域，如诉讼，只在样本的一小部分中。一般来说，当对特定领域的知识使用得更加频繁的时候，在该领域犯错误的严重性就越高。然而，这一常规规则有例外，例如税法知识。因此，对课程的影响是，由于不可能教授国际商务律师可能遇到的每个法律领域，更重要的是发展合作的技能，与知道该地区的（外国）法律的律师合作。

因此，可以说，国际商法中并没有国际商务律师都认可的工作子类别的单一的定义,以全面充分反映他们所发挥的作用。这是一个有弹性的概念。

本书最终的观点是,所有国际商务律师都需要一套可识别并且可以在不同的专业之间转移的技能。以下几章将讨论这些技能。

三、 国际商务律师工作的分级方法

综上,将法律视为实在法或自然法的法理学法方法不足以为本书界定"国际商法";而文献和数据也都不足以创设法律知识的子类来定义它。本节中,将会产生一个综合体,可以更有效地用于确定国际商务法律服务的共同之处,以及国家和国际方面之间的相互作用,在此基础上,可以进行基于技能的课程设计。

在本书的分析中,要更深入地了解国内外法律的关系,法律和法律实践可以根据地方当局的控制水平分为三个层次。在最低层,我们发现在国家立法机关甚至地方当局绝对控制的个别法律管辖范围内存在的地方/国内法。选择"地方/国内法"而不是"国内法"来避免歧义,是因为一些国家可能有几个法域,法律实践可能根据同一管辖范围内的地方政府政策而有所不同。例如,在英国,主要立法机构是议会(或在某些情况下,苏格兰议会或威尔士议会)。议会可能会制定法律来规范公共行为,这些法律只适用于英国本身。但是,可以将权力下放给地方当局或其他法定机构,这些法定机构可以做出所谓的规章(by-laws),例如防止人们爬上桥梁或在高速公路附近玩耍(例如依据"1972年地方政府法案"授权的地方议会)或保护当地环境(例如根据"2009年海洋和沿海通行权法案"授权的海洋管理组织,可以控制进入在英国沿海进入某些海洋海域)。

另一个例子,中国大陆,虽然在技术上是一个单一法域,但在实践中,一些立法权被授予个别省份。中国有适用于全国的公司注册和活动的法律。然而,各省已获得授权,以确定在该省内设立公司所需的文书内容,因此,所需的文件清单可能对所有省份都是共同的,但文件内容和文件所需的一些信息可能因省而异。

事实上,在中国,这一赋权的概念已经进一步发展,允许选定的省份

享有更大的地方立法权。尤其是对于那些人口多数是少数民族群体的省份。例如，在西藏，大多数人口是藏族。然而，在大陆整体来说，藏族人是少数民族。因此，对于绝大多数人是少数民族的省份，中国政府已经授予了额外的法定权力，例如制定法律，允许少数民族不执行计划生育政策，或者反映中国社会（和立法文化）中属于父权制性质的族裔传统的制度。显然，这些法律本质上是地方性的，不能被准确地描述为"国家法"。

因此，"地方/国内法"比"国家法"更为准确，因为"国家法"通常被认为是指整个国家的法律。在国际商务法律服务的背景下，认为纯粹的地方/国内法是不相关的，是个错误假设。这是因为广泛的国际交易会触及和涉及不同的地理位置。

例如，作为该交易的一部分，大型国际商务交易可能需要成立一家或多家公司。这些公司将在适合整体交易的法域设立。这可能包括中国的特定省份（或实际上与中国法律实施方式相差不大的其他国家），因此有必要遵守中国有关公司的国家法律，而且还要遵守相关省份的特别要求。显然，没有一个律师可以成为所有这些可能的法域的专家。因此，个人律师的技能在确保其管理的交易符合当地/国内法律方面具有重要意义。在入境交易（下文定义）中，当事人选择本地律师，主要是因为他们在当地法律方面的专业知识，然后他们需要有足够的沟通能力向外国律师和客户解释。因此，金字塔的这一层纯粹是国内交易：中国律师就中国法律向中国客户提供交易的意见。在这里，律师是国内实在法的解释者，中国立法和监管机构有完全的控制权。虽然起草和客户沟通等技能很重要，但律师基本上被雇用为"值得信任的顾问"，来解释他或她具有专业知识的法律。

第一层"地方/国内法"之后是跨境法，地方当局仍然拥有控制权，但法律受到国家立法机关或地方当局以外的权力的影响。我们可以将这一层次标注为"法域间法"，其中包括国际私法规范，国际非政府组织法（例如海事法国际船级社协会（IACS））和商人法。在入境和出境交易（见下文讨论）中，国际商务律师需要能够处理这一级别的立法。

金字塔的第二层涉及跨境交易。这可能是入境的，例如，一名中国律师向美国客户及其律师就中国的交易事宜提供咨询。也可能是出境的，一名中国律师寻求英国律师的帮助，为在英国设立公司的中国客户的税务问题提供意见。律师将对合同的准据法做出选择，但通常情况下，这仍可能是对有关国家之一的国内法的选择。从这个角度来看，律师对本国法域内的实在法的了解仍然是关键。即使是欧盟，虽然其各国国内法的内容来源于欧盟指令，这也是成立的。律师既是其本国法律的解释者，也是翻译者，既选择交易结构，也在选择最能满足客户目的的国家的法律。

在对所适用的法律没有专业知识的情况下，由于交易的跨境因素，来自不同法域的律师和客户需要共同努力才能实现客户的目标。因此可能存在冲突，例如在不同的国家法律职业的道德或监管要求之间，或在努力工作的个人之间。因此，在这一层次上，语言（特别是英语）和协作技能更为重要。虽然它并不适合表现在金字塔结构里，但像美国这样的国家的联邦法律可能适合金字塔的这一层次。这里的律师的任务可能会偏离任何形式的国家或次联邦法律。然而，如果没有明确而详细的实在法规范适用，律师作为翻译者甚至法律制定者的作用就会变得更加强大。如果没有明确的实在法，也没有商人法，律师就要有创造力。这一层给律师创造最大的自由并创制法律，因为它不完全在国家立法机构或地方当局的控制之下，也不属于第三层的国际组织的职权范围。

第三层可以称为"全球法"（超国际法），其中个别地方当局不再是负责任的机构，但欧盟，联合国或世贸组织等更广泛的组织有立法权（如联合国公约和欧盟条例），国际公法是主体。金字塔的最后一层代表的实在法是由欧盟等超国家机构创造的，直接影响到国内法。它可能涉及更广泛的全球影响力，合同不仅仅涉及到引进来或走出去到一个单一国家，而是需要在全球实施。可能会有一些国际惯例，例如海牙维斯比规则，或条约和超国家机构如联合国或世贸组织提供的更通用的框架。这将需要灵活性和聪明才智，理解社会变迁和社会差异，变得重要。

图7-1以图示方式显示了这三个层次。

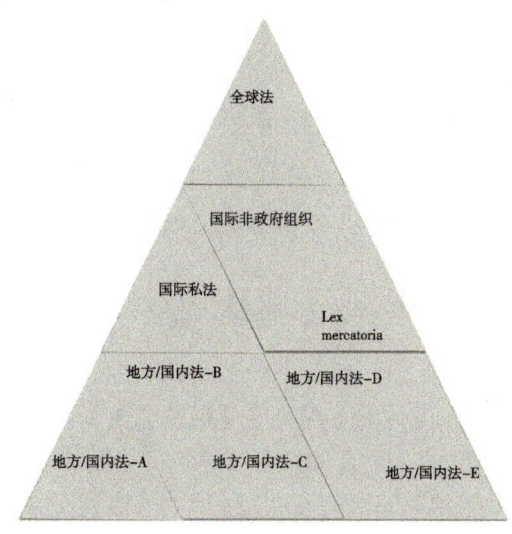

图 7-1　法律金字塔

这三个层级代表相对而不是绝对的概念。对国际商务律师而言,一个具体的法律制度可能会在不同的情况下处于不同的层次。例如,当外国客户想要在美国设立企业时,首先,美国法典和"联邦法规"是当地的法律,处于第一层级。但是,在客户将目标确定在具体的州之后,就涉及了作为"地方/国内法"的法律,这些法律成为法域间的法律,并进入第二层级。

根据上述国际法和国家法律的定义,我们可以看到国际法通常位于第二和第三层级,国家法律更有可能在第一和第二层级。对于本书的研究问题,特别是国际商务律师所需的通用技能,就需要考虑这个金字塔层级的实际意义。

金字塔层级的实际考虑

"国际法产生于实际的需要,而不仅仅是哲学思想的需要"(Mälksoo 2005, p.182)。如果,正如在本章早期的论述,通过法律的分类来试图界定研究领域并不直接,替代方法就是通过参考从实践角度出发的概念来尝试。从这样的角度来看,虽然国际商务法律服务被标注为"国际",但这并不意味着它与国家法律相反。恰恰相反,它涵盖了金字塔的所有三个层级。

目前和在可预见的将来,律师需要至少在一个法域具有执业资格,才能从事国际商务法律服务。他们的大多数实践可能位于第一层,偶尔进入第二层和第三层。在 30 位回答"你在哪个司法管辖辖区执业"的中国律师中,只有六个谈及在中国以外的法域。这表明目前他们的大部分都是做"引进来"工作的。

这与非中国律师进行的问卷调查数据形成对照,其中有 12 名受访者中有 7 人认为自己的实践工作扩展到母国的法域之外。这在与中国国际律师访谈的数据中得到进一步认可。在实地考察中,大多数受访者将其法律服务分为"引进来"和"走出去"案件。

其中一位受访者表示,在走出去的案件中,律师应了解本国法律和东道国法律(金字塔第一层级)。此外,他还应研究不同法域或金字塔不同层面的其他法律,以找出解决问题的可能办法,这些问题无论在母国和目标法域都无法解决。如 A 国的客户欲在 B 国建立业务,律师发现 A 和 B 都有较重税负。因此,律师可能会选择使用 C 国避税天堂。在这种情况下,所有正在使用的法律服务都在地方层面,但涉及许多法域,因此涉及金字塔的第二层级。他说:

"……比方说在目的地这个地方,我投资这个地方,税很高。那么在当地解决不了,可能就会要求你是不是要去 BVI,去开曼群岛设立的投资公司,是不是需要控股公司,然后再用其他的壳公司来控制当地的公司。……"

不同层次之间互动的另一个例子是控制"政治"风险。例如,当企业投资非洲国家时,他们通常在毛里求斯共和国设立一家壳公司,然后投资其他非洲国家。这是因为在其他非洲国家征收私有财产时,当地政府根据具体的双边和多边协议,毛里求斯企业有权获得补偿优先权。在这种情况下,法律服务涵盖三个地方法律领域(第一和第二层级),但也涉及位于第三层级的多国协议。

… 第 7 章　国际商务法律实务的本质

"假设我们投资非洲，我们可以选择在毛里求斯设立壳公司，然后我们使用这家壳公司来控制非洲［公司］。那么这样做有什么好处呢？那是因为毛里求斯与大多数非洲国家达成了互惠协议［如果我们在毛里求斯设立了一家壳公司］，他们不会把我们当作中国投资者，而是毛里求斯的投资者。所以我们可以享受优惠的税收政策，货物进出的自由……"

图 7-1 中的金字塔形状是一个有意的选择，它代表一个事实，即地方的法律比现在诸如公约和条约这样的全球性法律更多。然而，解释三层次的层次结构更具挑战性，因为这些概念的流动性和它们之间的相互关系的复杂性。此外，国际商务律师还可能需要处理诸如经济和文化差异等非法律问题。

例如，访谈参与者说：

"做海外投资的话，要求律师有第一要有中国国内法律方面的知识，这是肯定的，都履行哪些手续，国内企业的资金才能出来。另外一个要了解目的地当地的法律，在法律基础之上还要了解相应的一些财务上的知识，因为投资过来之后都需要在这里获得收益。获得收益就涉及到税收问题，就涉及到财务上的问题，所以在这个交易过程当中很多交易结构都是为了税务上的安排，做的一些特殊的交易结构。

再一个挑战，要了解国际方面的法律情况。比方说在研究了中国国内和目的地的法律安排之后，你需要能够利用其他国际上的，其他一些地区的交易结构的安排来解决你在目的地这个地方投资的一些需要。"

这个例子不仅说明了国际商事交易的复杂性，也说明对外国法和非法律因素要有开放思维和创造性。

四、综合：国际商务律师做什么

本章前面几节探讨了定义"国际商务法律服务"这个复杂概念的多种不同方法。尝试通过参考文献或法律知识的子类来定义概念是不可行的。图7-1中提出的分级方法有助于表明国际商务律师的工作的复杂性,进出不同层次的实在法。这种分层次的方法已经阐明了这项研究的范围,尽管它的重点是法律知识,而不是技能。然而,由于图7-1所显示的知识结构的复杂性,一些技能和态度,例如创造性和开放思维,已凸显出其重要意义。

鉴于本书的最终重点在于从事国际商务法律服务的律师所需的技能,因此现在有必要考虑律师在这一领域的实际作用,因为这定义了律师承担的任务和他们需要使用的技能。本书认为,律师的角色不同于其在纯粹的国内法背景下(在金字塔的第一层)运作的角色。当然,来自不同地方背景的国际律师的目的和做法也有一些相似之处:

"首先应该承认各国律师都会碰到,这是一个共性的问题,但是对于中国律师可能是更大的挑战。因为对于国外律师来讲,他们国际化比我们早,我们刚开始国际化。并且国外的大型律师事务所在世界各地设有分署,比方说美国的律师事务所、英国的律师事务所。你说去非洲投资,你说去南美投资,你说去哪儿投资吧,我事务所在那儿都有分支机构,相当于都有办公室,一个电话都解决了。但是我们中国的律师目前国际化还处于起步阶段,像我们事务所目前国际化的起步也就是在境外只有10几个分支机构,剩下的要和当地的律师事务所进行合作。"

"……因为你在当地市场的话,第一有优势的肯定是当地律师。我们先说是在中国拿到执照的中国律师没有办法去跟当地的律师竞争,除非说你在当地开个分所,然后你在当地招人,你会用当地的律师。就像当年美国所、英国所到我们中国来做的事情一样,我们再复制一遍……"

大多数法律服务的基础是与不同的国家法律制度和管辖权联系的。正如本章前面所讨论的那样,相比之下,没有单一权力机构规范国际商务活动,因此律师需要从现有的法律制度中选择,例如使用法律选择条款或通过使用合同条款创造一个新的法律机制,确定准据法,以完成手头的任务(金字塔的第二层)。首先,因为英美在金融领域的主导,以及国际商务中英美律师事务所的主导,使得金字塔的第二层和第三层深受普通法的影响。而且，在第二层级上，创制法方面的创造力无论如何都是倾向于普通法的方式的，因为它天然就比中国律师所熟悉的大陆法要灵活。当然，这更多强调了律师的技能，比如，合同的每个条款都需要特别谈判而不是援引民法典或通用合同条款。所以，即便英美法律师的主导地位受到中国律师的挑战，但普通法传统仍强烈地影响国际商事实践（除非此层级的立法发展到实际上成文化的程度）。因此，意欲在此层级执业的中国国际商务律师需要灵活性和能够与该系统工作的技能。

下一节讨论了国际商务律师是如何进入这一工作领域的，这可能与法律知识或上述技能无关。

五、成为国际商务律师

本节分析了受访者成为国际商务律师的路径。似乎有两条主要路线。

一些律师成为国际的原因之一是因为他们是高级律师，或者是在国际大型律师事务所工作的一些最聪明的年轻律师。另一个原因是因为他们有一个语言优势，或已经有一些国际背景。

（一）资历和聪敏

如前所述，由于国际商务律师的任务复杂化，客户希望从当地的法律服务市场中选出精英律师，以支持他们在不确定的国际商务领域进行投资。这样的精英律师具有很强的能力。例如，他们可能是本地市场的高级律师，因为他们的成熟经验可能会帮助他们履行国际业务；或者他们可能是被认为是"聪明"的年轻律师，也许是因为他们以自己的法律教育背景和成就在当地市场出类拔萃，完成过困难的任务，有足够的信心迎接一个难得的机会。此外，由于国际商务交易通常更复杂，财务风险更大，因此这些任务对于雄心勃勃的律师而言，比当地法律工作更具吸引力，这是不足为奇的。

因此，在当地法律服务市场的资历和聪敏程度是律师被选为从事国际法律工作的因素。例如，意大利律师 Maurizio Maiano 在 McGeorge 法学院访谈中表示：

"……需要什么才能成为国际律师……所以你不能期望理解或深入了解所有不同法域的法律制度和法律法规。所以,首先,一个跨国律师在自己的法域必须是一个很好的律师。要在当地非常、非常有能力。"

同时有法国和美国律师资格的 Joe Smallhoover 也持这个观点:

"……一个是要在你自己的生活领域完全胜任,你要知道你在说什么,你的国家是怎么回事……"

除了受访者的主观意见外,还可以通过观察参与者的背景来更客观地证明资历和聪敏程度的要求。对于中国受访者群体,共有14名律师,其中11人为律师事务所的合伙人或高级合伙人或创始人。其中只有3名是在律师事务所没有高级职务的年轻律师,三人之一曾在中国顶尖的律师事务所工作。调查问卷的调查对象同样是高级人员,32名受访者中有18人具有执业律师11至20年的经验,另有一名具有21年以上执业经验。在参加麦克乔治法学院访谈的非中国律师团体中,Mate 的个人资料表明他是:"华盛顿特区国际金融公司(IFC)的首席法律顾问,在国际金融公司工作了近三十年。她代表国际金融公司作为贷款人和股权投资者投资于包括拉丁美洲、非洲、东欧和中欧、印度和东亚在内的新兴市场的私营部门项目。"

资历和聪敏对于英美律师而言比非英语国家的律师更重要,因为英语是国际商务的通用语言,许多合同以英文和英文书写(至少在一个版本中)和甚至使用英美标准条款。因此,英美律师享有语言和法律教育背景的双重主导优势。所以,在英美制度下,资历最深,最聪敏的年轻律师更有可能获得成为国际律师的机会。是否具有强大的法律教育背景,是区分毕业生的另一个重要因素之一。一些参与者还提到了某些个性特征,即稳定性和可靠性,是作为一名优秀律师必不可少的人格特质。沟通技能也是国际律师的影响因素,团队合作技能也是如此。例如,一个访谈者说:

"首先我觉得还是要看他的学历背景,有一个比较好的一个学历背景的话,这是第一个,第二个就是这个人的综合素质,包括就是他做事的这种比较沉稳，需要这样沉稳的性格。然后就是，我指的是新招的人，不包括那些本身有经验加入到你团队的人。那么刚才讲到一个是学历，第二个就是他的一个性格。要能够坐得住因为做 legal research 包括写东西，包括写 memo，都需要你第一个很仔细，第二个就是能够沉得下心去做这些 research，所以这方面的性格是要培养，耐心，不能用很急躁的，包括他在讲语言的速度，我都会在观察他们。

然后沟通能力比较好，不是说那种特别内向，我的意思是他的这种 team work 的能力要有，所以在这个 team 里头的一种沟通能力，大家一起协助的能力，这种素质要有，不是说自各管各自，听不进去他人意见，这种人肯定不行。"

当然，即使对于拥有强大个人素质的最聪明的律师，似乎有必要有强烈的动机来应对当地法律和当地文化的挑战。

（二）动机

参与者之一表示：

"这是关键：有上进心，有兴趣，这是做好事情的关键，还要学习……随着你的事业发展。"

参与者之一提供了一个有趣的例子，这实际上给了这个人从事国际业务的动力，他描述了他从事国际关系工作的初步动机：

"国际关系在我自己的生活以及其他方面其实是非常真实的。从我的背景和经验来看，我是有一半在英国和一半在约旦生活经历的人，在我成长的过程中我一直有生活在英国或约旦的经验，拥有传统——也许我们现在英国称之为多文化主义。我是相当国际化的，相当多元化的，我在成长的过程中总是考虑到国际性，在一个国家内长大的人，或许他们有假期去过国外，但他们在一个国家成长，并不一定意识到国际性对他们的影响。"

用科尔斯的话说，该参与者超越了对异族文化负面观念的拒绝，而且积极地认为文化是不同的。他能够将自己的能力与自己的国际化背景相联系，意识到没有国际化背景的个人可能不会这样思维开放。这对第 11 章中选择课程的因素有一定影响。

虽然样本中的国际律师都没有直接讨论他们的背景，但似乎这个例子不是一个罕见的例子，一位参与者谈到，英国学生对出国交换计划的兴趣。该参与者还谈到了其他动机：

"这是一个很好的问题。有时我们发现他们常有某种国际背景。也许他们有一个来自另一个国家的父母，或者他们没少旅行。例如，我有一个学生，我明年送他到美国留学，他母亲是英国人，父亲是美国人。他住在这里，但他想要更多地了解他父亲的国家。所以他想去。他去加利福尼亚，……去学习一年，所以我会说，你知道，一些来到我们这里的学生有国际背景。或者他们对国外有兴趣。所以他们可能通过学习中文对中国感兴趣，或者你知道，他们通过在什么地方学习了西班牙语而对西班牙感兴趣。但是，我觉得很难将他们类型化。就像我说的那样，有一些学生真的明白，这样的经验将会对他们有好处，无论是在个人还是在职业上。"

其他国家的学生的动机当然可能会有所不同。然而，即便有动机，但没有机会也是不够的。机会可能来自个人的家庭或个人背景，或是抓住他人提供的机会。

（三）机会和背景

除英语外，具有国际背景的经验，特别是在法律教育的经验，是成为国际律师的另一个重要因素，特别是对那些来自英美国家以外的人士。但是，在 20 世纪 50 年代至 80 年代的中国，有国外旅行或受海外教育的机会并不容易。在这个时期，出生于一个富裕的家庭是一个耻辱的根源，也潜在地排除了这些人的教育和职业机会。因此，与其他国家相比，在外国接受教育的、拥有国际社会资本的中国精英可能会比较少。因此，受访者成为国际律师的路线可能与最近几代不同。从 20 世纪 90 年代起，中国的高等教育也在扩大，现在会有更多的年轻人能够获得国际经验。

本项目研究阶段中招募人员和学者毕业较早。这可能表明，修订的 JM

课程不仅可以解决年轻中国人精英和非精英背景之间的差异,对于学者和那些雇用国际商务律师的人来说,可以用来理解国际商务法律服务与当地实践的差异。它将提供一个明确的职业发展道路。

(四) 成为国际商务律师的其他特征

前一节讨论了精英、在外国受过教育的中国人成为 ICP 律师的可能优势。切斯特曼(2009,pp. 883)认为,无论在何种情况下,ICP 律师都被认为是精英。这是因为成为 ICP 律师有准入门槛。因此,在这种背景下,一个"精英群体"的概念要比传统的理解宽泛,不是出生在富裕家庭或拥有精英教育背景。然而,ICP 律师不仅只有一种类型,也没有一个特征是排他性的占主导地位的特征。

因此,重要的是要认识到,没有成为一个成功的 ICP 律师的唯一标准。如前所述,这与很难单一定义什么是"国际商务法律服务"的困难性是一致的。金字塔的不同领域或不同层级可能需要不同的侧重点。例如,一个受访者说:

"⋯我觉得做不同领域专业,不同的团队招人的标准是不一样的。当然为人要好,这方面是一定的,这是最最基础的。然后要做到上市,他们可能会更看重这人能不能熬,是不是很细心,是不是很勤奋,会经常加班。因为没办法,工作性质决定的,他就需要这么熬,就需要跟那些券商,跟那些会计师,每天就是和这些人搞。不能因为有一些很小的细节或者是觉得这些信息很烦,而且容易放弃,这个人必须得很有耐心,这个是做证券要考虑的。做知识产权的那些人,他们可能希望招的是在知识产权方面可能有些工科背景的,人比较聪明的,逻辑性比较强的,可以有助于他们解决这些知识产权争端或者是里面的一些专利方面的问题。对于我们做并购的来说除了人品要好、英文要好以外,我会比较看重是不是比较有悟性。现在学生很多,但是做律师的话你最终能不能做好,其实聪不聪明和悟性高不高是很重要的。刚才××提到说如果有些人很聪明,但是这个人不是特别好,我也见过很多,这个人非常聪明,但是可能会有很多小聪明或者是其他的东西没有用到正途上的话,也许对于发展来说就不是特别好。比较完美的就是说人首先品格比较好,英文比较好,受过很好的教育,然后比较勤奋,愿意扎扎实实地工作,然后又比较聪明,做事逻辑性比较强,那就完美了。"

在本书中的数据表明,对有一些技能,所有ICP律师都需要达到某种程度(见第8、9和10章)。特别是,在第9章讲讨论英语,在第10章中将讨论作为创造性的一个方面的"感觉"。

作为一个相对主义者,研究者不仅关注实践中的差异和相似之处,而且关注学生们的个人学习风格,他们如何能够加强优点以及改进自己的不足。第11章描述了一个的关注关键技能的课程,同时通过选修课,让学生专业化。为确定其他技能,我们来观察一下中国律师过去是如何成为ICP律师的。

(五) 中国律师成为国际商事律师的原因

过去,中国的律师由于种种原因已经进入国际商务法律服务,其中一些原因上文已提及。下文进一步举了一个例子,中国律师之一谈到一个有国际法律教育背景的律师和那些仅仅从中国法律学校毕业的律师之间的差异:

"第一个我感觉他的一个国际视野吧,在一个国家或多个国家待过,他的那种国际视野和自信程度是不一样的,出过国的人,你就感觉他自信也有,因为他看得多了,就像一个人,有 experience,他到哪里都经历过,他就会感觉他很自信,大气,我觉得这是一个区别。

第二个就是他法律的检索的能力,比国内的要强,他细致。因为到国外比如说英国、美国他们那种教学一个是 case study 的,第二个就是要你找很多的案例,就是你自己研究的能力要特别的强,这个也是很大的区别,就是做事情是不是很 detail,然后要去找那些东西,全部把它找齐了,因为判例法你肯定都要找齐。国内因为他们有时候如果有点粗的话,法律会怎么规定的,我马上就得出一个结论,就不像英美法写 memo 写得一层一层,剥得很细的那种。

……语言我不去谈,这个最根本的有区别……,就是 legal research,你判断,一个人做得快不快,一个事情交给这个人做,一个人可能一天就把你所有的东西都给你找齐了，另一个人他可能找半天都找不到。就说明他的一个 legal research 的途径方法，有些人就找的特别全，很快，包括找国外的法律或者怎么样，或者判例都给你找出来了，所以这个就是一个能力的问题了。"

应该注意到，当访谈者提及"国际视野"时，这与本书所使用的"思维开放"的概念是有共同特征的。他强调了积极地寻求信息、思想或行为，但是，由于使用在一个具体的语境下，是一个狭义的概念。在当被问及那些从英美法学院毕业的年轻律师们是否有理解当地中国法律的困难时，参与者的回答强调了技能的可转换性：

"我觉得应该是没有，而且应该是更加促进他对本土法律的理解，因为他有一个比较的视野之后，他就了解到有一些法律的根源，比如一些信托法，或者是一些 commercial law 方面，那还是英美发展起来的，很多都借鉴于他们的，所以说更加有利于你去理解我们国家的这个立法为什么是这样。比如说关于第三人，包括物权行为和债权行为的分离啊，这个是德国法这一块，所以我觉得是有利于你去理解我们的法律，我们的法律必定是后面成熟的。所以我个人也觉得到国外去以后，更加深刻的能够了解这个立法的原意是什么，为什么它要这么去立这个法，我觉得应该还是有促进作用的。"

另一个原因是，国外的教育经验可以增强语言能力，特别是对来自非英语国家的律师，因为英语是通用的国际大学的教学语言（Jenkins 2014, p. 2）和国际商务语言。此外，这种经验可能会改变心态，甚至律师的行为，可以反映出建立在开放思维上的日益成熟的跨文化技能。例如，Maiano 谈到他是怎样积极改变行为方式以适应环境的：

"嗯，首先，有时甚至我的口音都会改变，如果我是与美国人或与英国打交道，我的行为也会略有改变，如果对方是英国律师，例如年长的客户。"

此外，很多国际律师也发现国际经验增强了参与国际工作的机会。一位在国际教育领域工作的参与者有以下观点：

"……当我获得硕士学位后，我想进入跨文化心理学领域，为了做到这一点，你必须有一些国际经验。我听说了一个 Jet 计划，Jet 是去日本教英语的项目。所以我报名参加了 Jet 计划，我去了日本，打算只待一年。我喜欢上了日本，这是一个伟大的文化，人民是可爱的。所以我最后待了三年，确定我真的很喜欢在国际领域工作。所以，当我三年后从日本回来，有一个日本驻华盛顿的大使馆的工作机会，负责管理 Jet 计划，就是我去日本的同一个项目。所以我申请了这份工作并获得了这份工作，从那时起我就在国际交流、国际教育领域工作。"

因此，对国际的兴趣，是激励学生出国旅游和探索世界的关键因素，帮助他们形成开放的思维态度，抛弃对其他文化的负面意见。一些已经有国际关系的学生可能已经获得或理解了这一优势，因为他们是一个精英和富裕群体的成员，能够支付海外教育和国际旅行。那些没有这种背景的学生可以在大学阶段接触这样的机会。这样的经验似乎被视为在未来的国际法律实践职业生涯中的优势，即使如上述参与者所描述的，只是增强了自信。

这与弗拉德的研究一致（Flood & Lederer, 2012），他出生于法兰克福，在维也纳长大，后被迫在1938年离开去美国读大学。他参军前，他在《联邦主义者》工作多年。他在美国接受法律培训，后来学习德国法律，然后在第二年通过导师去瑞士大学学习，加入了瑞士的律师事务所，并在四个月内成为律师事务所的合伙人。他从小就是"国际性"的。

大学里的技能课程显然不能造就高级律师。然而，本书所涉及的问题是，是否可以在课堂上提供第二条路线中的任何元素。我们主张，通过关注技能、文化意识和开放的思维，重新设计的 JM 课程的可以为学生提供一些国际背景，使他们了解律师的特征，增强在国际部门工作的动机和信心。

"这是学习,你必须学会如何模仿,让你还不认识的对方、让那里(你所进入的文化中)的人带头,……你必须学习如何跟从那种文化的节奏。"①

传统上,教育用知识和技能武装学生,使他们能够给出正确的答案。然而,在国际背景下,当与来自其他文化的人合作时,可能更重要的是能够提出问题,而不是直接回答。

"……当你刚从法学院毕业并进入法律实践时,你就有了压力,人们认为你什么都懂,所以希望你总是正确的。当你在一个多元文化的环境中工作,要以开放的心态来问问题的,可以很自然地说,我不懂你说的是什么意思,你能告诉我更多一些吗,或者,形成一个语言习惯:这很有趣,多给我讲讲?我对这个不熟悉,但这是我必须做的事情之一。问问题、保持开放的心态和好奇心都是能力。如果你听到不同的东西,不要认为你应该知道它,要认为这是一个去学习新的东西的机会。大多数年轻律师走出法学院时认为他们需要展示他们努力学习已经懂了一切,他们不会为一个新术语或新名词搞到措手不及。但正是这种想法会让国际环境、一个多元文化的环境毁掉他们……"②

此例显示出,开放性思维是如何转化为有用的技能的。提问强化了在第 8 章提出的合作的技能。参与者认为,大学毕业生未必有此项技能,这将影响他们在国际环境下的表现。

六、 小结

本章讨论了用三种可能的方法来定义"国际商务法律服务"。它的结

---

① 麦乔治法律学校制作。答案来自于 Joe Smallhoover.
② 麦乔治法律学校制作。回答来自于 Kate Baragona.

论是，虽然每一种方法都是有用的，但没有一个定义是完整的。金字塔的方法显示了法律在不同的国家和国际水平上的复杂性和相互关系，这可以转化为国际商务律师所做不同的工作，从而有助于理解完成这些工作所需要的技能。

总之，从实践的角度来看，国际商法不是简单的相互冲突的各国法律，而是涉及所有三个层级（见金字塔在图7-1）。ICP律师的任务可能会要求他们具有全方位的法律知识。

然而，有两个原因表明，这样的要求既是不可行的，也是低效的。首先，个人在一个法域取得资格可能需要若干年。世界上有二百多个国家和地区并且一些国家有一个以上的法域。因此，即使个别律师能够取得多个法域的资格，任何一个人也没有足够的时间，学习到所有这些法域（第一层级）的法律知识。其次，问卷调查和访谈的参与者指出，不同的ICP律师可能有自己的专业，他们使用一定的法律知识的频率以及法律知识的重要性会依工作任务的不同而不同，取决于其特定的专业与手头的任务的性质。因此，试图掌握能够覆盖所有的法律部门的法律知识，即使在一个单一的法域中也不是一个有效方法；类似的逻辑可以推及到多个法域的法律知识的习得。

因此，关键是ICP律师能够使用的技能。虽然参与者一致认为，国际商法是复杂的，跨多法域的，但对形成一个准确的一致的定义，却没有达成共识。参与者可能会发现一些共同的特点，一些受访者认为，该领域过于富有弹性和多变，不适于使用一个单一的定义，且参与者本身往往侧重于律师的角色或所需的技能。例如：

"说实话我在想，过了二三十年就没有涉外律师这个分类了，更多是专业的分类，你又可以做内资，涉外只是涉外的语言而已，因为你的专业知识还是中国法律，语言无非是中文和英文，所以也没有什么很特别的有涉外律师这个概念存在。"

"我觉得概念可能会慢慢地消失，这个分类应该还是会有的。比如说在香港仲裁院仲裁，不是所有人都敢去的，特别是开庭。这一块我觉得还是要的。"

第 7 章　国际商务法律实务的本质

虽然目前在本书中所考虑的对未来的商业律师技能是一类单独的教育，但考虑到全球化，在不久的将来，可能没有任何律师可以忽视这些技能。例如，一个访谈参与者评论说：

"……我们谈判去澳大利亚，中国律师不是 qualified 澳大利亚律师，特别是 New York Bar 的那种。你敢不敢坐在那上面或者是说他有没有足够的能力经验坐在那上面跟对方谈，去解决这些问题。我们有很多丰富经验的合伙人或者是资深合伙人，即使他不是澳大利亚 qualified，New York Bar 也好或者是英国 qualified 也好，非常有自信，实际上他们的能力完全可以达到坐在那儿跟对方谈，澳大利亚律师只是一个辅助，是这么一种情况。这其实也是一种经验的积累，以及涉外项目经验的积累和锻炼，因为他基本上都知道，主要的几个方面是什么方面，基本上怎么谈，这个里面会有什么问题。不同的只是说要根据当地法律，调一个当地的专家确认一下，整个主体他可以完全直接操作下来。我经历过很多场这种谈判，我觉得很多律师慢慢会具备这种能力，直接去谈。"

因此，要想成就国际业务，精英律师（资深律师或聪明的年轻律师）也许需要额外的激励因素：信心和机会。对既有资历又聪敏的精英律师而言，动机可能是跟随客户拓展国际市场；信心来自于国内客户对律师的评价，他们可以信任并向律师提供国际工作机会。对于一个已经拥有国际经验的人来说，这样的经历可能会提供动力，并且拥有国际经验也可以增强国际工作的信心。雇主也可以雇用一名年青律师，为他提供国际工作的机会。

本章证明，不可能采取纯粹的学术性的方法对国际商法定义。因此，本书关注的是 ICP 律师需要的可转换的法律技能，而不是法律知识。这些技能将在接下来的第 8、9、10 章讨论合作、沟通和语言技能以及创造力。

第8章 合作技能

如前一章所述，本章认为，合作已经是 ICP 律师的重要技能，但鉴于法律服务的未来趋势，未来将变得更加重要。

在本书的背景下，首先要明确"合作"的内涵。合作作为一种技能的想法并不是全新的，事实上，最好应该将其视为包含口头技能的一套技能，而不是单一技能。例如，它应该包括沟通技能，这些技能是传统的 DRAIN 技能（起草、研究、庭辩、访谈和谈判）的重要方面，特别是庭辩、访谈和谈判。

本章将探讨协作的概念及其重要性。作为其中的一部分，它还将通过参考数据分析在国际商务法律服务领域中有效合作的不同因素。

一、为什么合作

通常，合作可能不被认为是律师所关心的核心技能之一，律师的工作只关注当地市场。因此，传统上，法律技能培训的重点是 DRAIN 技能，这被认为是重要的（Webb & Maughan 1996, p. 105）。然而，随着法律服务市场的发展，合作的重要性现在已被全世界明确承认。例如，在英格兰和威尔士，摩翰和韦布（Maughan & Webb 2005, p. 81-106）在他们关于团体学习和团队技能的书中写了一整章，并且在讨论沟通培训时也提到了跨文化因素的重要性。

在澳大利亚，据吉福特等（Kift 2010, p. 8）人所言，合作技能对于大型律师事务所和小型律师事务所的现代律师来说都是重要的。此外，在 2015 年，美国律师协会建议，在法学院的正式学习成果，应该包括"合作"和"文化能力"。(ABA 法律教育和招生，2015c，p.2)。

显然，合作作为法律技能的重要性被越来越广泛地认可为独特和有价值的。越来越多的国家在法律教育的背景下正在强调这一点。正如第 2 章所讨论的那样，现代法律服务市场的特征之一是国际要素越来越多。因此，法律服务市场的全球化趋势与法律教育领域合作技能和文化意识的要求不断上升是有联系的。几位中国律师（访谈参与者）已经提到合作的重要性。其中一个解释说：

"……你的精力还是太有限了，我们的客户，可能这个客户到美国投资，那个客户到法国投资，现实就是这样的，就是你还没做到你只做美国投资这块业务，专业化到这个程度就……那就不一样了，你现在就是，还没有深度，我觉得就是太泛泛的。这个我感觉还是要通过合作来解决的，你不能，也没必要把一个外国的法律做得多精通，更需要的是，……一个平台，……然后跟你跟外国的律师事务所的合作……形成一种关系……"

因此，对于在国际商务法律服务领域工作的律师而言，地域距离，语言障碍，文化差异以及相关人员和组织的数量造成的复杂性（Cohen & Mankin 2002，p.117），可能要求不同的合作水平。因此，以下部分将视之为法律界新近重视的独立概念，探讨合作技能的定义和重要性。

二、什么是合作

合作技能包括"团队工作（teamwork），群体合作（working in groups），与他人合作（working cooperatively with others）"（Kift 2010，p.22）。这一描述在澳大利亚本科法学学位标准中出现，但在该文件中没有进一步解释。从句子本身的措辞来看，可以认为"团队工作"和"群体合作"是指不同的事物。因此，"团队"和"群体"可能代表两个不同的概念，下面将对此进行探讨。定义的第三部分是相当有趣的，因为它可以被认为是对前两者的解释，因为当人们在"团队"或"群体"中工作时，与他人合作的工作可能是至关重要的。或者，这部分也可能与前两者同时具有意义。在这种情况下，这可能意味着与"团队"或"群体"以外的人员合作。按照这样的逻辑，我们可以认为前两者需要长期合作技能，后者需要短期合作技能。

（一）短期和长期合作

ICP 律师目前经常在大型律师事务所工作。这可能意味着他们处理非常专业的法律领域的小部分交易，他们可能不太了解他们同事的能力（Moorhead 2015, p.1）。但是，由于他们非常专业，他们确实需要与他人合作。这也意味着管理者必须将工作分配给不同的专家，还要整合这些工作以回应客户。然而，大型律师事务所并不是复杂的国际商务法律实务的唯一解决方案，在技术的支持下，我们可以预见，ICP 律师的日常工作将由 AI 系统进行，只有创造性的工作将留在 ICP 律师手中。因此，国际商务律师事务所的规模可以更小。事实上，一些大型律师事务所的规模会越来越小，或者像在美国，一些律所甚至已经发生破产了。但是目前，国际商务律师仍然需要经常与律师事务所的同事合作。例如，中国律师受访者说：

"一般来讲，我们一个大的案子也好，或者一个大的项目来讲，我不是说很大很大的项目可能不止三个人。一般地一个高伙，一个合伙人或者资深律师再带一个助理就差不多了。"

这种与公司内部同事的合作通常是基于同一个组织内的长期关系，组织内的每个人都清楚和理解其中的层次结构。此外，如果组织的内部晋升制度被认为是有效的，则员工可以信任资深律师的专业知识。例如，在上述引文中提及的情况下，合伙人很了解高级律师，她知道她可以依靠高级律师执行什么样的任务，何时需要自己负责。因为他们能够长时间地开展有效的沟通，所以他们的沟通往往更平稳，更有效率。

相比之下，与其他文化中的律师，第一次或短期合作可能会带来更多困难：

"我们跟当地律师事务所合作，有了业务，你要和这个律师事务所先沟通，他能不能做，了解，报价怎么样，大概工作效率怎么样、工作质量怎么样。这个都需要对他有一定的了解和把握。"

因此，在这种情况下，双方可能没有相互信任。此外，沟通可能存在很多实际障碍。例如，Joe Smallhoover 和他的法国客户一整天都未能与他们在波兰的律师联系上：

"我们在巴黎进行交易，与波兰的一家公司打交道。……10 点。所以我们进了办公室，花了 15-20 分钟的时间与人们握手，因为这是法国的习惯……，……现在正在改变，顺便说一句。……所以在 10：30 之前我们准备好了……，……打电话给波兰律师……那时候，波兰人是第二次早餐。所以……第二次早餐……所以我们会在那段时间内找不到他们，……在 10 点半左右的时候，然后客人们在 11：15 到 11：30 休息一下。那么我们想打电话给波兰人，他们去吃午餐，因为他们在 12 点或 12 点 15 分吃午餐，然后他们在 4 点 30 分就会回家，因为他们早上 7 点就来了。"①

在 Smallhoover 的例子中，法国客户和波兰律师发现，两种文化之间不同的工作时间意味着他们不能自然而然地一起工作。

类似的问题也可能是由宗教敏感性引起的，代表政治风险。例如，中国律师分享了这个例子：

"…… 一个项目的成败，很多时候不是取决于当地法律规定是什么而是取决于当地的文化，当地的风俗，当地的投资环境是不是友善。举个很简单的例子，比如我们在某个国家买了一块地，这个地准备建个工厂，律师的尽职调查报告做得非常好，但你万万没想到你圈的这块地里面，有一个当地村落，设立了一块神碑，这个神碑你要是给它拆迁或挪走，当地居民绝对是要和你拼命，这是个真实的案例。然而，就是由于这个神碑没弄好，当地政府也不会因为这个事，因为你，得罪当地的居民或选民。最后这个项目就黄了……"

---

① McGeorge 法学院进行的访谈。

在处理国家政府时可能会出现更大的政治风险。例如，一个讲授国际关系的受访者评论说：

"很多人会认为你知道国家是所谓的'单一，理性，同质的行动者'，中国是一个行动者，英国是一个行动者，美国是一个行动者。中国做出决定，英国作出决定，美国做出决定。这实际上并不是现实。现实情况是政府由很多不同的人组成，由很多不同的决策者组成，它们由很多不同的部门和机构组成。这些部门和机构本身也可能有相互竞争的利益。你可能会在中国找到一个部门，英国找到一个部门，二者有类似的目标或类似的利益，实际上可以互相交流。同时，中国政府的另一个部门或是英国政府的另一个部门，与刚才所说的中国或英国的那些部门本身可能有完全不同的利益。所以你有时可以看到你要与我们所谓的"官僚政治"打交道，或分析官僚政治以了解政府内部的如何决策，政府内部的哪些行为者正在做什么，哪些部门和机构有哪些利益，这些利益是不是相互冲突的。"①

然而，这并不意味着第一次和短期的个人之间的合作一定是一个糟糕的经历。每个合作者通常都很清楚为什么他们参与了项目，他们预期的角色将会如何。例如，中国律师之一说：

"……有点像当年外国人在中国投资的时候所做的项目，也就是说我们是在一个学习的过程。当时外国人就找了美国律师，找了美国人 Baker & McKenzie, Linklaters and Clifford Chance，他们不懂中国法律，他们在中国投资，用国际那套规则来投资，然后让中国律师提供意见，哪些是不符合中国法律的，然后他自己慢慢再学，学也需要一个过程，到现在为止他除了请了一大批中国律师到外国律师事务所以外，他也没有办法能够完全地摆脱中国律师的这些作用。所以我们现在也是这么样的一个角色。"

---

① 参与者访谈 8。

这表明，客户通常会将从本国带来自己的律师，尽管这些本国律师可能不是客户所在国家的当地法律专家。尽管如此，通常的做法可能是由本国律师负责的项目，但本地律师将指示当地律师，协助他们提供必要的专业和当地的法律知识（走出去交易）。

因此，如表8-1所示，短期合作和长期合作可能会有不同的优势和挑战。短期合作时，律师们第一次见面时难以建立彼此之间的信任，并且可能会有许多意想不到的沟通障碍，这在国际法律服务领域可能是由语言差异和文化障碍引起的。然而，由于短期合作（包括首次合作）通常是根据现有任务的实际需要，所以通常是以任务为基础的，每个人通常都很清楚地知道自己的任务。

表 8-1　　　　　　　　　　合作形式的优缺点

	优　势	挑　战
短期（包括首次合作）	1. 每个成员都清楚并满意自己的角色，（谁的客户，谁应该负责，谁有更多的经验） 2. 更注重工作而不是关系	1. 信任 2. 沟通效率（语言差异和文化障碍）
长期	1. 信任 2. 沟通会更加顺利和高效	1. 不同任务上改变角色的难度更大 2. 角色之间的竞争 3. 群组思维的风险

相比之下，在长期合作中，专业人士已相互认识一段时间，并建立起相互沟通的方式。然而，他们将面临挑战是，因为他们在特定项目的背景下相互认识，因此他们可能会利用这些项目的合作者的过去印象，如果新项目不同，需要不同的优势，那么这些项目可能会导致困难。例如，在上文第一段引用短期和长期合作的例子中，如果正常做法是合伙人直接向客户报告，并监督高级律师的工作，那么在一个新项目中，即便是高级律师比合伙人更有经验，新项目中的既定角色也很难改变。如果无法将项目的要求与现有的层次结构进行平衡，结果可能是合作伙伴和资深律师在合作

期间开始竞争控制项目。此外，长期合作存在一个额外的风险，即群体思维（groupthink）。

（二）群体思维

群体思维的概念是由贾尼斯（Janis 1972，1982）引入的，正如贾尼斯所解释的那样，可以导致一群人做出错误的决定。他描述了群体思维的八种症状，分为三种类型，如下所示：

"第一类：群体的过高估计——权力和道德。

1. 大多数或所有成员共享的无敌的错觉，造成过度乐观，并鼓励冒险

2. 对团体内在道德的毫无疑问的信念，倾向于成员忽视其决策的伦理或道德后果

第二类：封闭思维（Closed-mindedness）

3. 集体合理化的努力，低估可能导致成员重新考虑其假设的警告或其他信息，重复过去的决定

4. 对对方的领导的看法定型化，认为其太坏没有谈判的诚意，或者太弱太蠢，不能为打败目标而作出的任何冒险的尝试

第三类：单一性压力

5. 自我审查与群体共识的背离，反映出每个成员都倾向于尽量减少自我怀疑和反驳

6. 符合多数意见的决定一致性的错觉（部分原因是对偏离的自我审查，沉默即意味着同意的错误假设）

7. 对成员产生直接压力，如果他对群体的陈规定型观念、幻觉或承诺表达强烈意见，明确表示这种不同意见违反了所有忠实成员的期望

8. 出现自我任命的观念保镖——保护群体免受不利信息的影响，以免破坏他们对决策的有效性和道德性的共同自满。"（Janis 1982，pp. 174-175）

贾尼斯认为，人们可能更加关心工作组成员之间的共识，而不是为手头的任务提供好的解决方案（Janis 1982，p. vii）。更具体地说，贾尼斯提供了政治家代表政府作出决定的例子，一个同质的组织决定将影响与另一

个国家的对外关系。例如，对另一个国家宣战，而没有适当考察其他的替代方案。

  但是，并不是每个人都接受了贾尼斯的观点。例如，公认的团队工作专家贝尔宾（Belbin 2000，p. 15）认为，他从未在"团队"中遇到群体思维的症状，因为"团队"的定义本身，就包含了创造效率，共同或轮回的领导可以使团队成员互动。换句话说，贝尔宾似乎认为，一个正常运作的团队，或一个真正的团队，永远不会遭受群体思维。

  因此，可以推测贝尔宾认为，群体思维的问题表明，一个团队没有有效运作，不能真正地被描述成一个团队。贝尔宾将把这个不起作用的团队描述为"群体 group"而不是"团队 team"。然而，贾尼斯的群体思维实际上是从小组织和"我们的团结感"中得来的，而不是大而专制的（Janis 1982，p. vii）。因此，尽管有贝尔宾的观点，似乎贾尼斯的脑海里是"团队"，而不是"群体"的概念。

  因此，虽然贝尔宾和贾尼斯的观点都是有效的，但他们描述了"团队"共同领导和温馨气氛下的不同影响，贝尔宾更为乐观。他认为"团队"是解决专制"群体"缺陷的一个方案，他的重点是团队建设；选择合适的人在团队中工作。基于这样的理解，他引进了流行的团队角色理论。贝尔宾（Belbin 2010，p22）的"团队"包括资源提供者，资源调查员，协调员，塑型者，监督评估员，团队合作者，实施者，完成者和专家等九个角色。

  成员选择完成以后，贝尔宾似乎认为团队将永远完美地工作。不幸的是，虽然团队成员的个性可能不会明显改变，但是成员之间的相对关系可能随时间而变化。例如，团队中的个人在一段时间内更多地了解他们的同事（例如性格、习惯）。他们可以利用他们的同事的经验来努力实现良好的项目成果。或者，为了团结协调，他们可能会牺牲自己的意见，例如，如果他们了解到一个特定的个人，如果他或她的意见受到挑战，就会可能难以与之合作。如果他们这样做的话，群体思维更有可能出现在这个"团队"中，尽管它以前是一个高绩效的团队。为了避免这种情况的出现，"团队合作"应该被认为是一个演变的过程，包括团队建设和团队长期合作。然而，在更详细地讨论这个问题之前，有必要在国际商务舞台上澄清

"团队"和"群体"的概念。

(三)"团队"和"群体"

正如本节开头所讨论的那样,律师可以长期或短期地与他人合作。这是否意味着他们是某团队的一部分,或者他们是某群体的一部分?在管理学领域,贝尔宾的团队角色理论和他的团队角色自我感知库(BTRSPI)在英国非常受欢迎(Tony Manning,2006)。

贝尔宾认为,"团队"和"群体"在规模、选择、领导、感知,风格和精神上有六个方面的差异(Belbin 2000, p. 14-18)。与"群体"相比,"团队"的大小有限。团队成员的选择,对于"团队"的成功至关重要,但在"群体"的背景下是无关紧要的。领导者角色在团队成员之间是共享或轮流担当的,而在一个群体中,领导者是不变的。团队成员的看法依赖于相互的认识和理解;另一方面,群体成员则依赖于领导。总而言之,"团队"涉及一系列不同角色的人之间的协调,而一个群体是趋同性和一致性的。

基于这些特征,团队成员通常彼此动态互动,并在必要时很自然的彼此互相挑战;而群体成员更重视团结而非有益的辩论,所以导致即使是建设性的挑战,他们也会避免。群体中的个人若提出挑战,会被认为威胁了群体的团结,而可能被其他群体成员孤立并被有效隔离。因此,团队和群体之间存在一系列差异。在这些差异中,规模是明显的确定特征之一,值得进一步探讨的。

根据贝尔宾(Belbin 2000, p. 14)的经验,群体或团队成员的数量越少,群体或团队的效率就越高。然而,这并不意味着人数可以无限制地减少,并且似乎应该有一个最小规模的人数,否则就没有一个团队。例如,他发现当两个人在一起工作时,重点主要在于他们的关系,而不是他们所执行的任务(Belbin 2000, p. 2)。根据他的分析,对于一个团队,理想的团队成员是四个。他还警告说,当超过六人时,"成员之间的贡献变得越来越不平衡,一个人变得更有可能主导"(Belbin 2000,第 15 页)。当这种情况发生时,根据贝尔宾的理论,结果更有可能成为一个"群体"而不是一个"团队",唯一的领导者掌握控制权,其他成员将他们的地位置于领导者之下。这种支配力随人数的增加而得到加强。所以如果一个"团队"要保持共享领导权,就要把人数保持在六人以下,否则很可能会成为有一个独立领导人的"群体"。领导形式将进一步塑造团队成员之间的关系与团队氛围。在团队中,团队成员分享或轮流领导,因此他们往往有更深的相互了解和理解。这种关系在团队中创造出一种导致动态互动的民主气氛。按照这个逻辑,"团队"代表民主,而"群体"则是一个等级结构。

虽然贝尔宾(2000, pp. 14-18)认为,"团队"比"群体"更好,但他也承认"群体"是传统的管理模式。历史上,律师事务所总是从小型的本地合伙,(从事特定类型的工作,例如,他们可能关注国内诉讼),成为提供非常不同服务的大型国际公司化的律师事务所,尽管在不同的国家甚至在不同的城市,这种变化的时间和规模可能会有所不同(Galanter & Palay, 1993; Morgan & Quack, 2005)。

传统上,大型律师事务所似乎是有等级的群体。例如,在考察一个具有重大诉讼经验的大型律师事务所时,柯克兰(Kirkland 2005, p. 637)重点研究了事务所的律师接受培训以适应不同合作伙伴的工作规范的方式,以及这种"规范选择"的影响,例如关于这些律师是否形成了诉讼职业道德(Kirkland 2005, p. 638)。他认为,"理解对大型事务所诉讼的组织影响对于理解诉讼伦理的发展至关重要"(Kirkland 2005, p. 662)。他的工作进一步表明,实际上律师并没有在大型律师事务所民主地工作,因为合伙人处于主导地位。当一家律师事务所成立一个团队时,一名高级合伙人通常负责大部分活动,或者授权他/她信任的人负责。与国际交易的增长同步,律师事务所已从地方性发展到国际化(Russell 2014, p. 234)。但是,只要他们有合伙人,律师,法律助理和秘书,他们还是以等级化方式工作(即作为"群体"而不是"团队")(Galanter & Henderson 2008, pp. 1879-1881)。这将持续到新的服务模式建立,如没有"入门级合伙人"的VistaLaw(Dzienkowski 2013, p. 3011)

通过考察最近在法律服务市场发生的情况,可以了解层级模式的优势和潜在的弱点。在国际商务法律服务领域,以英美律师事务所为例是最有用的。这是因为英国和美国的国际律师事务所在发展国际商务法律服务方面处于领先地位,在可预见的未来,它们将继续引领国际商务服务市场(Flood 2013; Flood, 2007; Russell 2014)。其中一个原因是国际化的主要驱动力是金融服务，世界金融中心位于伦敦和纽约，金融服务最先进的规则和规范也在这两个管辖区（Flood 2013，p. 1096）。

此外，就"群体"或"团队"而言，与传统的情况相比，律师与律师事务所的关系发生了变化。传统上，无论在英国还是美国，律师都倾向于留在一家律师事务所，除非他明显不会有机会晋升为合伙人（Galanter & Palay1993，pp. 2327；Brandon 2011，p. 1）。然而，最近这种传统已经被打破，出现越来越多的横向招聘（lateral hiring），而且现在一些律师在任何情况下都可能不会为成为合伙人而工作（Galanter & Henderson 2008，p. 1871；Brandon 2011，pp. 6-12）。

虽然这种横向招聘可能是一些律师事务所采用的策略性捷径，但是获得经过培训的和经验丰富的律师，可以使公司在国外开拓新的市场，或扩大到新的法律服务领域。但这一策略并不是没有自身的问题。例如，这是一种高成本的方法，后来可能会产生招聘律师事务所的整合问题，因为新招聘的人员可能要努力地在新团队中寻找自己的位置。这并不计算这些新聘员工以前工作的原始律师事务所可能发生的人力资本的损失（Brandon 2011，p. 43-56；Williams 2015，p. 1）。此外，如果客户与特定的律师有很强的关系，律师转到一家新的律师事务所，客户可能会跟随该律师。正因为如此，大型律师事务所正在试图用动态的客户—律师事务所的关系取代客户—合伙人关系，使客户对律师事务所感到忠诚，而不是对任何特定的个人律师（Galanter & Henderson 2008，p. 1876；Wheeler 2014，p. 1）。

同样，这也可能影响律师事务所提供的法律技能培训的意愿。如果律师的流动性不断增加，律师事务所从一开始就不太愿意培养自己的律师，因为他们认为可以从其他律师事务所引进人才，而且他们自己也有失去律师的风险。有趣的是，这可能会导致大型律师事务所中的传统等级模式走向更民主的模式，至少在某种程度上，因为一些新的横向聘用的律师可能与律师事务所原有的高级律师或合伙人具有相同的知识，技能和经验。他们被聘用是因为有完成特定任务的专业知识，也可能带来客户，或者自行处理专业领域，他们可能不会将自己视为初级律师，或不需要尊重的现有合作人（Williams 2015，p. 1）。然而，依靠横向雇用的风险是，律师来自不同的国家和企业文化，他们可能不一定能够带来客户，而且其转所的原因可能不是寻求更高的工资那么简单。此外，无论他们的专业水平如何，如果他们大幅度地跨地域转所（例如到另一个国家），那么他们的专业水平将不会得到他们的新同事的充分认可（Dinovitzer & Hagan 2006, p.131）。另一个效果是承担培训的责任律师可能会在一定程度上进一步从律师事务所转到法学院。

虽然律师与律师事务所之间的关系并不像以前那样紧密，但是他们在"团队"还是"群体"中的工作仍然在很大程度上取决于他们正在工作的机构的性质。凯特·巴拉戈纳说：

"……而且其中一部分是因为世行的性质，世行集团是市场领导者。我认为这与私营部门理事会是不一样的，所以我要做这个区别，因为在世界银行国际同事有全球性的差异。你可能在一个团队，有一个来自葡萄牙的人，一个来自黎巴嫩的人，作为你们团队的一员，穆斯林的人，天主教的人，东南亚人的一个人，佛教徒，所以你有这个整体的混合作为工作组的一部分。当你在私营部门时，你更有可能与有相似教育和社会经济背景、同种族的人一起工作。那就是你更可能发现与（某个）律师经过同样的培训，有时在与这些私营部门交易中，所有律师会犯那些（同样的）错误……

世界银行有其优势，因为其成员必然多样化，至少在原则上，成员具有民主的平等言论。法学院为鼓励学生的开放思维、寻求新观点和拒绝在先的负面偏见，应该创设类似的环境。对于一家律师事务所来说，在做出决定时，捕捉多元化的文化意识和开放思维的挑战更多。即使在国际律师事务所中，如果公司的招聘策略是雇用非常相似的律师，分配到任务的工作组实际上也未必是多样化的。此外，如果一个工作组的成员多样化，但是成员不能自由反对大多数人的意见，或者觉得他们的观点不会被接受，那么组合多样化的组织的优势就会丧失，相反，群体思维的风险增加了。因此，在课堂上鼓励学生对信息搜寻和决策采用开放思维是很重要的。

大多数国际商务律师在大型私人国际律师事务所工作（Russell 2014, p.234-240）或大型私人公司做顾问工作。组织结构也可能对其工作产生影响。例如，公司使用好朋友/推荐模式（例如 Slaughter & May），合作可能相当松散，与外部组织的合作也是如此，尽管它可能是长期的。另一个模式是瑞士联盟（例如贝克与麦肯锡，德同大成），其主要财务和利润分开，但分享品牌，技术和战略。在这里，长期合作借助于共同的品牌和技术，然而，由于利润被分开，可能会有较少的激励来分享客户和工作（Jarrett-kerr & Wesemann, n. d.）。

不过，也有国际律师事务所试图在多个于不同的法域和文化区域设置办事处，即以"企业"模式（Muzio & Faulconbridge 2013, pp. 900-901）作为单一公司经营。虽然这种模式中长期合作似乎很容易，但事实上，如果律师在招聘到海外，文化差异和沟通中的挑战就会出现。不同办公室之间的资源差距也可能不一，小型海外办事处有团队文化，总部更多的是群体文化。福尔康布里奇（Faulconbridge）指出了四种模式：

全球化——总部制定所有子公司实施的战略和"最佳实践"模式

国际化——总部定义战略，每个子公司采用自己的方式实施多国化，每个子公司定义自己的战略和做法

跨国化——经纵向（总部与子公司）与横向（从子公司到子公司）磋商，共同商定的战略和"最佳实践"。（Faulconbridge 2008, p. 199）

还有其他组织模式，例如，VistaLaw 是全球网络，为企业客户提供高质量的法律服务（无入门级员工）。当客户需求总法律顾问或客户在国外市场的内部法务团队规模不足时，可以使用 VistaLaw。他们的员工是内部和外部的律师，也与律师事务所合作进行诉讼（Dzienkowski 2013, p. 3020-3032）。然而，福尔康布里奇也承认，律师事务所不一定完全与某一模式契合。随着时间的推移，他们也可能在不同模式之间转换。因此，在本书中，国际商务法律服务的概念将被视为一个更通用的词汇，而非试图研究它是如何在不同管理模式中运作的。

在公司内部，无论其模式如何，都有员工选择问题。贝尔宾认为，经理的"团队"概念是至关重要的，关乎选择合适的团队成员、做正确的组合。他举了足球迷的例子。球迷被问及如果他们支持的球队令人失望，他们会做什么。他们会要求解雇经理，尽管经理本人没有参加足球赛。显然，当球队成立之初，选拔是球队创始人的责任。但是，如果团队具有民

主性质，那么在后期阶段，选择出现问题的时候，谁来承担责任就不清楚了。另外，如果团队有盈利并且成功，那么加入团队会有竞争，那么创始人将不可避免地在分配团队成员方面发挥主导作用。

（四）启示

总而言之，对于在国际商务环境下工作的律师和律师事务所，在可预见的将来，"团队"和"集体"这两个概念可能不是替代品，而是相互依存的因素。这是因为民主有其局限性，特别是因为贝尔宾的"团队"理想人数是四到六人。因此，如果更大规模的团队有效运作，则需要某种程度的层级结构。例如，当律师事务所成长时，信任的概念会发生变化。在一家传统的律师事务所，每个合伙人对合伙的债务负责，必须信任所有其他合伙人。团队成员将需要接受并满足于有层次结构的事实。无论如何，随着合作伙伴关系进入有限合伙和公司化管理模式，律师事务所的传统形式的层次结构正在被分解。

进一步而言，层次结构的存在是有原因的。正如贝尔宾所解释的（Belbin 2000, p.111; 2010, p.98-128），总有一些人愿意掌控，但这要满足社会的需要。原因之一是避免不必要的冲突，之二是方便。

在国际商务法律服务中，层次和协作可能会变得更加复杂。例如，团队可能不是一个稳定的团队。这可能是因为个人原因的流动（例如横向聘用），或因为任务的变化，需要律师与办公室或不同办公室的不同同事合作（例如在具有相同办公室的国际律师事务所工作）。例如，在伦敦办事处有一种特定交易的核心团队，但他们可能与本所香港办事处或纽约办事处的律师在不同时间工作，或者与上海或德里的合作律师事务所一起工作。

一个团队如果有来自不同语言群体的成员，他们有不同的法律文化和教育背景，就会更加多元化。在同一笔交易中代表对方的律师也许是最广泛意义上的"团队"的成员，在非诉讼背景下，每个人都在努力取得相同的结果。谁在层次结构的顶端，谁因为什么应该在层次结构的顶端，现在变得复杂得多。可能会有一些习惯做法，例如在银行交易中通常是起草初稿的银行的律师。可以计划由谁负责，但这也可能是机会主义的（一个人的行为表现他好像是负责人，而其他人都默认如此），负责人不一定是技术上最有能力的人，而可能是被给予责任的人，例如有语言能力的人。

据贝尔宾判断（Belbin 2010, p.83），主席/协调员（拥有强大的领导/接受他人的领导），智多星（创意者）和实施者（完成工作的人）存在区别，因此当律师在团队或群体中扮演不同的角色时，要强调不同的技能。因此，重要的是考察协作的不同组成部分。

三、 合作的组成部分

合作不是一个单一的技能，而是一系列技能，以便达成预期的结果。他们可能包括语言技能、提问和决策、谈判、沟通的技能，作为团队领导和团队成员的技能，以及二者角色转换的团队合作技能。

作为一个独立的概念，合作技能最近才开始在法律界强调。它们包括传统的 DRAIN 的要素，如谈判。此外，来自列表的其他协作技能，如会见，包括在访谈中。此外，通过文书起草和庭辩培训，可以在一定程度上训练语言技能。团队合作技能，开放思维和文化意识是法律技能培训中相对新的要素。

虽然这些因素被认为是合作的组成部分，但并不意味着它们是相互独立的因素。相反，它们是相互依存的，有时是重叠的。例如，当律师具有合作态度时，他/她可以使用语言技能来表达他/她的态度（例如，参见第9章中关于使用外语作为破冰者的例子）如第6章所述，问卷包含了13个关于合作要素的问题。

第2章提出的问卷调查结果显示，在参加者都是中国国际商务律师的问卷中，他们被要求按照重要性排列技能（尽管答卷者有不同程度的经验），协调的三个要素（语言，特别是英语，沟通能力和团队合作技能）排名前三。同样的，在同一个调查问卷中，当参与者被要求对一系列重点在合作技能方面的问题作出回应时，他们认为合作是常用的技能，如果犯错误的话会引起严重问题。

有一个例外，这是跨文化技能，它在十个项选择中排名第六。同样，少数参与者认为，文化意识在排名问题和实践背景下的问题上并不重要。对于这种明显的差异可能有不止一种可能的解释。一个可能的解释是，跨文化技能是一项重要的技能，但在出现问题之前，个人不一定会注意到。

中国律师认为，沟通，授权，风险管理，共同确定共同目标和团队合作是合作的最常见组成部分。非中国律师也将沟通，授权和风险管理（共同）作为最常见的组成部分，另外还有认可团队成员各自的优缺点。中国和非中国律师在领导和工作中的差异可能代表了他们的相对资历。在非中国律师的回应中，他们对自身优势，劣势和限制以及其他方面的认识也可能反映出他们比较缺乏资历（12名受访者中有4名不超过五年的经验）。

在国际合作中有一个困难是，在一些国家律师对"旨在加强客户服务和/或律师事务所成功的团队合作"培训，心生"怨恨"（Faulconbridge, Muzio & Cook, 2012, 第58页）。这可能是职业法规制度的产物，特别是年轻的律师，在自己已经可以独立工作了，但仍需要为高级的律师工作的情况下。虽然有五名中国律师说他们从来没有在一个团队工作，但数据并不能表明中国律师都是这种态度。事实上，中国律师依据《中华人民共和国律师法》（2007年）第14条和第16条，应至少有五年的经验才能够开立自己单独的执业机构，且没有因违反法律受到过吊扣执业证的处罚（《中华人民共和国律师法》（2007年）第16条，《律师事务所管理办法》（2016年））。因此，很明显，在执业早期，他们花了大量时间与其他律师合作。

四、小结

本章界定了不同类型的合作，特别是短期和长期合作、"团队"和"群体"的合作。

本章探讨了国际性律师事务所中各种类型合作的优缺点，并阐明了修订的 JM 课程中必须要考虑的合作组成部分。总而言之，无论是短期还是长期关系中，与在语言，文化和法律背景上有差异的各种不同的人的合作能力，对于国际商务律师而言至关重要。特别是对于中国律师来说，正如上述访谈参与者之一谈到的，合作对于 ICP 律师来说是极其重要的，因为 ICP 律师要在许多法域处理法律问题，而他们可能没有充分或详尽的当地法律及其适用的知识。因此，至少他们需要与当地的律师合作，由他们提供必要的本地知识。合作将在以 PBL 为基础的 JM 课程第一阶段和随后的课程安排中提出。合作的一个方面是沟通，将下一章将讨论。

第 9 章　语言和沟通技能

邓巴（Bunbar 1993，p. 689-693）说，语言是使人类比其他灵长类动物能更好合作的主要工具之一。不过人类语言的复杂性不仅提供了有效和准确的沟通，也带来了歧义和障碍，特别是在国际交流的背景下。因此，巴纳（Barna 1998，p. 173-190）列举了若干国际交流中的问题和障碍：

（1）相似性假设；

（2）语言的差异；

（3）非语言的误解；

（4）偏见和成见（例如：在第八章提到的 Smallhoover 与波兰人短期和长期合作的例子）；

（5）快速评价倾向（例如从自己的文化角度去应对"粗鲁行为"，而不去更多的思考）；

（6）高度焦虑。

为了理解这种歧义和障碍的原因，首先要明确本章所使用的语言的定义。按照柯林斯字典的定义，语言可以被称为"各种涉及识别符号、非语言声音的传播手段或行动"，然而，通常来说，语言的意思是"一个特定的国家或地区的人们说或写的一组声音或文字的符号"（Sinclare 2014，p. 932）。因此，除了各种口语和书面语之外，社会语言也应考虑到在一定社会或社会阶层的口头语言和非语言等习俗中隐含的社会语言。

具体到国际商事法律服务而言，由于技术的发展，电子邮件和电话会议经常被用来取代传统的面对面交际（Russell 2014，p. 230）。这种发展可能会减少面对面的语境中的一些元素的影响，如身体语言包括握手。另一方面，技术的发展，如视频会议，实际上可能会加强身体语言的其他元素，如面部表情可能会产生更重要的影响。在没有任何肢体语言，如在电子邮件或电话会议中,清晰和有效的口语和易于理解的语言便比以往任何时候都重要。因此,本章将讨论全球范围内法律服务中的口头语言和非口头语言。

对于口头语言,贝洛斯(Bellos 2012, p.7)提出应对不同团体使用不同语言的障碍有多种选择:"学习各种不同团体的语言,或者可以共同决定使用一种相同的语言,或者采用一个共同的语言与其他人交流",或翻译。这些都将在本章中讨论。

一、学习不同团体的语言

世界上大约有70000种语言。尽管这些语言中的90%只在100000人中使用,我们仍有超过一百万的人熟悉其中150-200种语言。一个人不可能学习全部语言。事实上,直到20世纪80年代,中国社会是封闭的,虽然在中国学校是强制性学习第二语言的,但是相比于英语学生更倾向于学习俄语。国际商务律师使用语言的范围,可以被缩小到九种常用的语言:

英语(8亿到18亿之间),中文(13亿),印地语(8亿),阿拉伯语(5.3亿),西班牙语(3.5亿),俄语(2.78亿),乌尔都语(1.8亿),法语(1.75亿),日语(1.3亿)(贝洛斯,2012, p10)

确定哪些语言是最重要的国际商务律师用语的方法之一是确定哪些语言所代表的国内经济生产总值最高。经济越好,ICP律师的机会就越大。在修订的JM课程中,这种分析也可能有助于决定学生应该学习哪些其他文化和法律制度。世界银行确定的前20个经济体可以参考其主要语言如表9-1:

表 9-1　　　　　　　　　GDP 与语言的关系

国内生产总值 2014			
语言	排名	经济体	（百万美元）
英语	1	美国	17419000
汉语	2	中国	10360105
日语	3	日本	4601461
德语	4	德国	3852556
英语	5	英国	2941886
法语	6	法国	2829192
葡萄牙语	7	巴西	2346118
意大利语	8	意大利	2144338
印地语/英语	9	印度	2066902
俄语	10	俄罗斯	1860598
英语	11	加拿大	1786655
英语	12	澳大利亚	1453770
朝鲜语	13	韩国	1410383
西班牙语	14	西班牙	1404307
西班牙语	15	墨西哥	1282720
印度尼西亚语	16	印度尼西亚	888538
荷兰语/英语①	17	荷兰	869508
土耳其语	18	土耳其	799535
阿拉伯语	19	沙特阿拉伯	746249
德语/法语/意大利语/罗马语	20	瑞士	685434

因此，可以看出，一些语言不止一次出现，如英语和西班牙语。因此，通过把使用共同语言的国家的国内生产总值相加，就可以比较容易地确定对国际商务贸易总体最重要的语言。

---

① 英语被包括在内，因为即使不是官方语言，荷兰人仍以强大的英语技能而闻名。

表 9-2　　　　　　　　　　语言领域的国内生产总值

语言领域的 GDP		
语言	排名	（百万美元）
英语	1	23601311~
汉语	2	10360105
日语	3	4601461
德语	4	4081034
法语	5	3057670
西班牙语	6	2687027
印度	7	2372816
葡萄牙语	8	2346118
印地语	9	2066902
俄语	10	1860598
韩语	11	1410383
印度尼西亚语	12	888538
荷兰人	13	869508
土耳其语	14	799535
阿拉伯语	15	746249

如果将表里的信息与九种广泛使用的语言相结合，那么英文，中文，日语，法语，西班牙语和印地语在两组中都排在前九位。印度语在印度使用，而英语也是印度官方语言之一，因此，基于德语在其商业领域的重要地位，建议用德语替代印度语。

不过，我们并不认为修订的 JM 课程应该讲授所有这六种语言，并使学生能够将其作为工作语言使用。应该建议学生将这些国家的基本文化背景作为文化意识的一部分。这是修订的 JM 课程第二阶段的内容，作为文化意识培养的应用性练习，将在第 11 章中描述。

二、 通用语言： 英语作为国际语

在具体的语境（如国际商务舞台）上使用相同的语言或采用单一的通

用语言进行沟通，英语扮演通用语言的角色。

英语被认为是国际商务工作场所、各国大学通用的国际语言，并且是"世界上最广泛的国际和跨文化交流手段"（Seidlhofer，2011，前言）。有关这方面的证据也可以在数据中找到，英美律师和来自非英语国家的律师都有同样的感觉。例如，美国律师 Mates 说：

"……说到英文，我想大家都知道，我们都欣赏日不落帝国的不列颠人，英语是主流语言，商务语言，即使法国人在其跨国贷款协议中也使用英语，而年轻的法国律师，他们都讲流利的英语，英语是国际商务的语言……"

根据本项目调查问卷中的排名问题，25 位中国律师中有 8 人认为语言（特别是英语）是国际商务律师最重要的技能。另外 4 个人认为通常沟通技能是最重要的。

在非中国律师中，只有两个（英国和葡萄牙）认为语言（尤其是英语）是最重要的技能，只有两个（来自英格兰的威尔士和波兰）认为沟通技能通常是最重要的。当被问及他们需要多长时间用英语沟通时，所有非中国律师都表示，他们每周至少要这样做一次。据统计，四名英国受访者是英语母语者，来自斯里兰卡和巴基斯坦的受访者也可能是。只有一个母语英语（来自英国）认为语言是最重要的技能。他进一步评论说："良好的英语知识是基础的。其他语言的知识是一个优势，但不是必需的"。来自斯里兰卡的另一名答卷者评论说："英语知识取决于你在哪里执业。是的，您所执行的法域的语言知识非常重要"。

然而，英语只是调查表中涵盖的沟通技能之一。无论受访者是否以英文工作，他们都非常重视正确的语法和拼写。这使得技术准确性高于文化能力的方面，例如明确解释的能力，根据客户或其他受众的需求特别沟通的能力，对在多个国家执业的商务律师，这可能是需要强调的。

中国律师认为，英文，语法和拼写方式，使用与目的相适应的语言，以适当的语言（可能是中文）寻求信息和解释法律，是最高的风险。相比之下，非中国律师将使用适当的语言进行法律解释视为最高风险，其次是英语，谈判，寻求信息，庭辩。中国律师虽较非中国律师少使用这些技能，却更倾向认为不能恰当运用这些技能风险较高。这可能是由于缺乏信心和缺乏实际的能力。由于中国律师更资深（除了庭辩等专业技能外），所以他们不太可能是因为风险较高而选择不使用该技能。虽然非中国律师的一半样本是英语母语者，但值得注意的是，中国和非中国律师在这种技能上没有特别的差异。同样，两组之间的风险评估在理解背景的文化意识方面和向不同客户表达方面也没有特别的差别。

但是，当非中国律师的回应被分解为母语为英语和母语为非英语的人时，三分之二的母语为英语的人士认为，如果一名执业律师不具备英语能力，后果将极其严重。在非英语母语者中，没有人认为这是极其严重的，三分之二认为这是比较严重的。其余的人认为这只会有轻微影响或不严重的。这可能表明，英语母语人士依赖于作为通用语言流行的英语，因此，对非英语母语者而言还可以"说的过去"的英语，他们不太可能接受。虽然数据中表明一些英美律师是多种语言的，但双语并不是至关重要的，既不能阻碍英美律师成为国际律师，甚至也不能限制他们在国际商务法律服务市场上取得成功。其中一个原因是，由于英语是世界通用语言，来自非英语国家的人们通常不会期望来自其他国家的同行或其他合作伙伴使用本地语言。例如，处理很多日本和中国之间国际交易的中国大连律师说：

"……主要是英语，日本人不太看重你会不会讲日语，对于律师来说只要你英语讲的好就行了……"

即便他们能够讲多种语言，对外语学习有天赋，他们可能使用那种语言作为跨文化交际的一部分，而不是严肃的工作语言的一部分：

"去到某一个国家，如果，你至少学了几个单词……我学着说谢谢，实际上我是学了说非常感谢，……我不可能学那种语言，那得花20年，非常复杂的语言，但是我发现，那是活跃气氛的话。"

美国律师Mates也是认同的：

"……很简单,你知道,我说谢谢,即使我确信我的口音是可怕的,他们的脸色也会亮起来,而这表明你不是想用美国文化来统治他们,而是愿意做出努力,你知道,法国人反美国化是很有名的,我在大学毕业后在那里度过了一个夏天,我的法语很好,人们很欢迎我,他们把我带到家里,你知道,是因为我可以说他们的语言。"

他们意识到有一个问题,当他们遇到不同种类的英语时:

"我甚至不是单语的。我是半语言的,因为我说的是 Mercan(带贬义的美国英语,作者注),这就是我的英语同事告诉我的。当我在英国担任新律师时,我们必须进行英文评估,我在路易斯安那州长大,那里教法语,一点西班牙语,一点意大利语,讲美式英语,我进行了英语评估,实际上,我在英国工作的律师事务所进行了法语评估,他们反馈说,她不是单语的,而是半语言的,她只会说 Mercan。所以,即使你说英语,也不意味着你们都说同样的语言。

当我开始在英国做律师时,我的同事会问我问题,我会说,对不起,再说一遍?他们知道我没听懂,因为看到我呆若木鸡的表情,就再说一遍,再说一遍,但是他们对我讲英国英语时,我根本不懂他们什么意思,因为我只听到一些单词,他们在美国英语中有含义,但我并不理解句子的意思。一位同事只能更大声,再大声,直到他对我大喊大叫。我不聋,我只是不知道这两个词是什么意思,就像,你看到黄色指示灯,左转,穿过斑马线。然后,你要我做什么?让我怎么办?然后,他只是说得更响亮,我真的不知道你在说什么,虽然我们都说英文。即使是英文,也不一定是一回事。"

然而,对于非英语母语的人,如第7章所述,英语能力可能是他们能够成为国际商务律师的原因。在麦克乔治法学院访问之一中,马亚诺说,他有机会首先进入国际商务法律服务的原因是他当时是意大利律师中英语讲得最好的人。

"……首先，当我在一家律师事务所开始我的培训时间时，我认为这是唯一一家在美国的律师事务所分支或外国办事处，实际上是在意大利的格兰特和詹姆斯律师事务所（Grant&James）。……这是一种非常特殊的情况，因为当时意大利法律毕业生几乎不会说任何外语。

所以因为我的语言能力我被雇用，我在这家需要英语的律师事务所开始了我的实习。因为他们有很多意大利客户。那是一个家非常老的旧金山律师事务所（Grant&James），现在已经不再存在。它是10年前解散的……"

在与这个项目中的中国国际律师访谈中也出现了类似的情况。其中一名参加者在大学学习英语，一名高级律师说服他学习法律，因为他认识到了在国际商务交易的背景下英语语言技能的价值。

"这个可能起源于一次贵人点拨。1996年，我遇到一位青岛当地的大律师，他认为我学英语专业出身，长期做保险业务，尤其是国际贸易的保险，如果再学些法律，将会是难得的综合性人才。"

后来，受访者也从英语能力中受益，他在政府资助下，向外国游客介绍中国投资机会。他现在以这种方式吸引了大部分客户。

这强烈地支持了这样一种观点，即应该选择英语作为建议修订的JM课程的教学语言。这应该从PCLL中吸取经验教训。即使所有学生的雅思考试成绩都在7以上，因此被推测具有较高的英语水平的语言能力，但在PCLL的文书起草课程上存在问题，还有一些英语是母语的人没有通过文书起草的考试（Young，2005，p.50）。这表明语言的简单技术准确性本身是不够的。了解文书起草背后的理念和客户目的也很重要。因此，在修订的JM课程第三阶段（第11章），学生将参与使用不同语言以及不同形式的英语的交易，其中一些将带领他们晋升至图7-1所描述的金字塔的最高层。

三、翻译

就翻译而言，最重要的是认识到翻译/口译可能的局限性。正如 Baragona 所说，简单的语言翻译并不能帮助律师处理多样化的法律概念：

"……他们一般都会说英语，在进入复杂交易时会有同声传译。我的工作是做金融和财务架构，英语是金融和财务架构的语言，因为这些工具，产品都将是以纽约或伦敦交易所为基础的。即使现在在加纳和尼日利亚工作，我们进行谈判，债券，资本市场，私募，辛迪加，这些都是美国法律中的英文概念，很多时候甚至自己的法域也没有这些概念和法律，所以我们总是反复，即使有同声传译或交替翻译，你要慢下来，因为它技术性非常强。即便在纽约、在伦敦伦也要很慢，因为它变得技术性很高。"

在本书收集的数据中也发现了类似的问题，其中有一名中国律师提到中国大陆和香港法律中"损害"一词含义的差异：

"……打个比方说吧，就我们刚刚说的 damage 这个单词，你如果不知道这个体系下 damage 这个单词的涵义，……我们在起草适用香港法的合同的时候，……写了个固定的赔偿金额，赔偿金额三百万、五百万，香港的律师给我们的法律意见是这个在香港法律下是不行的，……不能提前设定这个赔偿金额，因为 damage 是表示根据实际损失来确定的赔偿金额的。"

因此，在跨文化交际方面，翻译不是一个充分的解决方案，因为它在捕捉细微差别和修辞方面不足。例如，一名律师可能会使用高度有说服力的语言作为谈判的一部分，但是这种语言可能无法通过技术上正确的翻译来充分掌握。因此，在第 11 章等所描述的修订的 JM 课程的阶段三，当讨论文化意识时，其中有一个方面，是确保学生能够跨文化交流，使用通用语言并注意修辞问题。

研究者非常清楚翻译的局限性，这也是本项目与方法论中修辞学息息相关的根本原因。访谈数据不仅从音频翻译成文字，还有一些从英文翻译成中文。因此，本书的大部分内容涉及翻译和解释以及修辞学方面的考虑。

四、小结

本章讨论了语言的意义，包括作为与跨文化技能和文化意识相关的语言和身体语言。数据也将英语视为 ICP 律师的特殊问题。非英语母语的人认为能有效使用英语是成功的国际商务法律服务的关键，也许也是个人成为 ICP 律师的原因。英语母语者可能会假设别人会说英语，或者使用其他语言作为"破冰船"。只当他们遇到不同类型的使用英语的人时，他们才可能会意识到差异。然而，他们在英语以外的语言能力不足并没有阻止他们成为成功 ICP 的律师。

问卷调查的对象认为，对在多个国家执业的商务律师来说，技术准确性比文化能力更有价值。中国律师一般会比非中国律师较少使用沟通技能，往往表示技能风险较高。这可能是由于缺乏信心和缺乏实际的能力。

然而，在课堂上两年内，不可能使任何学生的语言从零提高到工作水平。因此，修订的 JM 课程不适用于英语的初学者，而是具有一定程度的能力的学生。本课程的价值在于教会学生如何在跨文化背景下使用英语。

英语现在是我国基础教育和高等教育的必修课，所以从表面看，语言技能在今后不应该是太多的障碍。然而，国际商务律师的问题不仅仅是具有另一种语言的词汇和技术知识，而是一种使他们能够使用这些语言的态度，对文化差异保持开放的态度。学校的英语教学不会解决这些态度问题，它是从与其他语言和文化的人的实际接触中发展出来的。这种参与与国际商务律师调查表中已经确定的技能有关，能够有效地与他人进行协作。目前，如第 7 章所述，有资格出国留学的精英背景的人可能更多地获得了所需的社会和文化资本。这项研究的问题是，社会和文化资本的一些要素是否可以通过课堂上的技能教育获得，并以某种方式来纠正社会偏见。

第10章 创造力

根据字典,创造力是指发明、发展初创的、新的、不寻常的和有趣的想法,行动或事物的能力(Chambers 1988; Sinclair 2014)。从这样的语句中可以提取有两个关键要素,一个是初创的和新的,另一个是不寻常的和有趣的。这与第6章所言的开放思维有相当多的竞合,尤其是容忍、鼓励和寻求不同信息、思想或行为的态度。

在心理学上,创造性涉及"新观念"和"行动"的观点。创造力被作为思维过程进行研究:意识和无意识过程是如何运作的?(Koestler 1964, Csikszentmihaly 1997, Plucker & Renzulli 2004)发展创造力通常采取什么步骤?(Kneller 1965, Byttebier & Vullings 2007)如何将其应用到工作场所?(Claxton & Lucas 2004)此外,形成创造力的因素,如动机(Collins & Amabile 2004)、智力(Sternburg & O'Hara, 2004)和人格(Feist 2004; Hampson, 2006)也是研究的对象。

在第7章的国际商务实践的讨论认为,ICP律师工作在金字塔的第二层,其工作是需要创造性的。因此,问卷调查和访谈试图发现在何种程度上ICP律师认为创造力是、或应该是,他们的工作的一部分。因此,"创作力"一词在调查问卷中使用,但没有更详细的定义,以便在没有假设的情况下,了解律师如何理解其与工作的关系。

一、律师创造性

从表3-1中可以看出,中国和非中国律师在调查问卷的初始排名问题上没有把创造力放在首位。令人惊讶的是,虽然总体排名较低,但创造力的使用频率相对较高。中国律师使用创造力的频率通常低于非中国律师。

根据问卷的反馈，整体上看，在确定目标、分析机会和分解任务三个方面，中国律师和非中国律师都认为需要较强的创造性；在沟通和交流方面，非中国律师比中国律师认为需要更多的创造力。

这些数据可能会支持这一假设，即，中国律师的传统角色不允许他们，或鼓励他们，以这种创造性方式工作，从而创造力可能被认定为在中国律师的技能中的空白。

尽管中国律师不像非中国律师那样经常使用创造性技能，但总体而言，他们更倾向于认为，其缺失会造成较大风险。这可能表明，他们正在积极地意识到在国际商务法律服务中他们这种技能空白的存在。

这得到访谈数据的支持。一位中国律师表示，律师的创造性意味着重新考虑他们的角色。这是因为律师不仅要考虑自己是法律的解释者，而且要有专业的才干来支持客户的商业理念：

"……因为以前就是做一些法律解释，但是要在做国际交流中，很多事情是不是纯粹的法律方面的问题，需要律师的创造性，我觉得这个可能是中国律师需要，就是这个差距所在，就是我们叫 business lawyer 这个概念……"

另一位参与访谈的人士补充说，中国国际律师的创造力可能意味着中国 ICP 律师应该与其他法域的律师做些不同的事情，以支持中国客户和中国经济发展的独特需求：

"……但是我觉得尤其要提醒一点，就是说，中国的律师（服务）中国的企业走出去有自己的特点，这里面不光是向国外律师学习的问题，可能还真的涉及到创新的问题。怎么能够真正为中国自己的企业，经济政策做好这方面的服务，……"

然而，这种说法并没有被所有的中国律师所接受。另一名参与者在同一组访谈中不同意这种说法：

> "你是讲国际法律服务,那么国际法律服务的前提,首先他的需求,我们现在也有很多需求,但是从经验来说确实是,因为人家已经有整个国际法律服务,或者国际法律的框架,很大程度上还是在于西方这个法律框架,那么这种情况下,如果我们法律框架主要是人家的框架,我们对人家的框架不熟悉。即便我们是作为一个批评者的角度去进入,但是你既然不熟悉的情况下,对他的文化,和法律文化都不是很了解的情况下,你要去服务,就会面临很大的困难。中国的法官(名字),他就觉得说他干了两年才刚刚入门,他自己都刚刚入门,那是原来中国财经谈判的大使。也就是说,实际上就是整个法律框架,我们不好说谁对谁错,但是由于大部分还是按照西方的这种法律思维进行,我们在里面,不要说我们去创造……,我们自己的加入还在比较初级的,初步的阶段。所以这种情况下,尽管我们的经济实力已经有了大幅的提升。但是我们的政治,我们的软实力,包括法律这个实力还比较弱。这种情况下你就会感觉有很高的需求,但是有比较大的一个差距或者说比较大的一个无力,就是说我们的法律服务还不能支撑我们的经济需求,这是第一个感觉……"

虽然中国律师对如何创造性地工作没有一致的意见,但大家都认同,作为一个国际商务律师,需要创造性。此外,如第2章和第7章所述,尽管中国ICP律师数量扩张,但目前国际商务中英美法仍是主导,且在可以预见的近期仍是主导。只要国际商务法律服务在图7-1的第二层和第三层上运作,普通法内在的灵活性会仍然支持其作为主导,大陆法很难形成挑战。因此,在第11章中,修订的JM课程要求学生使用普通法,使他们能参与国际商事交易实务。

综上,有在课堂上鼓励学生培养创造性态度的空间。创造力不仅与能力有关,而且对在先提及的能力和开放思维也很重要。因此,创造力和开放思维贯穿于修订的JM课程(第11章)第二阶段,且在第三阶段得以加强。与其他技能不同的是,它也与道德问题有关。

二、"创意"律师：魔鬼还是天使

虽然当谈到律师的时候，人们所说的第一件事可能不是创新，但是，律师应该创造性地解决问题不是一个新的期望（Kloppenberg 2006）。然而，从伦理学的角度来看，这是一个有争议的话题。例如，国际商务律师可以创造性地"符合"（Mcbarnet 2009, p.5）当地法律和国际条约，例如，"避税"和"滥用税收协定"（Kahale 2011, p.1）。这是因为，虽然他们可能不至于犯法，但他们有绕过法律从而打败法律的最初目的，从而引起更广泛的问题如金融危机（Mcbarnet 2009, p.2）或导致双边条约缔约国受损（Kahale 2011, p.1）。

关于创造性的律师的负面认知的根源是基于假设，律师应当保守，他们经历的训练是来解释现有法律而不是做积极的立法者（Menkel-Meadow 2001, p. 103）。但是在实证主义占主导地位的情况下，无论在历史上和当代（Zacharias 2009, pp. 1952, 1609），"律师（都是）创新和改变美国公法的主要来源"（Neal 1967, p.608）。在国际商事法律服务的背景下，国际商务律师需要一个高水平的创造力，在律师工作的现有的法律传统中遨游，并在金字塔第二层未开发的地区制定新的非正式规则。因此，创造力对于国际商务律师来说是至关重要的。

从积极的角度来看，创新地合规也可以用来填补法律的空白或漏洞（Khanna V Lovell White Durrant, 1994, P. 124-126），例如在出现法律制定之初不能预测的情况时（Amanda Pyman, 2005）。因此，可以通过不同的角度来观察创造性。比如核能，人们可以用它作为摧毁性核武器，但它也可以通过核电厂使用，以造福日常生活。因此，有人认为，虽然不道德地使用强大的创新能力会造成巨大的伤害，但这不是一个充分的理由来停止探索先进的技术和技能学习，重要的是牢记道德问题是学习过程的一部分。

三、 创造力的要素

从教师参与者的角度来看,创造力可能被认为是一个高质量的服务交付。现实情况是,学生们要不仅仅能够按照程序做事。他们必须创造性地采用原始或可能不寻常的方法来达到理想效果,一个护理专业的受访者说:

"这很难量化,因为护理是一门艺术,同时也是一门科学。因此,我们必须有这样的知识,使我们所做的对病人是安全的,尽我们的能力。但你不能教别人如何关心。你不能教别人如何有良好的治疗触觉。如何正确地理解非语言和言语交际。那很难。我不相信你能造就一名护士。因为你必须能够以某种方式接近人们。你必须试着让他们感到安全。在某些情况下,你必须迅速地设法得到他们的信任。"

两位中国律师以同样的方式描述了"良好的悟性"的重要性:

"……对于我们做并购的来说除了人品要好英文要好以外,我会比较看重是不是比较有悟性。现在学生很多,但是做律师的话你最终能不能做好,其实聪不聪明和悟性高不高是很重要的。……"

另一位律师在同一组访谈中支持了这个想法:

"有一个词,我们那个时候面试,我们老板很喜欢说这个人的 sense 如何,就是我们做律师的感觉。因为有些人 sense 好,这个法律问题他自己就能够一点就通,有些人 sense 点了半天也不通。sense 很重要,这个东西说不清楚。"

虽然良好的判断力可以是某些人的固有属性,但却是一个很难表述清楚的概念。在法学院学习的一些课程,例如,法律起草,可以帮助提高学生的良好悟性：

"……首先一个新的问题来了知道怎么解决，能把这个法律问题独立的研究清楚，如果说过去没有经验，但是现在让你写一个法律文件，他能够考虑到我这个文件不可能在白纸上就写几句话，他会考虑到抬头是什么，应该有一个什么格式，哪怕写得不对，哪怕写得不好，但是有这个思想。比较看中这样的，这样的人用不了太长时间就会马上进入状态。……"

除了高质量，创意也意味着风格：

"我认为，就某种程度而言，这是庭辩教学的危险之一。你可能会成为"小你"。学生可能受影响，只是想复制你的风格。但现实是，在庭辩课上你真正想要的，你想让学生能够做的就是找到自己的声音。"

第11章所描述的修订的 JM 课程中，包括了一个在谈判和文书起草工作坊中的简短模拟交易，以支持学生发展自己的悟性，形成自己的声音。

因此，除了那些在问卷中已经列出的定义，创新的元素还被定义为提供高质量的服务（这可能需要原创、不同寻常）；有悟性（创造新的解决方案），发展个人风格（不寻常的，有趣）。所有这些，但是，律师必须在法律和道德的框架下工作。然而，创造性需要律师在金字塔的第二层作为法律创设者进行工作。

在数据中，中国律师以一个明显的中国方式认识到对创造性的需求，但似乎他们对自己这样做的能力不够自信。这可能是对法律职业的历史有关，在中国，创新可能被视为对社会的破坏："在一个具有稳定的封建结构的农业社会，例如，传统要比创新重要。"（Henry 2006, p.8）而且，中央集权的政府模式并不能促进创造力："中央权威走向绝对主义，不太可能鼓励实验"。（Henry 2006, p.8）

中国有一个上千年的中央集权的政府。在政治模式中集权化和多样性之间存在平衡时，这并没有阻止人们创新。一个中央政府可以决定将资源分配给特定的需要，包括创造性的发展：

"……贵族或寡头可能比民主国家或社会制度能够更好地支持创造力，因为当财富和权力集中在少数人手中，它们更容易被投在风险或不必要的'实验'上。"（Henry 2006，p. 8）

因此，如果中国律师对创造力不自信，原因可能是经济。从经济角度看，中国社会已经开始有足够的财富来鼓励创造和创新。

一个拥有物质富裕的社会能够更好地帮助创造过程。一个富裕的社会能够使信息更容易获得，专业化和实验的比率更高，并更好地奖励和实施新的想法。维持型的社会鼓励和奖励创新的机会较少，特别在生产费用昂贵的情况下，创造性财富的分配从公共利益转移到私人利益，这鼓励了个体商业企业，随之，要求律师支持它发展。这超出了纯粹的国内舞台，因为这些企业寻求扩大其国际市场，无论是通过自身增长或收购外国目标。中国律师进入了金字塔的第二层创造性的活动。中国政府支持这一点的一个方法是投资高等教育。需要对法律教育课程内容进行改变，更有效地培养国际商务律师所需要的技能，鼓励学生探索创新的机会。

四、小结

本章首先定义创造力有两个关键要素：原创和新的，不寻常的和有趣的。ICP律师的活动可以涵盖这两个方面。

受访者在问卷中没有将创造性排名列在前面。然而，在回答涉及到"创造力"的技能分析，口头和书面沟通技能和合作这些部分的内容时，他们表明，创造力可能是重要的。中国律师普遍使用的创造性技能的频率低于非中国律师，这可能是因为中国律师的传统角色并没有鼓励他们这样做的创造性。然而，相比非中国律师，中国律师认为创造性缺失将承担更大的风险。这可能表明，他们正在积极地意识到这种技能差距。事实上，一个中国受访者说，创造性的律师意味着重新考虑他们的角色，以支持客户的商业理念。然而，还有受访者认为，中国法律界仍然不成熟，还没有能力形成创造性。本章还探讨了创新的道德层面。有关合作，沟通和创造力的三个关键要素的数据会在下面的章节中讨论，以创建一个针对 ICP 律师修订的 JM 课程设计。

第 11 章 中国国际商务律师的技能课程

正如前几章所讨论的，ICP律师的执业基于他们当地的法律工作。因此，提供国际商务法律服务的人员也需要当地法律服务的技能。然而，ICP律师还需要额外技能，即跨文化技能（如共同语言技能，第9章），合作技能（第8章）和创造力（第10章）。除了资历和聪敏，根据第7章的分析，ICP律师的一个关键特征是开放思维。

开放思维是支持和联系所有对ICP律师重要的知识和技能的基础功能或共同链接。它会影响他们如何与人沟通，他们如何与人合作，以及如何发现有创造力的解决方案。

如果他们对自己的生活观念和职业角色具有开放性思维，学生可以通过讲座，模拟，角色扮演和解决问题的方式学习新知识，跨文化技能（包括复杂和文化敏感的沟通技能），学习合作并形成创造力，这将使他们在国际商务舞台上成就未来的事业。

如第4章所述，学习和教育理论范围广泛，从行为主义到认知理论。每个理论都代表了对学习过程的不同理解。在本书中，尽管最终目标是为未来的ICP律师提供技能培训，但已经表明，没有调整态度和提供相关知识的情况下，就没有有效的技能培训。因此，需要整体理论来平衡和连接不同学习材料和专业能力的要求。体验式学习就是这样一个理论。

体验式学习过程不仅对于学生更好地了解自己的学习过程很重要，而且还将帮助他们在毕业后与交易对手和客户沟通时了解其他人的反应。这一观点受到其中一位参与者的启发，他们表示有必要教育客户：

"……这个是我在安哥拉体会比较大，我们请葡萄牙律师，请安哥拉律师，人家第一件和我讲的事情就是，在安哥拉做事情你不要想多快，你不要想多好，很多事情是今天是这样的，明天就是那样的，你必须要跟着它来，人家说怎么样就怎么样。你如果想要做事情就必须接受他们做事情的方式。那我们就必须得平衡这个东西，作为律师我们很能理解，我们在做一些公司注册或政府审批上的事情，也会发生今天我问这个人，他是这么说的，明天问那个人，他是那么说的，也是这样的，那么我们在国外，我们要平衡这个关系就是，我怎么去跟客户说，……"

律师与现实世界中的客户进行互动，教师则通过体验式课程来模拟现实世界与学生互动。然而，他们所采取的方式，例如他们所采用的技术，可能会有很大的不同（第4章描述的体验式学习的第二个方面）。

本章将文献和数据的所有主题汇集在一起，将展示如何将对中国学生必要的进行实践的技能加入到课程中。

一、课程设计

如前所述，有意从事国际商务的律师应该有开放的态度，能够在法律和非法律领域使用他们的知识。这使他们了解他们的客户，并通过在跨文化环境背景下与他人进行交流和协作，促进客户实现在其他国家的商业目标。此外，他们应该能够进行交易架构设计，并拟定相关文件，以适应特定的商业目的，特别是在第7章描述的金字塔的上层工作时。本书的数据可以用于制定国际商务律师的能力框架。

由于这是一门基于技能的课程，所以课程是基于体验式学习过程的（由于上述和第4章讨论的原因）。如第4章所述，体验式学习过程可能不适合每个人。因此，在录取过程中应该对学生有所选择。筛选的关键条件之一是看学生是否会强烈地抵触他们所做的工作，并拒绝与其他人沟通。这是因为那些坚持抵制这个过程的人在国际文化上是不能有开放思维的，也没有老师可以帮助抵制学习的学生。因此，筛选条件不应该关注学生是否已经是一个很好的反思者，而是他或她是否愿意在这样的背景下，愿意反思。约克大学 PBL 课程的网页提供了一个例子，向申请人解释了对他们的要求（York Law Schoool），因此可以使学生能够对自己进行初步评估，课程是否适合他们。对任何测试的适用应该谨慎，否则会排除掉可能进行调整的好学生。一种可能减少这种风险的方式是将测试分为两个阶段。第一个阶段是诊断性的，确认学生是否懂得反思或对反思有抵触。测试后学生应该有机会提出反馈。第二个阶段是涉及反思、沟通和开放思维的练习，来检验学生是否有潜力参加这种课程。

一旦选择了适当的学生，建议课程可以按如下阶段进行。

（一）阶段 1：

文化意识是国际商务律师所需要的开放态度的重要组成部分，本课程将力求将学生从原始文化中转变，并分解其学习过程，慢下来反思他们在课程中遇到的情况。因此，在课程主体开始之前，建议教师用两周时间给学生提供介绍性的"热身"课。这将包括标准的介绍性内容，以及解释课程的学习成果（反映国际商务律师所需的能力），帮助学生制定他们将在课程后期使用的反思方法。

作为一个相对主义者，研究者特别关心学生不同的学习风格。因此，学生将被要求填写调查问卷，以帮助他们了解自己的学习风格（例如，VARK 测试或 Kolb 的学习风格清单），这也可能作为热身活动，要求他们反思以前的学习经验。因此，他们将被要求撰写关于他们学习风格的反思性报告，或者与老师或团队口头讨论。另外，为了帮助学生了解团队合作和协作，他们将被要求完成贝尔宾测试。除了向学生介绍课程的反思性学习方法，这一阶段的一个重要目的是介绍开放思维和跨文化技能，让学生们感到惊讶，并挑战他们对传统的甚至什么是道德和礼仪的假设。这样做的一个方法可能是使用附录 H 中的清单。例如，老师可能会介绍一个一夫多妻制的话题，因为这一话题任何人都可以很容易理解，任何人都可以有自己的观点，认为什么是可接受的，什么是不可接受的。这个话题可以扩展到更多的话题，例如要求学生找出不同国家的合法婚姻年龄，以及人们是否可以在美国不同的州合法地与自己的表兄弟结婚。

（二）阶段 2：

第二阶段涉及三个方面（文化差异，国际法学科和商业科目）以及从数据中体现出来的所有重要的技能。虽然创造力和开放思维贯穿课程始终，但这个阶段的活动积极关注关键技能，鼓励学生对自己的假设进行实验和挑战。在这个阶段，在第一阶段建立体验式学习的基础上，学生将通过积极参与模拟和制定自己的学习计划。

很多领域的知识是技能的基础，学生们要学习这些课程。例如，与谈判和法律文书起草的相关理论，在课堂上使用的理念。

此外，国际商务法律实务中有学生应该知道的关键的实体法。依据他们在先的学习经验，一些学生可能已经对相关领域有了适当的掌握，但另外一些学生可能却从来没有学习过。这些课程可能不在模块当中，而由LLB或LLM提供。因此，一些学生需要利用第二阶段的选修课，与LLB或LLM学生一起学习。要注意在适当水平分配适当学分，尤其是与LLB学生共同学习。

为了支持学生掌握重要国际商务法律实务领域的知识，第2阶段和第3阶段将提供一系列选修课程，包括法律的和商业的。这也将提高学生的商业意识。选修课程可能在网上提供，因此，可以广泛地涵盖被认为对律师重要的前五名非法律科目的范围（Coates et al. 2014, pp. 445-449）：

- 理解和解释会计和其他财务数据；
- 业务战略与建模；
- 欧美法律；
- 中国投融资法；
- 几个主要国际组织（例如WTO）的法律；
- 企业融资。

个别大学可以选择提供其他选修课，例如劳动法。这个阶段将从文化意识应用演练开始。这将以第9章提到的国际交流中的问题或障碍的Barna清单（1997）为基础。

例如，要求学生找到给六个不同国家的人的适合礼物。然后，引发在国际商务背景下更多的问题。例如：如何形成和维持业务关系，如何开展跨文化会议，以及如何在不同的文化之间进行谈判。之后，学生可以选修他们最感兴趣的特定文化的课程。对于那些没有强烈偏好的学生，将会给他们提供一些报告，例如国家之间的贸易关系排名，他们可以选择不超过三种文化进行课堂探索。由于第9章所述的原因，这种练习的重点应该是讲英文、中文、日文、法文、西班牙文和德文的国家。

在文化意识练习之后，学生将模拟入境交易，与寻求在中国投资的外国客户进行小型合约交易。从学生的角度来看，这代表了图7-1中金字塔的底层。这将包括一系列可用的交易，教学设计为包括围绕文化差异的各种问题，一部分教学语言为英语。学生在其中一个交易中将一起工作，扮演不同的角色，并代表双方（以及律师和客户）。这项活动的重要性在于体验、适应模拟交易，并且能够了解不同参与者的不同观点。

他们将模拟谈判，起草合同，并与客户合作完成交易。有关的技能工作坊将支持这种模拟，例如文书起草和谈判工作坊。这一点很重要，因为在这个阶段，学生们将需要超越民法法系的方法，运用普通法的方法。这意味着首先，他们需要认识到，可能没有可用的正式法典来确定合同的条款和格式。因此，学生将需要保持开放态度，他们不会假设法典规定的条款，或者特定的法典是首选的，因为它们是习惯使用的法典。因此，他们可能需要更多地进行更广泛的谈判，起草的文件比他们平时做得更为详细和更有创造力。

本次交易后，学生将被要求撰写一份反思性报告（包括对其合作经验的反思），并鼓励学生利用这些信息来选择有关法律科目或商业科目的选修课程。

因此，下一阶段将增加活动的复杂性：允许学生选修课程，以及使用问题导向（PBL）的方法，导师指导比之前的模拟要少。然而，在PBL练习期间，如果被问及专门问题，选修辅导员将可以帮助学生。PBL练习将帮助外国客户投资中国或中国客户在海外投资，因此随着行为的进行，文化和沟通问题将会出现。这具有入境和出境交易的要素，因此从学生的角度来说，可以说是代表了金字塔的底层和中间层。

学生将被要求为客户做他们在模拟交易中已经做过的事情，但在他们要求客户之前，客户不会提前提供任何文件或其他资源。此外，交易可能跨越多年的时间，客户可以在任何阶段给出新的和意想不到的指示，例如寻求根本条款的改变或延迟付款，学生必须适当地做出回应。有关的技能工作坊将支持这个PBL练习，例如合作工作坊。练习后，学生将被要求写下详细的反思报告。

(三) 阶段3：

在课程的第二年，学生将能够继续参加选修课和技能工作坊。同时，他们也将参加一系列比第一年更复杂的交易，这些交易可能是诊所的，也可以是模拟的。到目前为止，学生将彼此更加了解，并在整个第二年将在"模拟律师事务所"全年工作，与第一年的短期合作相反，这将提供长期合作的经验。这些还将涉及与其他国家的真正律师和"客户"（实际或模拟）的互动。律师和客户可以说其他语言或不同形式的英语。希望学生在解决问题和确定解决方案方面有相当程度的创造力。事实上，在这个阶段，有些工作会把他们带入金字塔的顶层。

每次交易后，学生将提交反思报告。当他们完成最终的模拟或诊所时，学生将能够表现出独立的处理能力。在整个课程中，学生们将会展现出，他们不仅掌握了支撑他们的技能的文化意识，合作，沟通和创造力的理论，还掌握了一系列以知识为基础的选修课程。反思日志和报告将显示个别学生对小组工作的独立贡献。

课程的讲授者应是经验丰富的 ICP 律师和导师，工作学生可以观察他们并向他们学习。例如，导师可以展示技能；学生可以在实践中对 ICP 律师进行认真观察模仿；志愿者 ICP 律师可能会与学生一起模拟或出现在教学视频中。

在修订的 JM 课程中，形成性评估的主要形式将是每个学生保留的反思性日志。这些日志将包括导师的反馈意见，以及学生的自我评估，确定他们学到了什么，并为下一阶段制定计划，这是第 4 章所述的体验式学习的一个重要方面。作为文化意识的一部分课程的要素，我们期望学生在他们的思考中质疑自己的假设。鼓励学生诚实反思，给予反馈意见的导师应尊重这一点。

总结性评估将包括一些基于知识的选修课程的考试，或者谈判，起草，客户访谈和团队合作等技能。对于每个模拟/PBL 活动，学生将被要求记日志，以创建可能需要解决某些问题或回答某些问题的反思性报告。最后的"论文"将是与第二年模拟和诊所有关的项目报告，其中可能包括独立研究和反思。

最后，学者和国际商务律师将参加学生反思报告的答辩。整个课程总结如下（见表11-1：修订的JM课程）。

表 11-1　　　　　　　　　　　修订的 JM 课程

阶段	学习目标	学习过程	总结性评估	能力指标	知识基础
1. 两周	1. 使用反思的方法来开发体验式学习并挑战自己的假设； 2. 理解"能力""体验式学习"和"开放思维"等概念及其对国际商务实践的重要性	1. 导入 2. 解释和讨论体验式学习 3. 对学习风格和体验式学习过程进行问卷调查 4. 解释反思性学习和反思性写作 5. 挑战学生对不同文化的假设；介绍和讨论文化差异，例如：一夫多妻制以及背后的历史、经济、宗教原因 6. 使用贝尔宾测试来探索团队协作和协作，并支持后续的小组工作	辅导老师整体反馈 形成反思日志	合作沟通能力 创造力 开放思维	理解关键概念：能力、经验学习、开放思维、反思、团队合作和协作
2. 一年	1. 使用反思的方法进行体验式学习，并挑战自己的假设 2. 适当地回应文化差异，并与国际法律服务领域的文化背景下的人们进行有效沟通 谈判和起草 3. 在国际法律服务领域，与同事和客户在短期内有效合作 4. 利用知识，技能和创造力，在国际商务环境中解决问题，完成直接交易	1. 围绕国际交流中的问题或障碍开展文化意识练习 2. 短期模拟交易，由谈判和起草技能工作坊支持 3. 选修课程，包括必要的LLB 和 LLM 课程（并行运行，直到课程结束） 4. 由合作工作坊支持的PBL 练习	辅导老师的全程反馈，关于文化意识练习、短期模拟交易形成性反思日志 选修课程 PBL 练习后的总结反思报告	短期合作沟通能力 创造力 跨文化技能 开放思维	文化意识和国际交流原则，谈判和起草技术，主要核心课程，如合同法、财产法、冲突法、税法、商业组织法、破产法、风险管理理论会计和其他财务数据；业务策略与建模；投融资法。主要国际组织法。

182

续表

阶段	学习目标	学习过程	总结性评估	能力指标	知识基础
3. 一年	1. 适当地回应文化差异，并与国际法律服务领域的文化背景下的人们进行有效沟通 2. 在国际法律服务领域，在较高层次上展示谈判和起草的技能 3. 与国际法律服务机构长期合作，并与客户短期合作 4. 利用知识，技能和创造力在国际商务环境中解决问题，完成更复杂的交易 5. 在与国际商务惯例相关的一系列选修课题中展现知识和理解能力	1. 继续选修和技能课程； 2. 系列交易（诊所或模拟）	辅导老师的整体反馈；选修课程包括形成性和总结性评估；涵盖不同类型交易的综合反思项目报告	长期合作；沟通；创造力；跨文化技能；开放性思维	与第二阶段相同，但在第三阶段，学生将加深对他们的理解，创造性地利用这些知识与核心技能，如合作，沟通，跨文化技能和开放思维

二、部分知识性课程内容

（一）主要课程介绍

1. 英美法律制度

本课程旨在向学生介绍英美法系和普通法与民法法系之间的差异。

本课程首先讨论两个不同体系中的法律渊源。学生将能够阅读案例原文并对判例所创设的法律原则进行分析。他们将学会通过类比以前的案件判决来争辩案件，并根据相关的法律区别区分案件。

本课程还将概述英格兰和美国的法院体系。解释美国各州法院与联邦法院之间的管辖权竞合。将讨论普通法与衡平法之间的差异，进行审判的抗辩制以及其他普通法部门。

2. 国际法

本课程在专业教学计划中属于专业基础课。对非法学JM，该课程讲授导论、国际法上的国家、国际法上的个人、国际人权法、国际法上的领土、海洋法、航空法和外层空间法、外交和领事关系法、条约法、国际组织法、国际争端的解决、战争、武装冲突和国际人道主义法通过对国际法理论及其实际应用的研究和学习，使学生系统掌握国际法及其各分支学科的各种原理、原则和制度，掌握国际公约的规定并能够运用知识解释和分析国际关系实践。

3. 国际金融法

本课程可以作为专业选修课，目的是使学生在掌握外国民商法、国际经济法、金融法原理的基础上，进一步了解、熟悉国际金融法的基本理论、基本知识和基本技能，掌握国际货币、外汇管理、国际贷款、国际融资租赁和担保、国际结算等方面的系统知识；熟悉重要国际金融组织的作用，正确理解我国牵头创立亚投行的国际意义，逐步养成独立思考，判断国际金融事务的能力和科学研究的能力。

4. 国际投资法

本课程可以作为专业选修课程。在系统讲述有关国际投资的基本理论和基本规则体系的基础上，重点阐述有关国际直接投资，特别是新建投资和并购投资法律问题。结合我国典型国际投资案例，比较分析资本输出国和资本输入国国际投资法律制度，解读典型国际投资条约和协定的主要内容，并对国际投资争议解决机制和法理进行分析，最后，结合我国"一带一路"国家战略，较系统地阐述我国对外投资的重要法律制度，并要求学生尝试对其不足和完善进行分析，意在增强学生理论联系实际的思维能力和实践能力。

5. 国际知识产权法

本课程可以作为专业选修课。对要求非法学JM学生在已完成《民法》、《知识产权法》等课程的学习基础上方可开设。本课程要讲授国际知识产权法的研究对象、研究方法及其理论体系，通过本课程的学习，主旨让学生探索知识产权国际保护制度产生、发展与变化的一般规律，从发展中国家、发达国家两大阵营对知识产权公约的国内立法转化与实施的实践出发，能够抽象出不同经济、文化和社会发展水平的国家在知识产权国际保护中的应对策略。学生要掌握知识产权国际保护的基本理论和基本知识。通过本课程的学习，学生应掌握能运用专业知识分析和解决知识产权国际保护问题的基本能力。

6. 国际税法

本课程主要讲授国际税法的基本理论、基本知识、基本技能。通过本课程的学习，学生应主要获得税收管辖权、国际双重征税规制、国际逃税与避税规制、国际税收协调与合作等知识。能力目标上，学生应掌握理论分析案例和实践中遇到的问题，使理论真正应用于实践等基本能力。素质目标上，通过本课程的学习，学生应获得了解国际税法理论和制度层面发生的动态和变化情况，拓宽学生在国际税法方面的知识面。

7. 世界贸易组织法

课程内容涵盖世贸组织的产生与发展、关税法律制度、数量限制及其他非关税措施、反倾销措施、补贴与反补贴措施、保障措施、农产品贸易制度、国际服务贸易、与贸易有关的知识产权和争端解决机制。通过本课程的教学，使学生了解世界贸易组织的组织架构、决策机制；掌握世界贸易组织法的法律体系和重要法律的具体内容；掌握世界贸易组织的争端解决机制和争端解决程序；学会运用所学到的基本理论并结合相关法律规定、国际条约规定，获得阅读与分析 WTO 专家组和上诉机构报告的能力。

8. 国际商事交易 International Business Transactions

本课程被设计为双语课，其目的是让学生了解国际商业交易中出现的关键法律和实际问题。国际商事交易的全过程都将被涵盖在内，贯通了国际货物买卖、运输、保险、支付，以及投资、融资的方方面面。此外，还将讨论企业合规，反垄断、反腐败和争端解决等实际问题。在课程结束时，学生应该熟悉影响国际贸易和投资的基本法律框架和主要法律问题。学生还应该了解可能影响国际商业决策的非法律因素。

9. 法律科技

目前，中国法律教师有可能有足够的理论知识储备但没有必要的实务技能来教授这些课程。此外，如果课程中的学生能够接触到其他法域的人员，其文化意识和协作技能将得到加强。这可以包括课程中的工作人员和学生。因此，希望提供本课程的中国法学院可能有必要与中国境外的法学院合作，以确保同时具有大陆法和普通法制度经验的工作人员的参与。特别是考虑到学生已经研究过大陆法，所以特别需要具有普通法方法专业知识的工作人员。这种合作与双学位教育不同，因为重点不在于学习两个法域的法律知识，也不是简单地采用英美法。相反，学生向具有普通法经验的人学习，而他们可以支持学生。教师和学生可以从世界各地招募。

（二）毕业以后的职业生涯展望

经修订的JM课程应该为学生未来的职业生涯奠定坚实的基础。我们可以期待学生在毕业以后能够进一步地迅速发展以下的能力。

1. 学生在毕业后到入职三年

（1）从大量资料、案卷中快速准确概括基本事实、争议焦点、各方观点的能力；

（2）变换使用关键词，从全网（包括不限于数据库、新闻、自媒体等搜集信息、概括信息的能力）；

（3）优秀的口头表达能力，能有逻辑、概括性地迅速向客户、其他专业人员（法官等）传递概括性强、准确性高的信息；

（4）优秀的书面表达能力，能在没有合同模板、文件模板的情况下，写出优秀的合同、诉讼文书；

（5）十分熟悉主流的合同类型核心条款清单，并运用自如；

（6）知道一些简单法律问题、常见法律问题的综合解决方案；

（7）熟悉行业规则、行业纪律，学习律师执业风险控制初步知识；

（8）形成良好的执业习惯：自我驱动、高度自觉、事不过夜、管理好底稿、做好知识管理等。

2. 入职4年-6年

（1）深入学习律师行业知识，提高风险控制意识；

（2）学习行业、产业知识，从行业、产业的角度看法律风险；

（3）了解常见资本运作、公司治理套路；

(4) 知道一些复杂法律问题的切实、可行的综合解决方案；

(5) 能独立面对客户，能指导初级员工。

3. 入职 7 年–9 年

(1) 熟练掌握资本运作的常见套路；

(2) 十分熟悉某几个行业和产业的行业知识、产业知识；

(3) 初步能为企业家、董事会提供综合宏观的战略咨询。

三、 小结

如上所述，本书选择了体验式学习理论，因为它是一个能够统一本书讨论的主题的整体理论。其次，这是一个"做中学"、适合技能培训的理论。最后，体验式学习理论对于成人教学尤其有效，因为它承认他们有一系列可以去反思的在前经验（内部经验）。经调整的 Kolb 科尔伯的学习理论是本书的基础。关键的调整包括：

第一，在具体经验阶段之前添加过滤器，以帮助学生了解对该经验的期望；

第二，强调反思是学习者的关键过程，但认识到不同的学生可能会以不同的方式反思相同的学习内容，因为他们的个人学习风格和不同的内部经验给他们带来了反思。

本课程重点是在合格和有经验的教师的监督下在课堂或诊所进行模拟。这使得经验在学习方面比目前嵌入到 JM 中的实习安排更加一致和丰富。在课程结束时，学生应该准备好进入国际商务工作的初级阶段。

第 12 章 结论、对政策和未来研究的建议

本书的目的是确定中国律师从事国际商务法律服务所需的重要技能，并为中国大陆硕士阶段法律教育改革提出建议。

因此，第 1 章简要介绍了本书的目的，目标和框架。

第 2 章探讨了律师的未来，特别是在中国大陆地区的背景下，国际商务法律服务对于未来的经济发展具有特别的意义。

技术不会取代人类律师在合作和创造力方面的核心技能。事实上，这使他们能在新的领域工作。技术还可以使法律实践和法律教育实现更大的国际化。客户需求和业务发展意味着律师需要跨国工作，这在通过技术进行国际合作和与客户建立信任方面带来挑战。

第 3 章介绍了现有的中国大陆专业法律教育框架的结构。它明确了中国的传统法律教学涉及法律的理论和学术研究。JM 课程包括一些技能和实习要素，本来应该比 LLM 更加强化职业教育，但由于该章讨论的原因，它们效果并不理想。此外，JM 不是为国际商务法律服务而设计的。在这一章中，将 JM 与其他来自世界各地的职业课程进行了比较，得出结论认为，从另一个法域移植课程不能解决中国法律教育体系中存在的问题。本章还得出结论，法律教育"国际化"的现有趋势，尚不足以为年轻律师提供国际商务法律实践所需的技能方面的训练。

如第 3 章所述，目前中国法律教育缺乏技能培训，尽管有些学者认为，根本就不需要这样的培训。在法学院和毕业生人数迅速增长的情况下，并不缺少希望在较大的城市从事商事法律工作的律师。因此，出现了一些新的问题，例如法律毕业生找不到工作，或者至少是在他们想要工作的领域找不到薪酬良好的工作。因此，应当考虑法学毕业生的一般素质或使评价

第12章 结论、对政策和未来研究的建议

毕业生应该具有哪些能力的标准多样化。本书范围之外的一个解决办法是，中国政府允许学历较低的毕业生在农村就业。

在课程中增加技能课有可能普遍地提高的能力，减少律师事务所的培训负担。减少的培训负担可以使雇主给年轻的律师支付更高的薪水。在本书的背景下，有人认为，技能对于 ICP 律师来说尤为重要。如第 7 章所述，在国际商务法方面，我们认为国际商务执业律师（ICP 律师）是处理图 7-1 中第二层金字塔活动的先驱。更具体地说，ICP 律师更多地是立法者而非解释者。在这种情况下，虽然实在法的知识仍然在 ICP 法律工作的重要方面发挥重要作用，但并不是当地律师的重中之重。相反，技能可能成为促进 ICP 律师参与国际商务法律工作的主要工具。

因此，第 4 章考察了与技能有关的教育理论。一个行为学的技能学习元素是不够的。社会认知方法的一些要素，如模仿，可能是重要的，但总体而言，建构主义的体验式学习方法，允许学生探索和实践，最适合技能学习。

然而，为了设计一个能力框架或一个新的课程，重要的是要界定"国际商务实践"的含义和所需的技能。为此目的，本书第 5 章指出，最适合采用解释性现象学方法进行调查，使律师和其他人表达自己的观点，并将其按主题分组，后期进行分析和解释数据。第 6 章描述了所使用的研究工具，调查样本和数据分析方法。

接下来，数据分析构成了本书其后的四章。这些章节考虑：定义"国际商务惯例"（第 7 章）；合作（第 8 章），语言和沟通（第 9 章）和创造力（第 10 章）。文化意识是贯穿讨论的重要主题。协调，沟通和文化意识的直接障碍之一是语言障碍。英语被认为是通用语言，这是非英语人士特别认可的。还要强调，尽管英语是国际商务实践的共同语言，但是 ICP 律师需要注意其不同的使用方式。

在分析数据的基础上，第 8、9 和 10 章详细描述的三个技能被列为法学院在 JM 教学的关键内容。本书的第 11 章使用这些数据，提出了一个基于技能的体验式学习的修订版 JM 课程，供中国一些大学采用。

一、对知识的贡献

据研究者所知，这个项目是第一个经验性地检验了中国和非中国律师对目前在国际商务实践中工作所需技能的看法。该项目在考虑广泛的教育理论和职业课程选择方面也是独一无二的。与一些中国法律教育者不同的是，研究者调查了英格兰和威尔士和香港的职业课程作为可能的模式，而不是自动选择以美国 JD 作为解决方案。本书最终否定了一个简单的移植，即采用 PCLL 或 JD 解决中国大陆在国际贸易领域发展的社会、专业和经济需求。本书所代表的知识贡献，是对中国国际商务律师独特的理解，特别是在其文化背景和教育背景下，对建立新的课程提供了有益的帮助，以使中国律师在未来与他们的英美同侪成功竞争。

二、政策和未来研究的建议

（一）法学教育

本项目的结论表明，中国的决策者应该考虑采取更广泛的做法，而不仅仅是将 JD 移植到中国。卓越法律人才计划有助于回应中国社会对 ICP 律师的需求，但不可持续。本书认为，应该采用自下而上的方法，而不是政府自上而下选择法学院，去鼓励法学院选择是否提供 ICP 培训，然后评估其是否可持续。对于可能感兴趣的法学院，修订现有的 JM 课程可能是培养新一代 ICP 律师的可行方法之一。法学院比政府更了解毕业生的就业市场以及他们所在地区的从业人员的需求。他们还能更好地通过更新课程来快速响应满足这些需求。因此，政府和法学院考虑应该考虑修订版的 JM。

本项目利用来自法律执业人员和教育人士的数据，确定中国法律教育中国际商务律师培养的缺失要素。未来的研究可以利用这些研究结果，考察在法律职业刚刚兴起的、且其经济政策是促进国际贸易的其他国家，是否存在类似差距。

数据也被用于设计了一个拟议的课程。我们预计，学生毕业以后，会

第12章 结论、对政策和未来研究的建议

面临十分残酷的律师界的"二八定律":即20%的律师或律师事务所占有了80%的客户资源;此定律的另一层含义是"在一个20%业务量的市场上有80%的律师在竞争"。在激烈的竞争中脱颖而出,学校教育仅仅是基础,毕业以后的继续学习至关重要。在学期间,要引导学生对未来成长路径做好规划。

一般来说,律师的成长路径大致可分为两种:一是从法学院毕业后直接进入律师行业;二是先在其他行业从事某种工作,待积累一定的工作和社会经验后再做律师。这第二种路径,被称为"换梯"或者"跨界"管道。

因此,在校期间需要引导JM学生的行业选择。JM非法学专业的学生,本科已经完成某一专业的系统学习,若结合本科专业做未来专业化定向,可以取得一定竞争优势。例如,本科学习土木工程,未来定向为建筑工程领域的律师,可以先进入建筑房地产行业;本科学习金融,未来定向为金融领域的律师,可以选择到银行、投行工作。工作的目的,除了解决生存问题,主要目的是利用工作便利深入了解所在行业,积累工作经验,为将来进入律师行业做好准备。

虽然现实中,有许多律师是通过这种路径成长起来的。但这些律师的成长路径绝大多数都不是自主的选择,而是因为各种机缘巧合才有的结果。随着社会的发展,年轻律师在职业选择上具有更强的自主性,所以主动选择"换梯"的方式具有更加明显的优势,成功的几率可能会更高。

律师职业是一个终身学习的职业。在对JM课程进行设计的过程中,我们反复强调反思与反馈、刻意练习的关键因素。高效的练习必须有恰当的反馈。刻意练习之所以有效,关键在于找到一系列的小任务让受训者按顺序完成,而这一系列的小任务正是受训者不会做但是又正好可以通过学习掌握的。在这样一个过程中,反馈就是连接"会"与"不会"之间的桥梁。所以,在JM课程学习中形成反思习惯,对学生未来的职业生涯至关重要。同时,在这个阶段的教育中,还要植入技术驱动法律、开放思维等理念。一方面,这顺应了科技时代律师成长的客观规律,另一方面,也对教育者本身的素质和能力提出了更高的挑战。

应该说,本书所设计的JM课程只是国际商务律师培训的初始阶段。

在本项目的时间范围内，不可能用中国法律学生进行体验式学习方法进行实验，也不可能将拟议的课程分发给中国从业人员或法律教育工作者征求意见。因此，本项目的未来阶段将是实施和测试课程的工作。

（二）法律职业

在国际商业法律服务市场中，英美律师占主导地位（第3章）。本书旨在支持中国 ICP 律师的发展，并帮助他们在与英美同侪竞争时，更有竞争力。然而，本书并未预测中国律师的兴起会改变国际商业法律实践的本质（第7章）。

中国经济有望随着时间的推移不断发展壮大，但如果没有真正的全球经济，中国经济的发展就不可能继续下去。因此，对中国 ICP 律师的需求将相应增加，且预计这种增长可望在近期继续下去。此外，对中国 ICP 律师的这种需求已经引起了政府的关注（第3章），所以有"卓越法律人才培养计划"（选择法学院在学生阶段培养有意识的 ICP 律师）和涉外律师领军人才项目（选择中国执业律师，培训他们担任国际商事法律实务的领导者）。基于现有需求和为满足这一需求而进行的努力，毫无疑问，中国 ICP 律师的数量和质量都将大大发展。正如林（Lin 2015, p.1）所述，在中国市场上，外国 ICP 律师和外国律师事务所正在离开，中国 ICP 律师事务所正在不断增长（第2章）。随之，中国的 ICP 律师至少可能在中国市场上占主导地位。

但从笔者的角度来看，虽然本书所确定的法律知识和技能对于中国的 ICP 律师在国际商业领域充分发挥作用至关重要，但这并不是说它们将在中国市场以外占据主导地位。中国律师是否能够与英美同侪一样发挥作用的一个决定因素是，中国是否可以真正建立国际金融中心（类似于伦敦和纽约），而这个基础设施目前尚未完全成熟。控制融资渠道的银行在国际商业领域是最强大的，通过为涉及的国际商业交易提供最初的法律文件来主导法律框架。例如，贷款人（银行）通常指示律师在谈判融资开始时准备文件，麦克乔治法学院采访的数据也印证了这一点（见第8章中 Baragona 回答的一部分）。因此，受这些银行信任的律师中，英美律师也占主导地位（客户主导的因素）。

此外，据研究（Flood 2013, p.1096），普通法制度的律师既有自由、

第12章 结论、对政策和未来研究的建议

又被强迫起草冗长的合同,这些合同处理交易所有可能的方面。因此,考虑到国际商业法律惯例的不确定性和灵活性,普通法合同比取决于特定法典的民法体系的简短合同更为复杂。此外,中国ICP律师日益增多的参与将会增加在市场上开展业务的法律从业人员的多样性,反过来这又会加强国际商业法律实践的灵活性,因为他们带来自己的技能、文化和做法。因此,旨在应对灵活性的普通法技能的需求将迅速增加而不是减少。

因此,虽然中国ICP律师将在国际商业法律服务市场上发挥更大的作用,但如果没有与纽约和伦敦相媲美的国际金融中心,那么他们不太可能与英美同行发挥一样的作用。事实上,中国ICP律师可能会带来开放的态度,他们需要普通法和国内大陆法系的知识,承认能够说英语的重要性,至少目前,当他们愿意从他人那里学习并采用最佳实践方法,这使他们比英美同行更有优势。因此,中国国际律师可能不会发展成为与英美同行拥有不同技能的全新律师团体。相比之下,他们更有可能发展成为与英美同行共享共同技能的、促进国际经济发展的不同力量。因此,在可以预见的未来,在普通法制度仍然主导的地区(至少在国际私法方面),成功的中国ICP律师所需的技能,不会因为ICP的灵活性而发生变化。

目前,中国律师是一个非常新的职业,他们是一个强调地方知识而不是国际知识(特别是普通法)和技能的教育制度培养出来的。此外,中国还没有必要的基础设施来支持国际商务实务的全面发展,例如在纽约和伦敦建立的金融中心。因此,中国律师尚未能够影响国际商法实践。希望本书提出的课程设计可以在一定程度上解决这个问题,使中国的ICP律师在国际竞争中更具竞争力。

附 录
Appendices

Appendix A Questionnaire for ICP Lawyers

Information for Participants

Legal knowledge and skills along with some non-law subject knowledge and skills are essential to the practising lawyers in their professional life. However, do lawyers dealing international commercial tasks use different knowledge and skills or use the same knowledge and skills differently compared to traditional domestic lawyers? This survey is waiting for your answer. Your answers may be used to establish new skills-based course for ICP lawyers especially in the Chinese legal education context. The researcher is Yingxiang Long, a lecturer at Harbin University of Commerce, China. This is an anonymised investigation and your participation is entirely voluntary and you may withdraw at any time without giving any reason and without any negative consequences. Your responses will feed into the research project and any useful insights you provide may be used in the thesis and related publications. The whole process should take you 25-40 minutes. Raw data will be stored by the researcher, and will only be accessible to her until the conclusion of the project. You should be aware that the researcher is not in a position to guarantee that she will be able to redact from an anonymised answer all details which might inadvertently identify you or your organisation.

You should bear this in mind when considering whether to participate in the survey and, if you do, what you answer. There will be an opportunity to ask questions or offer further comments at the end of the survey questions. You can contact the researcher with any questions or complaints by e-mailing: longyingxiang @ hotmail. com *

☐ I have read the notice above and allow the researcher to use my answers as described above.

If you agree to be contacted for follow-up questions or interviews, please provide your name and contact details below:

Where are you qualified as a lawyer?

How long have you worked as a practising lawyer?
☐ Under five years (including five)
☐ Six to ten years
☐ Eleven to twenty years
☐ More than twenty-one years

Which area do you specialise in?

Which jurisdiction (s) do (es) your work cover?

Have you ever worked with Chinese lawyers? If yes, Do you think they work in different ways?

May I have your gender, please?

☐ Female

☐ Male

What knowledge and skills that are important for international commercial lawyers? There are 10 items suggested in the next page for your consideration.

Which knowledge or skills do you think are the most useful ones for international commercial lawyers? (Please move them into appropriate order 1 = least useful)

Legal knowledge of international commercial activities	
Knowledge of non-law subjects relating to international commercial legal services	
Drafting legal document	
Researching	
Communication skills (both oral and in writing e. g. interviewing, negotiation, advocacy, writing correspondence)	
Languages (especially English)	
Intercultural skills (understanding cultural differences and dealing properly with individuals from different cultural backgrounds)	
Teamwork skills (both working as team leader and member)	
Analytical and problem-solving skills	
Creativity	

Do you have any comment on this point (eg. anything missing in the list) ?

11. The Knowledge and Skills used in the Workplace

During your professional life, you may use some knowledge and skills daily and others rarely. The following questions discuss the possible knowledge and skills items asked previously into more detail. Please share your experience and opinions by answering them on: 1) the frequency of using the knowledge or skills; and 2) the severity of harm that may caused by not having the knowledge and skills.

12. Knowledge of Law and Legal Procedures *

	How frequently, on average, do you use the skills? (1 = Never; 2 = Once a month or less; 3 = About once a week; 4 = About once a day; 5 = More than once a day)	How serious would the consequences be if a lawyer in your practice setting did not possess the skills below? (1 = Not serious: no harm to the client or the lawyer's practice; 2 = Minimally serious: causes inconvenience to the client or the lawyer's practice; 3 = Moderately serious: negatively affects the client's interest or the lawyer's practice; 4 = Highly serious: Jeopardizes the client's interest or the lawyer's practice; 5 = Extremely serious: Destroy the client's interest or the lawyer's entirely or materially)
The tax law of more than one country		
Energy law of more than one country		
Security regulations of more than one major stock exchange markets		
International sale of goods		
Bill of lading regulations		

Continued

	How frequently, on average, do you use the skills? (1=Never; 2=Once a month or less; 3=About once a week; 4=About once a day; 5=More than once a day)	How serious would the consequences be if a lawyer in your practice setting did not possess the skills below? (1=Not serious: no harm to the client or the lawyer's practice; 2=Minimally serious: causes inconvenience to the client or the lawyer's practice; 3=Moderately serious: negatively affects the client's interest or the lawyer's practice; 4=Highly serious: Jeopardizes the client's interest or the lawyer's practice; 5=Extremely serious: Destroy the client's interest or the lawyer's entirely or materially)
Regulations for carriage of goods by air, road and rail across-countries		
Policies of insurance covering more than one country		
Litigation system for international disputes		
Conventions and regulations of an international organisation (e.g. WTO, EU)		
Law governing intellectual property		
Law governing services cross-border		
Insolvency law in more than one country		
The Model Law on Cross-border Insolvency (adopted by the United Nations Commission on International Trade Law)		
Immigration law of any country		

Do you have any comment on this part?

Analytical Skills *

	How frequently, on average, do you use the skills? (1 = Never; 2 = Once a month or less; 3 = About once a week; 4 = About once a day; 5 = More than once a day)	How serious would the consequences be if a lawyer in your practice setting did not possess the skills below? (1 = Not serious: no harm to the client or the lawyer's practice; 2 = Minimally serious: causes inconvenience to the client or the lawyer's practice; 3 = Moderately serious: negatively affects the client's interest or the lawyer's practice; 4 = Highly serious: Jeopardizes the client's interest or the lawyer's practice; 5 = Extremely serious: Destroy the client's interest or the lawyer's entirely or materially)
Identifying client's goals and objectives from various cultural, social, economic and ethnic background		
Identifying relevant facts, and legal, ethical, and practical issues in global context		
Analysing the results of research		
Identifying due diligence required		
Applying the law to the legal and factual context		

Continued

	How frequently, on average, do you use the skills? (1 = Never; 2 = Once a month or less; 3 = About once a week; 4 = About once a day; 5 = More than once a day)	How serious would the consequences be if a lawyer in your practice setting did not possess the skills below? (1 = Not serious: no harm to the client or the lawyer's practice; 2 = Minimally serious: causes inconvenience to the client or the lawyer's practice; 3 = Moderately serious: negatively affects the client's interest or the lawyer's practice; 4 = Highly serious: Jeopardizes the client's interest or the lawyer's practice; 5 = Extremely serious: Destroy the client's interest or the lawyer's entirely or materially)
Assessing possible courses of action and range of likely outcomes		
Creativity in identifying and evaluating the appropriateness of alternatives for resolution of the issue or disputes		

Do you have any comment on this part?

16. Oral and Written Communication Skills

	How frequently, on average, do you use the skills? (1 = Never; 2 = Once a month or less; 3 = About once a week; 4 = About once a day; 5 = More than once a day)	How serious would the consequences be if a lawyer in your practice setting did not possess the skills below? (1 = Not serious: no harm to the client or the lawyer's practice; 2 = Minimally serious: causes inconvenience to the client or the lawyer's practice; 3 = Moderately serious: negatively affects the client's interest or the lawyer's practice; 4 = Highly serious: Jeopardizes the client's interest or the lawyer's practice; 5 = Extremely serious: Destroy the client's interest or the lawyer's entirely or materially)
Identifying the purpose of the proposed communication in global context		
Creativity in identifying the need of counter party		
Creativity in identifying objectives of the communication and whether they can be achieved		
Using language suitable to the purpose of the communication and for its intended audience		
Communicating clearly in the English		
Using correct grammar and spelling		
Eliciting information or obtaining instructions from clients and others		
Explaining the law in language appropriate to the intended audience		
Understanding the culture, social, economic and ethnic background of intended audience		

Continued

	How frequently, on average, do you use the skills? (1 = Never; 2 = Once a month or less; 3 = About once a week; 4 = About once a day; 5 = More than once a day)	How serious would the consequences be if a lawyer in your practice setting did not possess the skills below? (1 = Not serious: no harm to the client or the lawyer's practice; 2 = Minimally serious: causes inconvenience to the client or the lawyer's practice; 3 = Moderately serious: negatively affects the client's interest or the lawyer's practice; 4 = Highly serious: Jeopardizes the client's interest or the lawyer's practice; 5 = Extremely serious: Destroy the client's interest or the lawyer's entirely or materially)
Effectively formulating and presenting well-reasoned and accurate legal argument, analysis, advice or submissions for audience of different cultural backgrounds		
Advocating in a manner appropriate to the legal and factual context		
Negotiating in a manner appropriate to the legal and factual context		

Do you have any comment on this part?

Personal Management Skills *

附 录

	How frequently, on average, do you use the skills? (1 = Never; 2 = Once a month or less; 3 = About once a week; 4 = About once a day; 5 = More than once a day)	How serious would the consequences be if a lawyer in your practice setting did not possess the skills below? (1 = Not serious: no harm to the client or the lawyer's practice; 2 = Minimally serious: causes inconvenience to the client or the lawyer's practice; 3 = Moderately serious: negatively affects the client's interest or the lawyer's practice; 4 = Highly serious: Jeopardizes the client's interest or the lawyer's practice; 5 = Extremely serious: Destroy the client's interest or the lawyer's entirely or materially)
Managing time (including prioritizing and managing tasks, tracking deadlines)		
Managing files (including opening/closing files, checklist development, file storage/destruction)		
Managing professional responsibilities (including ethical, licensing, and other professional responsibilities)		
Managing finances (including trust accounting)		
Managing efficiently, effectively and concurrently a number of client matters		
Managing personal workload		

Do you have any comment on this part?

20. Collaboration (Co-operation) Skills

	How frequently, on average, do you use the skills? (1 = Never; 2 = Once a month or less; 3 = About once a week; 4 = About once a day; 5 = More than once a day)	How serious would the consequences be if a lawyer in your practice setting did not possess the skills below? (1 = Not serious: no harm to the client or the lawyer's practice; 2 = Minimally serious: causes inconvenience to the client or the lawyer's practice; 3 = Moderately serious: negatively affects the client's interest or the lawyer's practice; 4 = Highly serious: Jeopardizes the client's interest or the lawyer's practice; 5 = Extremely serious: Destroy the client's interest or the lawyer's entirely or materially)
Identifying possible common goals with clients, colleagues and others from different cultural, social, economic and ethnic backgrounds		
Creativity in goal exploration and goal setting		
Recognising personal and professional strengths and weaknesses		
Identifying the limits of personal knowledge and skills		
Recognising the strengths and weaknesses of others with whom you need to work across cultures		
Cultural understanding		
Communicating effectively		
Creativity in opportunity analysis		
Leading a team effectively when its members have different cultural and professional backgrounds (for team leaders)		

Continued

	How frequently, on average, do you use the skills? (1 = Never; 2 = Once a month or less; 3 = About once a week; 4 = About once a day; 5 = More than once a day)	How serious would the consequences be if a lawyer in your practice setting did not possess the skills below? (1 = Not serious: no harm to the client or the lawyer's practice; 2 = Minimally serious: causes inconvenience to the client or the lawyer's practice; 3 = Moderately serious: negatively affects the client's interest or the lawyer's practice; 4 = Highly serious: Jeopardizes the client's interest or the lawyer's practice; 5 = Extremely serious: Destroy the client's interest or the lawyer's entirely or materially)
Creativity in task allocation		
Working effectively as a team-member in a team which has different cultural and professional backgrounds (for team members)		
Delegating tasks and providing appropriate supervision		
Risk management skills		

Do you have any comment on this part or any part of the survey?

Appendix B Consent form for interviews

I confirm that I have read and understood the Information Sheet for the above project (which I may keep for my records) and that I have had the opportunity to ask any questions I may have.

I agree to take part in the above project and am willing to:

- Have my telephone or face to face interview recorded via voice recorder; and
- Be quoted anonymously in the thesis of the above project and related publications.

I understand that my information will be held and processed for the purposes of a project on legal education and publications related to that project, such information to be held confidentially and not identified against the individuals or organisations concerned without their prior consent.

I understand that my participation is voluntary and that I am free to withdraw at any time up to the day of interview without giving any reason and without any negative consequences.

Name of Participant:
Date:
Signature:
Name of Researcher: Yingxiang (Jo) Long

Appendix C Information sheet for interviews

This is part of the data collection of a research project. The research aims to establish a new skills-based curriculum for cultivating international commercial lawyers in the Chinese legal education context. The researcher is Yingxiang Long, a PhD student of Nottingham Law School in the United Kingdom. She is a lecturer at Harbin University of Commerce in China and a Chinese practising lawyer.

Information for participants:

· Your participation in this study is entirely voluntary and you may withdraw at any time up to the day of interview without giving any reason and without any negative consequences.

· The interview will involve a set of questions intended to find out about your views about legal skills for international commercial lawyers or how to teach or learn the skills.

· Your responses will feed into the research project and any useful insights you provide may be used in the thesis and related publications.

· Today's discussion should take no more than 60 minutes.

· There is a possibility that you may be contacted by e-mail if the researcher has any follow-up questions.

· Raw data will be stored by the researcher, and will only be accessible to her and to any transcriber or interpreter, until the conclusion of the project.

· At the end of the project anonymised transcripts will be retained by the researcher. You should be aware that the researcher is not in a position to guarantee that she will be able to redact from an anonymised transcript all details which might inadvertently identify you or your organisation. You should bear this in mind when considering whether to participate in the interview and, if you do, what you disclose.

· There will be an opportunity to ask questions or offer feedback at the end of the discussion.

You can contact the researcher with any questions or complaints, or to withdraw, by e-mailing: N0487268@my.ntu.ac.uk

Appendix D Semi-structured interview schedule: non-law teachers

After completing a consent form before conducting an interview, the researcher will ask the following question:

Do you have any query concerning this interview? If not, let's start now.

1. Personal information
   - Which subject are you teaching?
   - Do you teach any skill in the subject?
   - How long have you been teaching these skills?

2. Teaching techniques
   - What techniques do you use?
   - Why do you use these techniques?
   - Which technique is your favourite? Why?

3. Do the students learn the skills in the way you wished?

4. Have you improved or changed your teaching techniques since you became a teacher?
   - What are the new or different techniques?
   - Which part of the new or different techniques do you like or not like?
   - The reason for like or dislike

5. Feedback for the students
   - What kind of ways (eg. test)
   - How often?
   - One to one or all together

Appendix E Semi-structured interview schedule: law teachers

After completing a consent form before conducting an interview, the researcher will ask the following question:

Do you have any query concerning this interview? If not, let's start now.

1. Personal information
   - Which skills are you teaching?
   - How long have you been teaching these skills?

2. What are your goals of teaching these skills?
   - Legal writing
   - Advocacy
   - Managing workload
   - Research
   - Interviewing
   - Negotiation
   - Other

3. Teaching techniques
   - What techniques do you use?
   - Why do you use these techniques?
   - Which technique is your favourite? Why?

4. Do the students learn the skills in the way you wish?

5. Have you improved or changed your teaching techniques since you started your teaching career?
   - What are the new or different techniques?
   - Which part of the new or different techniques do you like or not like?
   - The reason for like or dislike

6. Feedback for the students
   - What kind of ways (eg. test)
   - How often?
   - One to one or all together?

Appendix F Permission to use the McGeorge interviews

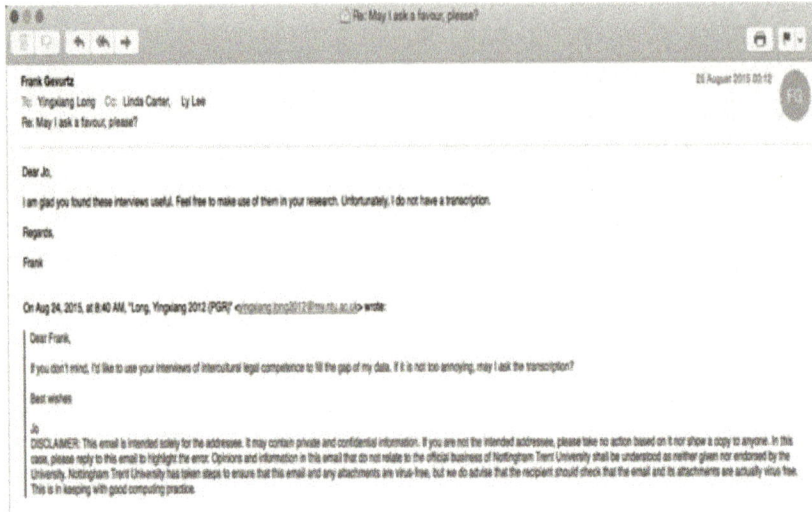

Appendix G Interview participants quoted in the book

Participant number	Participant description
1	Male senior partner of a Chinese national law firm (Shang Hai office)
2	Young female lawyer from a law firm in the mid-area of China, living in the USA and working there most of the time
3	Young male lawyer from a Chinese international law firm with foreign offices (Guangzhou office)
4	Male lawyer from a Qingdao law firm
5	Female LPC teacher (England and Wales)
6	Male senior partner of a Chinese international law firm (Beijing office)

Continued

Participant number	Participant description
7	Female senior partner of a Zhejiang law firm
8	Male international relations teacher (England and Wales)
9	Female university student exchange co-ordinator (England and Wales)
10	Female Partner of an Inner Mongolia law firm. She is ethnic minority and English is her third language
11	Male partner of a Liaoning law firm with in-house experience
12	Young male lawyer from a Chinese national law firm who had studied in the UK (Sichuang office)
13	Male partner of a Chinese national law firm (Shang Hai office)
14	Male senior partner of a Chinese national law firm (Sichuang office)
15	Male founding partner of a Fujiang law firm
16	Female nursing teacher (England and Wales)
17	Female BPTC teacher (England and Wales)

The table does not include the McGeorge interviewees.

Appendix H Cultural Awareness Checklist

For an icebreaker on cultural awareness and general background purposes, a starting list is provided by Kohls (2001, pp. 69 - 73):

"1. What kind of government does our host country have? Can you name people prominent in the country's affairs (politics, athletics, religion, the arts, etc.)

2. Who are the country's national heroes and heroines? Can you recognize the national anthem?

3. What is your host country's attitude toward trash? The environment? Conservation of resources?

4. Are other languages spoken besides the dominant language? What are the social and political implications of language usage?

5. What are the most important religious observances and ceremonies? How regularly do people participate in them?

6. If, as a customer, you touch or handle merchandise for sale, will the storekeeper think you are knowledgeable? Inconsiderate? Within your rights? Completely outside your rights? Other?

7. How do people organize their daily activities? What is the normal meal schedule? Is there a day-time rest period? What is the customary time for visiting friends?

8. What foods are most popular, and how are they prepared? Who sits down together for meals? Who is served first?

9. What things are taboo in this society?

10. Are there special privileges of age and/or gender? What kinds of group social activities are there? Are they divided by gender?

11. If you are invited to dinner, should you arrive early? On time? If late, how late? Is being on time an important consideration in keeping doctor's appointments? Business appointments?

12. On what occasions would you present (or accept) gifts from people in the country? What kinds of gifts would you exchange?

13. Do some flowers have a particular significance?

14. How do people greet one another? Shake hands? Embrace or kiss? How do they take leave of one another? What does any variation from the usual greeting or leave-taking signify?

15. What are the important holidays? How is each observed?

16. What are the favourite leisure and recreational activities of adults? Children? Teenagers? Are men and women separated in these activities? Where are these activities held?

17. What is the normal work schedule? Is it important to be on time?

18. What kind of local public transportation is available? Do all classes of people use it?

19. Who has the right of way in traffic? Vehicles? Animals? Pedestrians?

20. Is military training compulsory?

21. What is the history of the relationship between this country and your home country?

22. Are there many foreign expatriates living in this country? Where do they live?

23. What kinds of health services are available? Where are they located?

24. What kinds of schools are considered best? Public? Private? Parochial?

25. Where are the important universities of the country? If university education is sought abroad, to what countries and universities do students go?"

参考文献
Bibliography

1. 陈太明,《中国改革开放政策有效性的定量研究》. 统计研究 . 2011（10）, 54-59.

2. 程龙,《关于模拟法庭缺陷的分析和未来的展望》. 法制与社会 . 2008（23）, 1-5.

3. 教育部,《面向 21 世纪教育振兴行动计划》. 教育部 http：//old.moe.gov.cn/publicfiles/business/htmlfiles/moe/moe_177/200407/2487.html [最后访问 2018 年 6 月 29 日] 1998.

4. 教育部高等教育司,《普通高等学校本科专业目录和专业介绍》. 高等教育出版社 . 2012.

5. 霍宪丹,《中国法律硕士专业学位教育制度的实践与反思》. 河南财经政法大学学报, 2008（05）, 24-30.

6. 林泰, 黎学基,《中国法律硕士教育目前存在的问题及对策》. 黑龙江高教研究, 2010（08）, 69-71.

7. 凌斌,《从界权成本看真实世界——兼答简资修教授》. 人大法律评论 . 2015（02）, 469-482.

8. 苏力,《中国法律技能教育的制度分析》. 法学家, 2008（02）, 30-39.

9. 熊秋红,《新中国律师制度的发展历程及展望》. 中国法学, 1999（05）, 14-22.

10. 徐胜萍, 田海鑫,《法律硕士（法学）培养的现状与思考——基于对北京 9 所高校问卷调查的分析》. 学位与研究生教育, 2014（12）, 10

-14.

11. 于晓丽, 高云鹏,《"模拟法庭"课程设置分析》. 青岛大学师范学院学报. 2008（04）, 87-90.

12. 杨陶,《法律诊所与专业实习相结合模式研究》. 兰州教育学院学报, 2016（08）, 103-104.

13. 于兴中,《人工智能、话语理论与可辩驳推理》. 法律方法与法律思维, 2005.1, 115-129.

14. 中华人民共和国教育部,《法律硕士专业学位研究生指导性培养方案》及其修订说明和《法律硕士专业学位论文规范》学位办［2006］39号, http：//old.moe.gov.cn//publicfiles/business/htmlfiles/moe/moe_ 823/201002/82706.html,［最后访问2018年6月29日］.

15. 曾飚,《汤敏：教育改革的经济学思路》, 中关村, 2003（03）, 81-83.

16. 张朝霞,《中国法学本科教育的危机：表现、根源、对策》, 兰州学刊, 2008（12）, 209-211.

17. 朱立恒,《论法律硕士专业学位教育的现状与改革》. 河北法学, 2008（05）, 159-165.

18. 朱晟利, 张子照,《农村"空校"现象原因与对策分析》. 当代教育论坛, 2005（16）, 9-10.

19. ABA Section of Legal Education and Admissions to the Bar, 2015a. Managing director's guidance memo - standards 303（a）（3）, 303（b）and 304.［online］. Available at：http：//www.americanbar.org/content/dam/aba/administrative/legal_ education_ and_ admissions_ to_ the_ bar/governancedocuments/2015_ standards_ 303_ 304_ experiential_ course_ requirement_ .authcheckdam.pdf［Accessed 17 Dec 2016］.

20. ABA Section of Legal Education and Admissions to the Bar, 2015b. 2015-2016 ABA standards and rules of procedure for approval of law schools.［online］. Available at：http：//www.americanbar.org/content/dam/aba/publications/misc/legal_ education/Standards/2015_ 2016_ aba_ standards_ for_ approval_ of_ law_ schools_ final.authcheckdam.pdf［Accessed 10

Dec 2016].

21. ABA Section of Legal Education and Admissions to the Bar, 2015c. Managing director's guidance memo. [online]. Available at: http://www.americanbar.org/content/dam/aba/administrative/legal_ education_ and_ admissions_ to_ the_ bar/governancedocuments/2015_ learning_ outcomes_ guidance.authcheckdam.pdf.

22. Aikenhead, M., A discourse on law and artificial intelligence. *Law Technology Journal*, 1996 (5), 13-18.

23. Alreck, P. L. and Settle, R. B., *Survey research handbook*. 3rd ed. Boston: McGraw-Hill Higher Education. 2003.

24. Alvarez, J. E., State sovereignty is not withering away: a few lessons for the future. *In*: Cassese, A., ed. *Realizing Utopia: The Future of International Law*. Oxford: Oxford University Press, 2012. 26-37.

25. American Association of Law Libraries, n. d. *Writing learning outcomes* [online]. AALL/ Your Legal Knowledge Network. Available at: http://www.aallnet.org/Archived/Education-and-Events/cpe/outcomes.html [Accessed 11 Dec 2016].

26. American Bar Association, *The ABA standards and rules of procedure for approval of law schools* [online]. Available at: http://www.americanbar.org/content/dam/aba/publications/misc/legal_ education/Standards/2016_ 2017_ standards_ chapter3.authcheckdam.pdf [Accessed 8 Oct 2016]. 2016.

27. Andreev, G. N. and Argirov, O. K., Implementation of human expert heuristics in computer supported infrared spectra interpretation. *Journal of Molecular Structure*, 1995. 347, 439-448.

28. Aristotle, *The art of rhetoric*. kindle. London: HarperPress. 2012.

29. Ashley, K. D., *Modeling legal argument: reasoning with cases and hypotheticals*. Cambridge, Mass: The MIT Press. 1991.

30. Atkins, M., Beattie, J., and Dockrell, W., *Assessment issues in higher education* [online]. Newcastle: Employment Department. Available at: http://files.eric.ed.gov/fulltext/ED369370.pdf. 1993.

31. Audi, R., *Epistemology: a contemporary introduction to the theory of knowledge.* 2nd ed. New York: Routledge. 2002.

32. Baddeley, A., Eysenck, M., and Anderson, M., *Memory.* 2nd ed. London: Psychology Press. 2014.

33. Bailey, P. H., Finding your way around qualitative methods in nursing research. *Journal of Advanced Nursing*, 1997. 25 (1), 18–22.

34. Balls, P., Phenomenology in nursing research: methodology, interviewing and transcribing. *Nursing times*, 2008. 105 (32–33), 30–33.

35. Bandura, A., *Psychological modeling: Conflicting theories.* New Jersey: Transaction Publishers. 1974.

36. Bar Standards Board, *How to apply for the BPTC – Bar Standards Board* [online]. Available at: https://www.barstandardsboard.org.uk/qualifying-as-a-barrister/current-requirements/bar-professional-training-course/how-to-apply-for-the-bptc/ [Accessed 12 Oct 2016]. 2016.

37. Barboza, D., Macao surpasses Las Vegas as gambling center. *The New York Times* [online], 23 January 2007. Available at: http://www.nytimes.com/2007/01/23/business/worldbusiness/23cnd-macao.html [Accessed 19 Jul 2016]. 2007.

38. Barna, L. M., Stumbling blocks in intercultural communication. *In: Basic concept of intercultural communication* [online]. Boston: Intercultural Press, 173–190. Available at: http://pharmacy304.pbworks.com/f/Barna,+L.M.+(1994).pdf. 1998.

39. Barnett, R., *The limits of competence: Knowledge, higher education and society.* Buckingham: The Society for Research into Higher Education & Open University Press. 1994.

40. BBC, n.d. *Languages of the world – interesting facts about languages* [online]. BBC Languages. Available at: http://www.bbc.co.uk/languages/guide/languages.shtml [Accessed 26 Aug 2015].

41. Beilock, S. L., Carr, T. H., MacMahon, C., and Starkes, J. L., When paying attention becomes counterproductive: impact of divided versus skill

-focused attention on novice and experienced performance of sensorimotor skills. *Journal of Experimental Psychology. Applied*, 2002. 8 (1), 6-16.

42. Belbin, R. M., *Beyond the team*. Oxford: Routledge. 2000.

43. Belbin, R. M., *Team roles at work*. 2nd ed. Abingdon: Routledge. 2010.

44. Bellos, D., *Is that a fish in your ear?* London: Particular Books. 2012.

45. Bench-Capon, T., Araszkiewicz, M., Ashley, K., Atkinson, K., Bex, F., Borges, F., Bourcier, D., Bourgine, P., Conrad, J. G., Francesconi, E., Gordon, T. F., Governatori, G., Leidner, J. L., Lewis, D. D., Loui, R. P., McCarty, L. T., Prakken, H., Schilder, F., Schweighofer, E., Thompson, P., Tyrrell, A., Verheij, B., Walton, D. N., and Wyner, A. Z., A history of AI and law in 50 papers: 25 years of the international conference on AI and law. *Artificial Intelligence and Law*, 2012. 20 (3), 215-319.

46. Besner, D., Stolz, J. A., and Boutilier, C., The stroop effect and the myth of automaticity. *Psychonomic Bulletin & Review*, 1997. 4 (2), 221-225.

47. Bigge, M.. and Shermis, S.., *Learning theories for teachers*. 6th ed. Boston: Pearson Education Limited. 2004.

48. Biggs, J. and Tang, C., *Teaching for quality learning at university*. 4th ed. Berkshire: Open University Press. 2011.

49. Bilgrami, A., Realism and relativism. *Philosophical Issues*, 2002. 12 (1), 1-25.

50. Blackman, J., Robot, Esq. *papers.ssrn.com*, 2013. 1-3.

51. Blasi, G. L., What lawyers know: lawyering expertise, cognitive science, and the functions of theory. *Journal of Legal Education*, 1995. 45 (3), 313-397.

52. Boon, A., Skills in the initial stage of legal education: theory and practice for transformation. *In*: *Teaching Lawyers' Skills*. London: Butterworths,

1996. 99-136.

53. Boud, D. and Miller, N., eds., *Working with experience: animating learning*. London & New York: Routledge. 1996.

54. Boussebaa, M. and Faulconbridge, J., The Work of global professional service firms. *In: Perspectives on Contemporary Professional Work: Challenges and Experiences*. Cheltenham: Edward Elgar Publishing Ltd, 2016. 105-122.

55. Brandon, M., *Lateral partner hiring and integration for law firms*. London: Ark Group. 2011.

56. Broda, C. and Weinstein, D. E., Globalization and the gains from variety. *Quarterly Journal of Economics*, 2006. 121 (2), 541-585.

57. Bruner, J., Culture, mind, and education. *In: Contemporary theories of learning: learning theorists...in their own words*. Oxon: Routledge, 2009. 159-168.

58. Bryman, A. and Bell, E., *Business research methods*. 3rd ed. Cambridge: OUP Oxford. 2011.

59. BSB, *BSB professional statement and competences* [online]. Bar Stardard Board. Available at: https://www.barstandardsboard.org.uk/media/1787559/bsb_professional_statement_and_competences_2016.pdf [Accessed 16 Dec 2016]. 2016.

60. Burnes, B., Kurt Lewin and the planned approach to change: a re-appraisal. *Journal of Management Studies*, 2004. 41 (6), 977-1002.

61. Byttebier, I. and Vullings, R., *Creativity today*. Amsterdam: BIS Publishers B. V. 2007.

62. Case Western Researve University, n. d. *Population structure and changes in the Tibet Autonomous Region* [online]. Case Western Researve University. Available at: https://www.case.edu/affil/tibet/tibetanSociety/documents/TAR-Census2.pdf [Accessed 17 Dec 2016].

63. Chai, A. and Moneta, A., Back to Engel? Some evidence for the hierarchy of needs. *Journal of Evolutionary Economics*, 2012. 22 (4), 649-676.

64. Chaikli, S., The zone of proximal development in Vygotsky's analy-

sis of learning and instruction. *In*: *Vygotsky's Educational Theory in Cultural Context*. Cambridge: Cambridge University Press, 2003. 39-64.

65. Chambers, *Chambers english dictionary*. 7th ed. Edinburgh; New York; Melbourne: Chambers Ltd and Cambridge University Press. 1988.

66. Chambliss, E., Measuring law firm culture. *In*: *Special Issue Law Firms, Legal Culture, and Legal Practice* [online]. Emerald Group Publishing Limited, 1 - 31. Available at: http: //www. emeraldinsight. com/doi/abs/ 10. 1108/S1059-4337 (2010) 0000052004 [Accessed 20 Aug 2015]. 2010.

67. Cheetham, G. and Chivers, G., Towards a holistic model of professional competence. *Journal of European Industrial Training*, 1996. 20 (5), 20-30.

68. Cheetham, G. and Chivers, G., The reflective (and competent) practitioner: a model of professional competence which seeks to harmonise the reflective practitioner and competence-based approaches. *Journal of European Industrial Training*, 1998. 22 (7), 267-276.

69. Chesterman, S., Globalization of legal education. *Singapore Journal of Legal Studies*, 2008. 2008, 58-67.

70. Chesterman, S., The evolution of legal education: internationalization, transnationalization, globalization. *German Law Journal*, 2009. 10, 877-888.

71. Cicero, M. T., 'On the republic' and 'On the laws' [online]. Ithaca and Londoner: Cornell University Press. Available at: http: // site. ebrary. com/lib/nottinghamtrent/reader. action? docID = 10818072 [Accessed 26 Oct 2016]. 2013.

72. Clark, A. M., The qualitative-quantitative debate: moving from positivism and confrontation to post - positivism and reconciliation. *Journal of Advanced Nursing*, 1998. 27 (6), 1242-1249.

73. Clark, G. J., An introduction to the legal profession in China in the year 2008, 41, 2008. 833-850.

74. Claxton, G. and Lucas, B., *Be creative: essential steps to revitalise your work and life*. London: BBC Worldwide Limited. 2004.

75. Clayton, E., *The big four threat to legal services* [online]. Economia. Available at: http://economia.icaew.com/news/january-2016/big-four-encroaching-on-lawyers [Accessed 26 Nov 2016]. 2016.

76. Clough, P. and Nutbrown, C., *A student's guide to methodology*. 3rd ed. London: SAGE Publications Ltd. 2012.

77. Coates, J. C. I., Fried, J. M., and Spier, K. E., What courses should law students take: lessons from Harvard's BigLaw Survey. *Journal of Legal Education*, 2014. 64, 443-454.

78. Cohen, L., Manion, L., and Morrison, K., *Research methods in education*. 7th ed. London; New York: Routledge. 2011.

79. Cohen, M. Z., Kahn, D. L., and Steeves, R. H., *Hermeneutic phenomenological research: a practical guide for nurse researchers*. Thousand Oaks: SAGE Publications. 2000.

80. Cohen, M. Z. and Omery, A., Schools of phenomenology: implications for research. *In: Critical Issues in Qualitative Research Methods*. Thousand Oaks: Sage Pulications, 1994. 136-158.

81. Cohen, S. G. and Mankin, D., Complex collaborations in the new global economy. *Organizational Dynamics*, 2002. 31 (2), 117-133.

82. Collins, M. A. and Amabile, T. M., Motivation and creativity. *In: Handbook of Creativity*. Cambridge: Cambridge University Press, 2004. 297-312.

83. Connelly, L. M., What is phenomenology? *Medsurg Nursing*, 2010. 19 (2), 127-128.

84. Cowan, J., *On becoming an innovative university teacher: reflection in action*. 2nd ed. Berkshire: Open University Press. 2006.

85. Creswell, J. W., *Research design: qualitative, quantitative, and mixed methods approaches*. 4th ed. Thousand Oaks: SAGE Publications, Inc. 2013.

86. Crossan, F., Research philosophy: towards an understanding. *Nurse Researcher*, 2003. 11 (1), 46-55.

87. Crotty, M., *The foundations of social research: meaning and perspective in the research process.* St Leonards: SAGE Publications Ltd. 1998.

88. Csikszentmihaly, M., *Creativity: the psychology of discovery and invention.* New York: Harper Perennial. 1997.

89. DeJarnatt, S. and Dejarnatt, S. L., Preparing for globalized law practice: the need to include international and comparative law in the legal writing curriculum. *Legal Writing: The Journal of the Legal Writing Institute*, 2011. 17, 3-427.

90. Denscombe, M., *The good research guide: for small-scale social research projects.* 5th ed. Berkshire: Open University Press. 2014.

91. Department of Professional and Legal Education, F. of L., *About the PCLL* [online]. Available at: http://www.ple.hku.hk/pcll/about.php [Accessed 21 Sep 2016]. 2016.

92. Descartes, R., *The principles of philosophy.* CreateSpace Independent Publishing Platform. 2014.

93. Dewey, J., *Experience and education.* Reprint. New York: Simon & Schuster. 2008.

94. Dickson, P. and Cumming, A., *Hong Kong language policy.* Berkshire: National Foundation for Educational Research. 1996.

95. Ding, X., The reform of legal education in China and Japan: shifting from the continental to the American model. *Journal of Civil Law Studies*, 2010. 3, 111-129.

96. Dinovitzer, R. and Hagan, J., Lawyers on the move: the consequences of mobility for legal careers. *International Journal of the Legal Profession*, 2006. 13 (2), 119-135.

97. Dixon, M., *Textbook on international law.* 6th ed. Oxford: OUP Oxford. 2007.

98. Dowling, M., Hermeneutics: an exploration. *Nurse Researcher*, 2004. 11 (4), 30-39.

99. Dowling, M., From Husserl to Van Manen. A review of different phe-

nomenological approaches. *International Journal of Nursing Studies*, 2007. 44 (1), 131-142.

100. Dreyfus, H. L. and Dreyfus, S. E., *Mind over machine: the power of human intuition and expertise in the era of the computer* [online]. New York: The Free Press. Available at: http://www.librarything.com/work/294229/reviews/34973026. 1986.

101. Dunbar, R. I. M., Coevolution of neocortical size, group size and language in humans. *Behavioral and Brain Sciences*, 1993. 16 (04), 681-694.

102. Duschinsky, R., Tabula rasa and human nature. *Philosophy*, 2012. 87 (04), 509-529.

103. Dzienkowski, J. S., The future of big law: alternative legal service providers to corporate clients. *Fordham Law Review*, 2013. 82, 2995-3040.

104. Eagleman, D., *The brain: the story of you*. Londdon: Canongate Books. 2016.

105. Edwards, R. B., *Formal axiology and its critics*. Amsterdam, Atlanta: Rodopi. 1995.

106. Edwards, R. and Holland, J., *What is qualitative interviewing?* London: Bloomsbury Academic. 2013.

107. Eraut, M., *Developing professional knowledge and competence*. London: Psychology Press. 1994.

108. Evans, S., Perspectives on the use of english as a business lingua franca in hong kong. *Journal of Business Communication*, 2013. 50 (3), 227-252.

109. Ezell, M. J. M., John Locke's images of childhood: early eighteenth century response to some thoughts concerning education. *Eighteenth - Century Studies*, 1983. 17 (2), 139-155.

110. Faulconbridge, J. R., Managing the transnational law firm: a relational analysis of professional systems, embedded actors, and time—space-sensitive governance. *Economic Geography*, 2008. 84 (2), 185-210.

111. Faulconbridge, J. R., Alliance capitalism and legal education: an

english perspective colloquium: globalization and the legal profession. *Fordham Law Review*, 2011. 80, 2651-2660.

112. Faulconbridge, J. R., Muzio, D., and Cook, A., Institutional legacies in TNCs and their management through training academies: the case of transnational law firms in Italy. *Global Networks*, 2012. 12 (1), 48-70.

113. Federation of Law Societies of Canada, *National entry to practice competency profile validation survey report* [online]. Available at: http://flsc.ca/wp-content/uploads/2014/10/admission6.pdf. 2012.

114. Feist, G. J., The inflence of personality on artistic and scientific creativity. In: *Handbook of Creativity*. Cambridge: Cambridge University Press, 2004. 273-296.

115. Fenwick, T. J., *Learning through experience: troubling orthodoxies and intersecting questions*. Malabar, Fla: Krieger Publishing Company. 2004.

116. Finnis, J., *Natural law and natural rights*. 2nd ed. Oxford: OUP Oxford. 2011.

117. Fisher, R., Future law. *New Scientist*, 2013. 219 (2934), 40-43.

118. Flaherty, D. C., *The end of lawyers, period*. [online]. Legal Rebels. Available at: http://www.abajournal.com/legalrebels/article/the_end_of_lawyers_period/ [Accessed 10 Mar 2016]. 2016.

119. Flaming, D., Nursing theories as nursing ontologies. *Nursing Philosophy*, 2004. 5 (3), 224-229.

120. Flood, J., Lawyers as sanctifiers: the role of elite law firms in international business transactions. *Indiana Journal of Global Legal Studies*, 2007. 14 (1), 35-66.

121. Flood, J., Institutional bridging: how large law firms engage in globalization. *Boston College Law Review*, 2013. 54 (3), 1087-1121.

122. Flood, J., Global challenges to legal education. In: *Legal Education in the Global Context: Opportunities and Challenges*. Burlington, VT: Routledge, 2015. 31-42.

123. Flood, J. and Lederer, P. D., Becoming a cosmopolitan law-

yer. *Fordham Law Review*, 2012. 80 (6), 2513–2540.

124. Fosnot, C. T., *Constructivism: theory, perspectives, and practice.* 2nd ed. New York and London: Teachers College Press. 2005.

125. Freeman, M., *Lloyd's introduction to jurisprudence.* 8th ed. London: Sweet & Maxwell. 2008.

126. Gabbay, D. M. and Smets, P., *Handbook of defeasible reasoning and uncertainty management systems: algorithms for uncertainty and defeasible reasoning.* Springer Science & Business Media. 2013.

127. Galanter, M. and Henderson, W., The elastic tournament: a second transformation of the big law firm. *Stanford Law Review*, 2008. 60 (6), 1867–1929.

128. Galanter, M. and Palay, T., *Tournament of lawyers: the transformation of the big law firm.* Chicago: University of Chicago Press. 1993.

129. Gardner, H. E., *Intelligence reframed: multiple intelligences for the 21st Century.* New York: Basic Books. 2000.

130. Ge, J., Mediation, arbitration and litigation: dispute resolution in the People's Republic of China. *UCLA Pacific Basin Law Journal*, 1996. 15 (1), 122–137.

131. Gevurtz, F. A., Report regarding the 2011 Pacific McGeorge workshop on promoting intercultural legal competence (the Tahoe II Conference). *Pacific McGeorge Global Business & Development Law Journal*, 2013. 26, 63–108.

132. Gialdino, I. V. de, Ontological and epistemological foundations of qualitative research. *Forum Qualitative Sozialforschung / Forum: Qualitative Social Research* [online], 10 (2). Available at: http://www.qualitative-research.net/index.php/fqs/article/view/1299 [Accessed 8 Apr 2016]. 2009.

133. Golafshani, N., Understanding reliability and validity in qualitative research. *The Qualitative Report*, 2003. 8 (4), 597–606.

134. Green, L., Introduction. In: *The Concept of Law*. Oxford, United Kingdom: Oxford University Press, Usa, XV–1V. 2012.

135. Greene, M., On the inside looking in: methodological insights and challenges in conducting qualitative insider research, 2014. 19 (29), 1–13.

136. Guba, E. G., The alternative paradigm dialog. In: *The Paradigm Dialog*. Los Angeles, London: SAGE Publications, Inc, 1990. 17–30.

137. Hager, P., Gonczi, A., and Athanasou, J., General issues about assessment of competence. *Assessment and Evaluation in Higher Education*, 1994. 19 (1), 3–16.

138. Hamilton, N., Law-Firm competency models and student professional success: building on a foundation of professional formation/professionalism. *University of St. Thomas Law Journal*, 2013. 11 (1), 6–38.

139. Hampson, S., State of the art: personality. In: *Creative Management and Development*. London: SAGE Publications Ltd, 2006. 101–108.

140. Harden, R. M., Learning outcomes and instructional objectives: is there a difference? *Medical Teacher*, 2002. 24 (2), 151–155.

141. Hart, H. L. A., *The concept of law*. 3rd ed. Oxford: OUP Oxford. 2012.

142. Hartlage, S., Alloy, L. B., Vázquez, C., and Dykman, B., Automatic and effortful processing in depression. *Psychological Bulletin*, 1993. 113 (2), 247–278.

143. Hasan, M. N., Positivism: to what extent does it aid our understanding of the contemporary social world? *Quality & Quantity*, 2014. 50 (1), 317–325.

144. Hasher, L. and Zacks, R. T., Automatic and effortful processes in memory. *Journal of Experimental Psychology: General*, 1979. 108 (3), 356–388.

145. Hawk, T. F. and Shah, A. J., Using learning style instruments to enhance student learning. *Decision Sciences Journal of Innovative Education*, 2007. 5 (1), 1–19.

146. He, W., 2005a. Chinese legal profession: the late rise and early crisis. *Journal of Social Sciences*, (09), 83–90.

147. He, W. , 2005b. China's legal profession: the nascence and growing pains of a professionalized legal class. *Columbia Journal of Asian Law*, 19, 138-151.

148. Healy, M. and Perry, C. , Comprehensive criteria to judge validity and reliability of qualitative research within the realism paradigm. *Qualitative Market Research: An International Journal*, 2000. 3 (3), 118-126.

149. Hedesstrom, T. and Whitley, E.., What is meant by tacit knowledge? Towards a better understanding of the shape of actions. *ECIS 2000 Proceedings*, 2000. 46-51.

150. Hellawell, D. , Inside-out: analysis of the insider-outsider concept as a heuristic device to develop reflexivity in students doing qualitative research. *Teaching in Higher Education*, 2006. 11 (4), 483-494.

151. Henry, J. , *Creative management and development*. 3rd ed. London 8136 A732 Thousand Oaks, Calif: SAGE Publications Ltd. 2006.

152. Heron, J. and Reason, P. , A participatory inquiry paradigm. *Qualitative Inquiry*, 1997. 3 (3), 274-294.

153. Ho, L. C. , *Cross border insolvency, a commentary on the UNCITRAL model law*. 3rd ed. London: Globe Law and Business. 2012.

154. Hong Kong Government, *GovHK: Hong Kong - the Facts* [online] . GOVHK. Available at: http://www.gov.hk/en/about/abouthk/facts.htm [Accessed 19 Jul 2016] . 2014.

155. Houthakker, H. S. , An international comparison of household expenditure patterns, commemorating the centenary of Engel's law. *Econometrica*, 1957. 25 (4), 532-551.

156. Hume, D. , *An enquiry concerning human understanding*. Oxford, New York: Oxford University Press. 2007.

157. IBM Corp. , *What is IBM Watson?* [online] . Available at: http://www.ibm.com/smarterplanet/us/en/ibmwatson/what-is-watson.html [Accessed 15 Jan 2016] . 2014.

158. International Chamber of Commerce, *The new Incoterms © 2010 rules*

| *Incoterms* 2010 | *Trade Facilitation* | *Products and Services* | *ICC – International Chamber of Commerce* [online]. Available at: https://iccwbo.org/resources-for-business/incoterms-rules/ [Accessed 31 Oct 2016]. 2010.

159. Israel, D. J., What's wrong with non – monotonic logic? *AAAI*, 1980. 80, 99–101.

160. Jackson, J., *Introducing language and intercultural communication*. New York: Routledge. 2014.

161. Janis, I. L., *Victims of groupthink: a psychological study of foreign-policy decisions and fiascoes*. Oxford: Houghton Mifflin. 1972.

162. Janis, I. L., *Groupthink: psychological studies of policy decisions and fiascoes*. 2nd ed. Boston: Houghton Mifflin. 1982.

163. Jarrett-kerr, N. and Wesemann, E., n. d. *Enter the swiss verein* [online]. Edge International. Available at: http://www.edge.ai/wp-content/uploads/2014/05/enterswissverein_ 2012.pdf [Accessed 17 Dec 2016].

164. Jarvis, P., Holford, J., and Griffin, C., eds., *The theory and practice of learning*. 2nd ed. London; Sterling, VA: Routledge. 2003.

165. Jenkins, J., *English as a lingua franca in the international university: the politics of academic English language policy*. New York: Routledge. 2014.

166. Johannesson, P. and Perjons, E., Research paradigms. *In: An Introduction to Design Science*. New York: Springer International Publishing, 2014. 167–179.

167. Jones, C. P. A., The international commercial solicitor: proposing a new legal profession for Japan – and the world. *Osaka University Law Review*, 2013. 60, 45–66.

168. Joppe, M., *The research process* [online]. Available at: http://nsuworks.nova.edu/cgi/viewcontent.cgi?article=1870&context=tqr. 2000.

169. Jupp, V., *The SAGE dictionary of social research methods*. London: SAGE Publications Ltd. 2006.

170. Kahale, G., *The new Dutch sandwich: the issue of treaty abuse* [online]. New York: Vale Columbia Center on Sustainable International Invest-

ment. Available at: http://academiccommons.columbia.edu/catalog/ac: 140140 [Accessed 3 Apr 2016]. 2011.

171. Kalat, J., *Introduction to psychology*. 11th ed. Boston, MA: Wadsworth Publishing. 2016.

172. Kant, I., *Critique of pure reason*. Rev. London; Basingstoke: The Macmillan Press LTD. 1982.

173. Karacapilidis, N. and Papadias, D., Computer supported argumentation and collaborative decision making: the HERMES system. *Information Systems*, 2001. 26 (4), 259-277.

174. Kaus, W., Beyond Engel's law – a cross-country analysis. *The Journal of Socio-Economics*, 2013. 47, 118-134.

175. Keay, J., *China: a history*. London: HarperPress. 2009.

176. Kellogg, R. T., Professional writing expertise. *In: The Cambridge Handbook of Expertise and Expert Performance*. Cambridge: Cambridge University Press, 2006. 389-402.

177. Kennedy, D., *Writing and using learning outcomes: a practical guide*. University College Cork. 2007.

178. Kennedy, D., Hyland, A., and Ryan, N., Learning outcomes and competences. *In: EUA Bologna Handbook*. Germany: European University Association; Raabe Nachschlagen-Finden, 2006. 1-18.

179. Khanna V Lovell White Durrant, [1994]. 4 All ER 267.

180. Khurana, R. and Nohria, N., It's time to make management a true profession. *Harvard Business Review*, 2008. 86 (10), 70-77.

181. Kift, S., Israel, M., and Field, R., Learning and teaching academic standards project: bachelor of laws academic standards statement. [online]. Available at: http://www.cald.asn.au/media/uploads/KiftetalLTASStandardsStatement2010%20TLOs%20LLB.pdf. 2010.

182. Killam, L., *Research terminology simplified: paradigms, axiology, ontology, epistemology and methodology*. Kindle. Sudbury: Laura Killam. 2013.

183. Kirkland, K., Ethics in large law firms: the principle of pragma-

tism. *The University of Memphis Law Review*, 2005. 35, 631-730.

184. Kleinberg, R., *China's opening to the outside world: the experiment with foreign capitalism*. Boulder: Westview Press Inc. 1990.

185. Kloppenberg, L. A., Lawyer as problem solver: curricular innovation at dayton. *University of Toledo Law Review*, 2006. 38, 547-556.

186. Kneller, G. F., *Art and science of creativity*. New York: Holt, R. & W. 1965.

187. Koch, T., Interpretive approaches in nursing research: the influence of Husserl and Heidegger. *Journal of Advanced Nursing*, 1995. 21 (5), 827-836.

188. Koestler, A., *The act of creation*. London: Hutchinson & Co. LTD. 1964.

189. Kohls, L. R., *Survival kit for overseas living: for Americans planning to live and work abroad*. Nicholas Brealey Publishing. 2001.

190. Kolb, D. A., *Experiential learning: experience as the source of learning and development*. Upper Saddle River, NJ: Financial Times/ Prentice Hall. 1983.

191. Kolb, D. A., *Experiential learning: experience as the source of learning and development*. 2nd ed. Upper Saddle River, NJ: Pearson FT Press. 2014.

192. Kong, Z., *Spring and autumn annals*. London: Lionshare Media. 2016.

193. Kotter, J. P., *Leading change*. Boston, Mass.: Harvard Business School Press. 1996.

194. Kvale, S., *Interviews: an introduction to qualitative research interviewing*. Thousand Oaks: SAGE Publications, Inc. 1996.

195. Lamiell, J. T., 'Nomothetic' and 'idiographic' contrasting windelband's understanding with contemporary usage. *Theory & Psychology*, 1998. 8 (1), 23-38.

196. Lao Zi, *Daodejing*. Oxford; New York: Oxford University Press, USA. 2008.

197. Law Admissions Consultative Committee, *Competency standards for entry-level lawyers* [online]. Available at: http://www.lawcouncil.asn.au/LACC/images/Competency_ Standards_ for_ Entry-Level_ Lawyers_ -_ 1_ July_ 2015.pdf [Accessed 16 Dec 2016]. 2015.

198. Law Society of Hong Kong, Benchmarks for the PCLL. 2007.

199. Legalzoom.com, Inc, *Start a business, protect your family: llc wills trademark incorporate & more online* [online]. Available at: http://www.legalzoom.com/sem/index.html?kid = 79f3bb4f - e4d8 - 47d7 - bb1d - 467e30eeac59&cvokid = 79f3bb4f-e4d8-47d7-bb1d-467e30eeac59&keyword = legalzoom&matchtype = exact&cvosrc = ppc.google.legalzoom&utm_ source = google&utm_ medium = cpc&utm_ term = legalzoom&utm_ campaign = Brand%20%7C%20Search%20%7C%20World&gclid = Cj0KEQjw5ti3BRD89aDFnb3SxPcBEiQAssnp0tSMFXK13 ypPXNMosqsx9y BE0KUmYp5EMmu0IZphXOAaAsf78P8HAQ [Accessed 26 Mar 2016]. 2016.

200. Leidner, J.L. and Schilder, F., Hunting for the black swan: risk mining from text. *In: Proceedings of the ACL 2010 System Demonstrations* [online]. Stroudsburg, PA, USA: Association for Computational Linguistics, 54-59. Available at: http://dl.acm.org/citation.cfm?id = 1858933.1858943 [Accessed 15 Sep 2016]. 2010.

201. Leite, W.L., Svinicki, M., and Shi, Y., Attempted validation of the scores of the VARK: learning styles inventory with multitrait-multimethod confirmatory factor analysis models. *Educational and Psychological Measurement*, 2010. 70 (2), 323-339.

202. Lennon, C., *Trade in services and trade in goods: differences and complementarities* [online]. The Vienna Institute for International Economic Studies. wiiw Working Paper No. 53. Available at: https://ideas.repec.org/p/wii/wpaper/53.html [Accessed 7 Mar 2016]. 2009.

203. Lewis, R. and Jiang, X., *Workshop of contract, legal memo and inernational commercial negotiation skills*. 2003.

204. Li, S., All China Lawyers Association plans to train 300 leading in-

ternational multi-disciplinary lawyers within 4 years. [online], 2013. Available at: http://www.acla.org.cn/html/industry/20130906/11452.html [Accessed 26 Jan 2016] . 2013.

205. Lin, A., *Opposing moves by U.S. firms in China show difficulty of overseas practice* [online] . ABA Journal. Available at: http://www.abajournal.com/magazine/article/opposing_ moves_ by_ u.s._ firms_ in_ china_ show_ difficulty _ of_ overseas_ practice/ [Accessed 11 Mar 2016] . 2015.

206. Lincoln, Y. S. and Guba, E. G., *Naturalistic inquiry*. Beverly Hills: SAGE Publications. 1985.

207. Lincoln, Y. S., Lynham, S. A., and Guba, E. G., Paradigmatic controversies, contradictions, and emerging confluences revisited. In: *The SAGE Handbook of Qualitative Research*. Los Angeles, London: SAGE Publications, Inc, 2017. 108-150.

208. Locke, J., *An essay concerning human understanding: second treatise of government*. London: Wordsworth Editions. 2015.

209. Long, W., The standardization of practical courses in juris master programme. Masters. [online] . guizhou Normal University. Available at: http://www.cnki.net/KCMS/detail/detail.aspx? QueryID = 8&CurRec = 16&recid = &filename = 1014052770.nh&dbname = CMFD201501&dbcode = CMFD&pr= &urlid = &yx = &v = Mjc1OTNDbm1WcnpJVkYyNkdyTzlITmJMcj VFYlBJUjhlWDFM dXhZUzdEaDFUM3FUcldNMUZyQ1 VSTCtmWStSbOY = [Accessed 27 Apr 2015] . 2014.

210. LSAC, *About the LSAT* [online] . Law School Admission Council. Available at: http://www.lsac.org/jd/lsat/about-the-lsat [Accessed 29 Jul 2016] . 2016.

211. Macao Government, *Economy* [online] . Macao SARG Portal. Available at: http://www.gcs.gov.mo/files/factsheet/Economy_ EN.pdf [Accessed 19 Jul 2016] . 2014.

212. Mackie, N., Lawyers' skills: educational skills. In: *Learning Lawyer's Skills*. London; Austin, Texas: Butterworths Law, 1989. 8-23.

213. MacLeod, C. M., Stroop effect. *In*: Luo, R., ed. *Encyclopedia of Color Science and Technology* [online]. Springer Berlin Heidelberg, 1-6. Available at: http://link.springer.com/referenceworkentry/10.1007/978-3-642-27851-8_67-2 [Accessed 24 Jun 2016]. 2016.

214. MacLeod, G. A., Creative problem-solving—for lawyers?! *Journal of Legal Education*, 1963. 16 (2), 198-202.

215. Maister, D., Are law firms manageable? [online]. Available at: http://davidmaister.com/articles/are-law-firms-manageable/ [Accessed 13 Sep 2015]. 2006.

216. Malik, P., Teaching and learning. *The Canadian Journal of Cardiology*, 2009. 25 (2), 76-77.

217. Mälksoo, L., The context of international legal arguments. *Journal of the History of International Law*, 2005. 7, 181-209.

218. Manning, T., Parker, R., and Pogson, G., A revised model of team roles and some research findings. *Industrial and Commercial Training*, 2006. 38 (6), 287-296.

219. Markoff, J., *Armies of expensive lawyers, replaced by cheaper software* [online]. The New York Times. Available at: http://www.nytimes.com/2011/03/05/science/05legal.html?_r=0 [Accessed 15 Jan 2016]. 2011.

220. Markoff, J., *The end of lawyers? Not so fast.* [online]. The New York Times – Bits Blog. Available at: http://bits.blogs.nytimes.com/2016/01/04/the-end-of-work-not-so-fast/ [Accessed 15 Jan 2016]. 2016.

221. Marshall, M. N., Sampling for qualitative research. *Family Practice*, 1996. 13 (6), 522-526.

222. Marx, K., *The poverty of philosophy*. S. l.: Digireads.com. 2012.

223. Maughan, C., Learning how to learn: the skills developer's guide to experiential learning. *In*: *Teaching Lawyers' Skills*. London: Butterworths, 1996. 59-97.

224. Maughan, C., Maughan, M., and Webb, J., Sharpening the mind or narrowing it? The limitations of outcome and performance measures in le-

gal education. *The Law Teacher*, 1995. 29 (3), 255-278.

225. Maughan, C. and Webb, J., *Lawyering Skills and the Legal Process*. 2nd ed. Cambridge: Cambridge University Press. 2005.

226. Mayson, S., Restoring a future for law. *In*: [online]. Presented at the The 2013 Futures Conference, Chicago. Available at: https://stephenmayson.files.wordpress.com/2013/10/mayson-2013-restoring-a-future-for-law.pdf. 2013.

227. McBarnet, D., Financial engineering or legal engineering? Legal work, legal integrity and the banking crisis. *In*: [online]. Presented at the the Future of Financial Regulation of Glasgow University, Rochester, NY: Social Science Research Network. Available at: http://papers.ssrn.com/abstract = 1546486 [Accessed 2 Apr 2016]. 2009.

228. McConnell-Henry, T., Chapman, Y., and Francis, K., Husserl and Heidegger: exploring the disparity. *International Journal of Nursing Practice*, 2009. 15 (1), 7-15.

229. McCormack, S. W., Tax abuse according to whom. *Florida Tax Review*, 2013. 15, 1.

230. McGeorge School of Law, n. d. *Intercultural legal competence initiative* [online]. University of Pacific. Available at: http://www.mcgeorge.edu/Faculty_ and_ Scholarship/Centers_ and_ Institutes/Global_ Center_ for_ Business_ and_ Development/International_ Educational_ Programs/Intercultural_ Legal_ Competence_ Initiative.htm [Accessed 17 Dec 2016a].

231. McGeorge School of Law, n. d. *Joseph J. Smallhoover* [online]. Available at: http://www.mcgeorge.edu/Joseph_ J_ Smallhoover.htm [Accessed 30 May 2017b].

232. McKendrick, E. and Goode, R., *Goode on commercial law*. 4th ed. London: Penguin. 2010.

233. McLeod, S.., *Edward Thorndike* [online]. Simply Psychology. Available at: https://www.simplypsychology.org/edward-thorndike.html. 2007.

234. Menkel-Meadow, C., Aha--is creativity possible in problem solving and teachable in legal education. *Harvard Negotiation Law Review*, 2001.6, 97-144.

235. Mertens, D. M., *Transformative research and evaluation*. New York: Guilford Press. 2008.

236. Miettinen, R., The concept of experiential learning and John Dewey's theory of reflective thought and action. *International Journal of Lifelong Education*, 2000.19 (1), 54-72.

237. Ministry of Education of the People's Republic of China, *The action plan for the revitalization of education for the 21st century* [online]. Ministry of Education of the People's Republic of China. Available at: http://old.moe.gov.cn/publicfiles/business/htmlfiles/moe/moe _ 177/200407/2487.html [Accessed 24 May 2017] .1998.

238. Ministry of Education of the People's Republic of China and Central Committee of Political and Legislative Affairs, Implementation suggestion of cultivating excellency legal talent. [online]. Available at: http://www.moe.edu.cn/srcsite/A08/moe _ 739/s6550/201112/t20111223 _ 168354.html. 2011.

239. Ministry of Justice of People's Republic of China, *Measures for the implementation of the national judicial examination* (2008 revision) [online]. Available at: http://www.moj.gov.cn/2008zcfg/2008 - 08/14/content _ 923571.htm [Accessed 18 Apr 2015] .2008.

240. Moon, J. A., *A handbook of reflective and experiential learning: theory and practice*. London, New York: Routledge. 2004.

241. Moorhead, R., Big law: don't you believe your own hype? *Lawyer Watch* [online]. Available at: https://lawyerwatch.wordpress.com/2015/12/02/big-law-dont-you-believe-your-own-hype/ [Accessed 3 Dec 2015] .2015.

242. Morgan, G. and Quack, S., Institutional legacies and firm dynamics: the growth and internationalization of UK and German law firms. *Organization*

Studies, 2005. 26 (12), 1765-1785.

243. Moustakas, C., *Phenomenological research methods*. Thousand Oaks: Sage Publications, Inc. 1994.

244. Munhall, P. L., A phenomenological method. *In*: *Nursing Research*. Ontario; London: Jones & Bartlett Learning, 2012. 113-175.

245. Murray, C., Holloway, D., and Timson-Hunt, D., *Schmitthoff: the law and practice of international trade*. 12th ed. London: Sweet & Maxwell. 2012.

246. Muzio, D. and Faulconbridge, J., The global professional service firm: 'one firm' models versus (Italian) distant institutionalized practices. *Organization Studies*, 2013. 34 (7), 897-925.

247. Mycos Institue, *Chinese 4-year College Graduates' Employment Annal Report* 2016. Beijing: Social Sciences Academic Press (China). 2016.

248. Naples, N. A., The outsider phenomenon. *In*: *In the Field: Readings on the Field Rsearch Experience*. 1996. 139-149.

249. National Conference of Bar Examiners, American Bar Association, and Section of Legal Education and Admissions to the Bar, *Comprehensive guide to bar admission requirements* 2016 [online]. Available at: http://www.ncbex.org/pubs/bar-admissions-guide/2016/mobile/index.html#p=2 [Accessed 8 Dec 2016]. 2016.

250. National People's Congress, *Amendments to constitution of the People's Republic of China*. 1988.

251. National People's Congress, *Amendments to constitution of the People's Republic of China*. 1993.

252. National People's Congress, *Amendments to constitution of the People's Republic of China*. 1999.

253. National People's Congress, *Amendments to constitution of the People's Republic of China*. 2004.

254. Neal, P., De tocqueville and the role of the lawyer in society. *Marquette Law Review*, 1967. 50 (4), 607.

255. Newell, A. and Simon, H. , *Human problem solving*. New Jersey: Prentice-Hall Englewood Cliffs. 1972.

256. Nottingham Law School, *Legal practice course (full-time) | nottingham trent university* [online]. Available at: https://www.ntu.ac.uk/study-and-courses/courses/find-your-course/law/pf/2017-18/legal-practice-course-full-time [Accessed 13 Oct 2016] . 2014.

257. Office of International Cooperation and Exchange of China University of Political Science and Law University, *Programs* [online]. Available at: http://web.cupl.edu.cn/html/gjhzen/gjhzen_1081/gjhzen_1081.html [Accessed 28 May 2017] . 2017.

258. Office of the Ministry of Education and Central Political and Legal Committee Office, *Notice on the list of the first batch of outstanding legal talent education and training bases* [online]. Available at: http://www.moe.edu.cn/publicfiles/business/htmlfiles/moe/s3875/201212/145759.html [Accessed 28 May 2017] . 2012.

259. O'Gorman, K. D. and MacIntosh, R. , *Research methods for business and management: a guide to writing your dissertation*. 2nd ed. London: Goodfellow Publishers Limited. 2015.

260. Oppenheim, A. N. , *Questionnaire design, interviewing and attitude measurement*. 2nd ed. London: Continuum International Publishing. 1992.

261. Organisation for Economic Co-operation and Development, n. d. *International framework for the CRS* [online]. Automatic Exchange Portal. Available at: http://www.oecd.org/tax/automatic-exchange/international-framework-for-the-crs/ [Accessed 20 Nov 2016] .

262. Ormrod, J. E. , *Human learning*. 6th ed. Essex: Pearson. 2011.

263. Ormrod, J. E. , *Human learning*. 7th ed. Essex: Pearson. 2015.

264. Patton, M. Q. , *Qualitative research & evaluation methods*. 3rd ed. Thousand Oaks; London; New Delhi: SAGE Publications. 2001.

265. Pavlov, I. , *Conditioned reflexes*. New York: Courier Dover Publications. 2003.

266. Peking University, *The brochures of enrollment for J. M and J. D students* [online] . Peking University – School of Transnational Law. Available at: http: //stl. pku. edu. cn/zh-hans/%e6%96%b0%e9%97%bb%e4%b8%ad%e5%bf%83/%e5%8c%97%e4%ba%ac%e5%a4%a7%e5%ad%a6%e5%9b%bd%e9%99%85%e6%b3%95%e5%ad%a6%e9%99%a2-2016%e5%b9%b4%e6%b3%95%e5%be%8b%e7%a1%95%e5%a3%ab%ef%bc%88%e9%9d%9e%e6%b3%95%e5%ad%a6%e3%80%81%e6%b3%95%e5%ad%a6%e6%b3%95%e5%ad%a6%e5%ad%a6%e6/ [Accessed 8 Oct 2016] . 2015.

267. Plucker, J. A. and Renzulli, J. S., Psychometric approaches to the study of human creativity. *In*: *Handbook of Creativity*. Cambridge: Cambridge University Press, 2004. 35-61.

268. Polanyi, M., *The tacit dimension*. Reprinted. U. S. A: Gloucester, Mass. 1983.

269. Pollock, J. L., Defeasible reasoning. *Cognitive Science*, 1987. 11 (4), 481-518.

270. Pollock, J. L., How to reason defeasibly. *Artificial Intelligence*, 1992. 57 (1), 1-42.

271. Pollock, J. L., Defeasible reasoning with variable degrees of justification. *Artificial Intelligence*, 2001. 133 (1), 233-282.

272. Poon, A. Y. K., Language policy of Hong Kong: its impact on language education and language use in post-handover hong kong, 2004. 49 (1), 53-74.

273. Practical Law Finance, *Chronology of a loan finance transaction* [online] . Practical Law. Available at: https: // uk. practicallaw. thomsonreuters. com / Document / Id4af418e1cb511e38578f7ccc38dcbee/View/FullText. html? transitionType = CategoryPageItem & contextData= (sc. Default) [Accessed 5 Jun 2017] . 2017.

274. Pyman, A., Creative compliance in labour relations: turning the law on its head? *In*: *Advances in Industrial & Labor Relations* [online] . Emerald Group Publishing Limited, 67 – 99. Available at: http: // www. emeraldinsight. com/doi/abs/10. 1016/S0742-6186 (05) 14003-7 [Ac-

cessed 3 Apr 2016] . 2005.

275. Rand, S. , Hearing stories already told: successfully incorporating third party professionals into the attorney-client relationship. *Tennessee Law Review*, 2012. 80, 1-44.

276. Redmond, P. and Roper, C. , *Legal education and training in Hong Kong: preliminary review* [online] . Hong Kong: The Law Society of Hong Kong. Available at: http: //www. hklawsoc. org. hk/pub _ e/news/societyupdates/20010813a. asp [Accessed 20 Jul 2016] . 2001.

277. Reed, S. K. , *Cognition: Theories and Applications*. 9th ed. U. S. A: Wadsworth Cengage Learning. 2013.

278. Remus, D. and Levy, F. S. , Can robots be lawyers? Computers, lawyers, and the practice of law. [online] . Available at: http://papers. ssrn. com/abstract=2701092 [Accessed 9 Jan 2016] . 2015.

279. Robson, C. and McCartan, K. , *Real world research: a resource for social scientists and practitioner-researchers*. 4th ed. Oxford: John Wiley & Sons. 2016.

280. Rogers, A. and Horrocks, N. , *Teaching adults*. 4th ed. Berkshire: Open University Press. 2010.

281. Rostain, T. and Jr, M. C. R. , *Confidence games: lawyers, accountants, and the tax shelter industry*. Cambridge: MIT Press. 2014.

282. Roy, A. , Creating a more flexible aproach to education and training. In: *The Futures of Legal Education and the Legal Profession*. Oxford, Portland, Oregon: Hart Publishing, 2015. 169-180.

283. Russell, R. , If only I knew then what I need to know now: lessons from the future. In: *The Internationalisation of Legal Education: The Future Practice of Law*. Cheltenham: Edward Elgar Publishing Limited, 2014. 225-245.

284. Ryan, E. , Shuai, X. , Ye, Y. , and Haomei, L. , When socrates meets confucius: teaching creative and critical thinking across cultures through multilevel socratic method. *Nebraska Law Review*, 2013. 92, 289-348.

285. Sambursky, S. , *Physics of the stoics*. Princeton: Princeton University

Press. 1959.

286. Sapsford, R., *Survey research*. 2nd ed. London: SAGE Publications Ltd. 2006.

287. Saunders, M. N. K., Lewis, P., and Thornhill, A., *Research methods for business students*. 7th ed. Pearson. 2015.

288. Seale, J. L. and Regmi, A., Modeling international consumption patterns. *Review of Income and Wealth*, 2006. 52 (4), 603–624.

289. Seaman, J., Experience, reflect, critique: the end of the "learning cycles" era. *Journal of Experiential Education*, 2008. 31 (1), 3–18.

290. Seidlhofer, B., *Understanding English as a Lingua Franca: A complete introduction to the theoretical nature and practical implications of English used as a lingua franca*. Oxford: Oxford University Press. 2011.

291. Shang Hai Research Center for Education and Science Development, Inventory of enrollment enlargement of Chinese higher education in three years. *Journal of Exploring Education Development*, 2002. (09), 5–17.

292. Silver, C., States side story: career paths of international LL. M. students, or I like to be in America. *Fordham Law Review*, 2012. 80, 2383–2440.

293. Sinclair, J., *Collins cobuild advanced learner's dictionary*. 8th ed. Glasgow: The University of Birmingham; Collins Cobuild and Harper Collins Publishers. 2014.

294. Skinner, B.., *The behavior of organisms: An experimental analysis*. US: Appleton-Century. 1938.

295. Skinner, B.., *Science and human behavior*. New York: Simon and Schuster. 1953.

296. Skinner, B. F., 'Superstition' in the pigeon. *Journal of Experimental Psychology: General*, 1992. 121 (3), 273–274.

297. Slife, B. D. and Williams, R. N., *What's behind the research?: discovering hidden assumptions in the behavioral sciences*. California: SAGE Publications Inc. 1995.

298. Small, M. L., 'How many cases do I need?' On science and the logic of case selection in field-based research. *Ethnography*, 2009. 10 (1), 5-38.

299. Smits, J. M., Three models of legal education and a plea for differentiation. *China-EU Law Journal*, 2013. 3 (1-2), 55-63.

300. Solicitors Regulation Authority, *QLTS - Day One Outcomes* [online]. Available at: http://www.sra.org.uk/solicitors/qlts/day-one-outcomes-table.page [Accessed 24 Apr 2015]. 2012.

301. Solicitors Regulation Authority, *Student information pack* [online]. Available at: https://www.sra.org.uk/students/resources/student-information.page [Accessed 13 Oct 2016]. 2014.

302. Spady, W. G., *Outcome based education: critical issues*. Arlington: Amer Assn School Administrator. 1995.

303. SRA, *Statement of solicitor competence* [online]. Solicitors Regulation Authority. Available at: http://www.sra.org.uk/solicitors/competence-statement.page [Accessed 16 Dec 2016]. 2015.

304. Standing Committee of the National People's Congress, *Lawyers Law of the People's Republic of China* (*2012 Amendment*) [online]. Available at: http://www.lawinfochina.com/display.aspx?id=12576&lib=law [Accessed 18 Apr 2015]. 2012.

305. Sternberg, R. W. and O'Hara, L. A., Creativity and intelligence. *In: Handbook of Creativity*. Cambridge: Cambridge University Press, 2004. 251-272.

306. Stuart, S. and Vance, R., Bringing a knife to the gunfight: the academically underprepared law student & legal education reform. *Valparaiso University Law Review*, 2013. 48, 41-82.

307. Sunstein, C. R., *Of artificial intelligence and legal reasoning* [online]. Available at: https://dash.harvard.edu/bitstream/handle/1/12795544/Of%20Artifical%20Intelligence%20and%20Legal%20Reasoning.pdf?sequence=1 [Accessed 7 Jun 2017]. 2001.

308. Surveylang, *First european survey on language competences* [online]

. European Commission. No. final report. Available at: http://ec. europa. eu/dgs/education_ culture/repository/languages/policy/strategic-framework/documents/language-survey-final-report_ en. pdf [Accessed 17 Dec 2016] . 2012.

309. Susskind, D., Robot doctors and lawyers? It's a change we should embrace. *The Guardian* [online], 2 November 2015. Available at: http://www. theguardian. com/commentisfree/2015/nov/02/robot-doctors-lawyers-professions-embrace-change-machines [Accessed 6 Nov 2015] . 2015.

310. Susskind, R., *The future of law: facing the challenges of information technology*. Oxford: Oxford University Press. 1987.

311. Susskind, R., *The end of lawyers?: rethinking the nature of legal services*. New York: Oxford University Press, USA. 2008.

312. Susskind, R., *Tomorrow's lawyers: an introduction to your future*. Oxford: Oxford University Press, USA. 2013.

313. Svensson, L. G., New professionalism, trust and competence some conceptual remarks and empirical data. *Current Sociology*, 2006. 54 (4), 579-593.

314. Tams, C. J. and Tietje, C., eds., *Documents in international economic law: trade, investment, and finance*. Oxford: OUP Oxford. 2012.

315. The Chinese University of Hong Kong, *PCLLs - PCLL_ Programme_ Brochure. pdf* [online] . Available at: http://www. law. cuhk. edu. hk/download/PCLL_ Programme_ Brochure. pdf [Accessed 21 Sep 2016] . 2016.

316. The Standing Committee on Legal Education and Training, *Annual report of the standing committee on legal education and training* [online] . Hong Kong: The Standing Committee on Legal Education and Training. Available at: http://www. sclet. gov. hk/eng/pdf/05-06. pdf. 2006.

317. The Standing Committee on Legal Education and Training, *Annual report* 2010. Hong Kong: The Standing Committee on Legal Education and Training. 2010.

318. The Supreme People's Court of the People's Republic of China, The opinion of the people's supreme court on deepening the reform of the peo-

ple's court. [online]. Available at: http://www.court.gov.cn/zixun-xiangqing-13520.html. 2015.

319. The World Bank, 2015a. *Global value chains* [online]. The World Bank. Available at: http://www.worldbank.org/en/topic/trade/brief/global-value-chains [Accessed 9 Dec 2016].

320. The World Bank, 2015b. *Gross domestic product* 2014 [online]. The World Bank. Available at: http://databank.worldbank.org/data/download/GDP.pdf [Accessed 26 Aug 2015].

321. Thorndike, E.., Animal intelligence: An experimental study of the associative processes in animals. *Psychological Monographs: General and Applied*, 1898. 2 (4), 1-109.

322. Tian, K. and Li, L., *Annual report on China's rule of law*. Beijing: Social Sciences Academic Press (China). 2009.

323. Trow, M., *Problems in the transition from elite to mass higher education*. [online]. Available at: http://files.eric.ed.gov/fulltext/ED091983.pdf [Accessed 20 Sep 2015]. 1973.

324. Turner, J. H., The origins of positivism: the contributions of Auguste Come and herbert Spencer. *In: Handbook of Social Theory*. London: Sage Pulications, 2001. 30-42.

325. Twining, W., Taking skills seriously. *In: Learning Lawyer's Skills*. London; Austin, Texas: Butterworths Law, 1989. 3-7.

326. Twining, W., Pericles and the plumber: prolegomena to a working theory for lawyer education. *In: Law in Context: Enlarging a Discipline*. Oxford: Clarendon Press, 1997. 63-88.

327. UK Trade & Investment and China-Britain Business Council, *China Business Guide 3rd Edition* [online]. Available at: http://ols.cbbc.org/downloads/China%20Business%20Guide%20feb%202011.pdf. 2011.

328. Vygotsky, L.., *Thought and language*. Cambridge, Massachusetts: MIT press. 1962.

329. Watson, J.., *Behaviorism*. New Jersey: Transaction Publishers. 1925.

330. Watson, J.. and Rayner, R., Conditioned emotional reactions. *Journal of Experimental Psychology*, 1920. 3 (1), 1-14.

331. Webb, J., Why theory matters. *In*: *Teaching lawyers' skills*. London: Butterworths, 1996. 23-54.

332. Webb, J., Barlow, A., Lange, B., Cowan, D., Munro, V., and Feenan, D., Statement of principles of ethical research practice. [online]. Available at: http://www.slsa.ac.uk/images/slsadownloads/ethicalstatement/slsa%20ethics%20statement%20_ final_ %5B1%5D.pdf. 2009.

333. Weber, R., Editor's comments: the rhetoric of positivism versus interpretivism: a personal view, 2004. 28 (1), iii-xii.

334. Wei, Y., Interactive research on Lu society and confucianism. *Journal of Yanshan University (Philosophy and Social Science Edition)*, 2014. (01), 4-10.

335. Weil, S. W. and McGill, I., A framework for making sense of experiential learning. *In*: *Making Sense of Experiential Learning: diversity in theory and practice*. Buckingham; Bristol: The Society for Research into Higher Education & Open University Press, 1989. 3-24.

336. Weinstein, J., Morton, L., Taras, H., and Reznik, V., Teaching teamwork to law students. *Journal of Legal Education*, 2013. 63, 36-64.

337. Weiss, D. C., *Will newbie associates be replaced by Watson? 35% of law firm leaders can envision it* [online]. ABA Journal. Available at: http://www.abajournal.com/news/article/will_ associates_ be_ replaced_ by_ watson_ computing_ 35_ percent_ of_ law_ firm_ lead/ [Accessed 6 Nov 2015]. 2015.

338. Wheeler, K., *Redefining client partner roles: firms are taking control* [online]. LexisNexis: Future of Law. Available at: http://blogs.lexisnexis.co.uk/futureoflaw/2014/05/redefining-client-partner-roles-firms-are-taking-control/ [Accessed 15 Nov 2016]. 2014.

339. Williams, T., You say tomato: the problem with lateral hiring across the pond. *The Lawyer* [online]. Available at: https://www.thelawyer.com/

you-say-tomato-the-problem-with-lateral-hiring-across-the-pond/? mm_56fd15a237b12=56fd15a237bc0 [Accessed 31 Mar 2016]. 2015.

340. Wittgenstein, L., *Tractatus logico-philosophicus*. Refrinted. London: Routledge & Kegan Paul. 1978.

341. Wittgenstein, L., *Philosophical Investigations*. 4th ed. Chichester, West Sussex, U.K.; Malden, MA: Wiley-Blackwell. 2009.

342. Wojnar, D. M. and Swanson, K. M., Phenomenology an exploration. *Journal of Holistic Nursing*, 2007. 25 (3), 172-180.

343. Woo, M. Y. K. and Wang, Y., Civil justice in China: an empirical study of courts in three provinces. *The American Journal of Comparative Law*, 2005. 53 (4), 911-940.

344. World Trade Organization, *Trade in services: the most dynamic segment of international trade* [online]. Available at: https://www.wto.org/english/thewto_e/20y_e/services_brochure2015_e.pdf. 2015.

345. WorldAtlas, *Largest ethnic groups in China* [online]. Worldatlas. Available at: http://www.worldatlas.com/articles/largest-ethnic-groups-in-china.html [Accessed 17 Dec 2016]. 2016.

346. Wu, R., Reform of professional legal education at the University of Hong Kong. *Legal Education Review*, 2003. 14, 153-179.

347. Xinhua, 438, 000 *sit China's national judicial exam* [online]. Available at: http://english.gov.cn/state_council/ministries/2016/09/24/content_281475450422690.htm [Accessed 9 Dec 2016]. 2016.

348. Xu, Q., Disequilibrium in the supply of legal scholars and the demand by the judicial profession and the correction of this unbalance through reforms in the legal education system in China. *Frontiers of Law in China*, 2010. 5 (1), 143-164.

349. Yin, R. K., *Case study research: design and methods*. 5th ed. Los Angeles: SAGE Publications, Inc. 2014.

350. York Law Schoool, n.d. 3 *Year LLB - York Law School, The University of York* [online]. University of York. Available at: http://

www. york. ac. uk/law/undergraduate/3 - year - llb/#course -teaching [Accessed 17 Dec 2016].

351. Young, J. Y. K., Drafting in unfamiliar territories. *Newcastle Law Review*, 2005. 9, 45-66.

352. Yu, X., Artificial intelligence, discourse theory of law and defeaible reasoning. *Legal Method and Legal Thinking*, 2005. 1, 115-129.

353. Zacharias, F. C., The lawyer's role in a contemporary democracy, promoting social change and political values, true confessions about the role of lawyers in a democracy. *Fordham Law Review*, 2009. 77 (4), 1591-1609.

354. Zeng, B., Tang min: the economic view of education reform. *Journal of Zhong Guan Chun*, 2003. (03), 81-83.

355. Zhang, C., The crisis of Chinese legal education at bachelor Level: expression, reason, and solution. *Lanzhou Academic Journal*, 2008. (12), 209-211.

356. Zhao, J. and Hu, M., A comparative study of the legal education system in the United States and China and the reform of legal education in China. *Suffolk Transnational Law Review*, 2012. 35, 329-361.

357. Zouridis, S., Muller, S., Kistemaker, L., and Frishman, M., The global legal environment and its future four scenarios. *Tilburg Law Review*, 2012. 17 (2), 332-345.

358. Z/Yen Group and China Development Institute, *The global financial centres index* 21 [online]. Financial Centre Futures. Available at: http: // www. montrealinternational. com/wp - content/uploads/2017/03/gfci _ 21. pdf [Accessed 2 Jun 2017]. 2017.